RESEARCH ON INNOVATION AND
ENTREPRENEURSHIP EDUCATION FROM
THE PERSPECTIVE OF
THE USER AS ENTREPRENEURS

"用户创业"视域下的
创新创业教育研究

李 玫 ◎ 著

图书在版编目（CIP）数据

"用户创业"视域下的创新创业教育研究 / 李玫著.
— 北京：企业管理出版社，2023.11
ISBN 978-7-5164-3012-5

Ⅰ.①用… Ⅱ.①李… Ⅲ.①创造教育–研究 Ⅳ.
① G40-012

中国国家版本馆 CIP 数据核字（2023）第 251243 号

书　　名：	"用户创业"视域下的创新创业教育研究
书　　号：	ISBN 978-7-5164-3012-5
作　　者：	李　玫
策　　划：	杨慧芳
责任编辑：	杨慧芳
出版发行：	企业管理出版社
经　　销：	新华书店
地　　址：	北京市海淀区紫竹院南路 17 号　　邮编：100048
网　　址：	http://www.emph.cn　　电子信箱：314819720@qq.com
电　　话：	编辑部（010）68420309　　发行部（010）68701816
印　　刷：	北京亿友创新科技发展有限公司
版　　次：	2023 年 12 月第 1 版
印　　次：	2023 年 12 月第 1 次印刷
开　　本：	710mm×1000mm　　1/16
印　　张：	14.25 印张
字　　数：	235 千字
定　　价：	78.00 元

版权所有　翻印必究·印装有误　负责调换

本书系南开大学创业研究中心资助项目"盲人创业教育研究"（20190601）的阶段性研究成果，并获南开大学创新创业学院（原南开大学创业研究中心）、广西师范大学经济管理学院资助出版。

推 荐 序

用户是所有产品和服务的出发点和依归。随着数字科技迅猛发展，用户越来越多地参与产品和服务的生产、供给环节。用户创新、用户创业等创业新实践不断涌现，极大地影响创新创业教育，乃至整个教育、学习领域的变革。

作者长期从事创新创业、创新创业教育的实践和研究，致力于提升创新创业教育实效，并在十多年探索过程中发现，激发主体的内在动机对改进创新创业、创新创业教育绩效有决定性作用。作者因此找到了"用户"这一理论视角，用其洞察创新创业教育何以通过激发和培育"学生用户"的创新创业需求，以提升教育实效的机制和路径。本书正是在此实践和理论背景下诞生的。

作者通过对古今创新创业教育理论渊源的梳理和中外用户创新创业实践发展的考察，引导出基于"用户"视角的创新创业教育新理念，并在其指引下，构建"用户创业"视角下创新创业教育实施的载体、模式和策略，形成了针对这一问题的从理论到实践完全贯通的研究体系。更难得的是，在这个完整的体系中，作者运用质性研究方法嵌入大量亲身参与的、鲜活典型的实践案例，使读者能够从理论和实务两个层面全面感知和认识基于"用户创业"视角的创新创业教育和学习，并将其更好地用于自身实践。

本书从用户、创新创业实务者、创新创业教育者和学习者多主体视角，从创业创新学、管理学、教育学、心理学等多学科领域对"用户创业"视角下的创新创业教育和学习进行开拓性探索，可以给广大用户、创新创业实务者、创新创业教育者和学习者提供诸多有益启发。

周劲波

广西师范大学教授

2023 年 11 月

目 录

▲ 理论省思篇 ▲

第一章 绪 论 ⋯⋯⋯⋯⋯⋯⋯⋯⋯⋯⋯⋯⋯⋯⋯⋯⋯⋯⋯⋯⋯⋯⋯⋯ 002
    一、研究缘由：创新创业教育的时代驱动 ⋯⋯⋯⋯⋯⋯⋯⋯⋯⋯⋯⋯ 002
    二、国内外研究现状述评 ⋯⋯⋯⋯⋯⋯⋯⋯⋯⋯⋯⋯⋯⋯⋯⋯⋯⋯⋯ 004
    三、研究价值 ⋯⋯⋯⋯⋯⋯⋯⋯⋯⋯⋯⋯⋯⋯⋯⋯⋯⋯⋯⋯⋯⋯⋯⋯ 015
    四、研究重点与难点 ⋯⋯⋯⋯⋯⋯⋯⋯⋯⋯⋯⋯⋯⋯⋯⋯⋯⋯⋯⋯⋯ 017
    五、研究的创新之处与困难之处 ⋯⋯⋯⋯⋯⋯⋯⋯⋯⋯⋯⋯⋯⋯⋯⋯ 020

第二章 "知行合一"：创新创业教育的理论渊源之一 ⋯⋯⋯⋯⋯⋯ 024
    一、"知行合一"的内涵 ⋯⋯⋯⋯⋯⋯⋯⋯⋯⋯⋯⋯⋯⋯⋯⋯⋯⋯⋯ 024
    二、创新创业教育中"知"与"行"的现实省察 ⋯⋯⋯⋯⋯⋯⋯⋯⋯⋯ 027

第三章 后现代主义：创新创业教育的理论渊源之二 ⋯⋯⋯⋯⋯⋯ 043
    一、后现代主义创新创业教育的特征 ⋯⋯⋯⋯⋯⋯⋯⋯⋯⋯⋯⋯⋯⋯ 043
    二、创新创业教育激活学生主体性之后的现代思考 ⋯⋯⋯⋯⋯⋯⋯⋯ 050
    三、创新创业教育激发学生主导性之后的现代思考 ⋯⋯⋯⋯⋯⋯⋯⋯ 055
    四、创新创业教育激励学生主动性之后的现代思考 ⋯⋯⋯⋯⋯⋯⋯⋯ 063

第四章　创新创业教育研究方法的质性转向 …… 070
一、开展创新创业教育质性研究的应然视角 …… 071
二、开展创新创业教育质性研究的适宜向度 …… 074
三、开展创新创业教育质性研究的在场策略 …… 077

▶ 实践探索篇 ◀

第五章　何为"'用户创业'视域下的创新创业教育" …… 088
一、用户创业 …… 088
二、基于"用户创业"的创新创业教育 …… 099

第六章　基于"用户创业"的创新创业教育的实施载体 …… 109
一、创新创业课堂 …… 109
二、创新创业平台 …… 119
三、创新创业学习社区 …… 126

第七章　用户创业改变创新创业教育模式 …… 138
一、优化创新创业教育生态系统 …… 138
二、为创新创业能力培养提供可行路径 …… 141
三、构筑创新创业实践育人共同体 …… 144

第八章　基于"用户创业"的创新创业教育实施策略 …… 148
一、知行并进，强化学生的教育主体地位 …… 148
二、知行相统，在实践中发挥学生主导性 …… 151
三、知行共创，引导学生主动创新 …… 154

第九章　基于"用户创业"的创新创业教育实践案例 ……………… **157**

　　一、实现载体案例：创新创业课堂 – 创新创业平台 – 创新创业
　　　　学习社区 …………………………………………………… 157
　　二、特殊群体案例：盲人创新创业教育 …………………………… 188

第十章　总结与展望：从"教育"向"学习"转变 ………………… **210**

　　一、传承与创新：教师主体向学生主体变更的内驱力 …………… 210
　　二、重复与差异：创新创业"教育"向创新创业"学习"
　　　　转变的分割点 ……………………………………………… 212
　　三、熟识与践行：知识获取向能力培养演进的加速器 …………… 214

后　记 ……………………………………………………………… **217**

理论省思篇

第一章 绪 论

一、研究缘由：创新创业教育的时代驱动

通过对《全球创新指数》《欧洲创新记分牌》《全球创新创业观察》《全球创新创业指数报告》等国际性创新创业指标体系变化情况和指标变动情况的综合分析，可以发现全球创新领先经济体分布稳定、创业与创新融合更加紧密等重要趋势[①]。从教育大国向教育强国转变，高等教育需要将人培养成为创新创业专门人才[②]。2010年，教育部通过《关于大力推进高等学校创新创业教育和促进大学生自主创业工作的意见》，首次明确提出实施"创新创业教育"。这标志着创新创业教育作为创新人才培养新路径的正式确立[③]。

在"大众创业、万众创新"政策指引下，以青年为主体的创新创业实践蓬勃发展，不仅创业群体日渐庞大，且创业质量、创新创业生态也逐步向好[④]。与创新创业实践相对应的，创新创业教育在经过十几年发展后取得了长足进步。在各教育主体互助、互促下，创新创业教育不仅建立了自身的体系与框架，逐步形成创新创业教育生态系统，而且成为中国高等教育发展的新标牌，贯穿于高等教育全过程[⑤]。

---

① 程都,邱灵.基于评价指标视角的创新创业发展趋势研究[J].宏观经济管理,2019(05):30-37+44.
② 潘懋元.新时代中国高等教育改革与发展：今天、明天与后天[J].高等教育研究,2020,41(09):1-3.
③ 李亚员,王瑞雪,李娜.创新人才研究：三十多年学术史的梳理与前瞻[J].高校教育管理,2018,12(03):116-124.
④ 任泽平,白学松,刘煜鑫,等.中国青年创新创业发展报告(2021)[J].中国青年研究,2022(02):85-100.
⑤ 王洪才.创新创业教育的意义、本质及其实现[J].创新与创新创业教育,2020,11(06):1-9.

高等教育规模扩张带来的就业压力和僵化的人才培养体系形成了创新创业教育政策的问题源流[①]。创新创业教育发展初期，高校行政制度逻辑影响有力，市场制度逻辑和学术制度逻辑影响相对偏弱。受行政制度逻辑主导，高校创新创业教育成功走过了"观念普及型阶段"，且过程高频、成果高效。随着数智时代到来，市场制度逻辑在高校逐渐发力[②]。

实际上，在互联网经济高速发展刺激下，每个人所具有创新创业潜能更容易被激发，个体也因经济模式的变化而产生了创新创业的现实需求。社会形态的转变，使得在人才培养方面，只要提供适宜条件，就可以把创新创业潜能变成现实的创新创业能力。

创新创业教育的重要意义在于承认每个人都具有创新创业潜能和需求并愿意为之提供支持条件，使个体潜能获得更多的发展机会与发展空间。创新创业教育的起点是探究兴趣的培养，条件是构建创新创业文化氛围，本质在于形成科学思维习惯，提升创新创业能力。高校创新创业教育正逐渐摆脱生存型创业桎梏，推动基于创新、学科专业与机会驱动的高质量创新创业[③]，使学生所接受的教育在创新创业过程中发挥智力支撑作用。

在席卷全球的互联网经济浪潮中，越来越多的用户成为创业者，并将自己的产品创新商业化。用户创业成为促进经济发展、推动社会进步的重要创业机制，并为创新创业教育提供诸多有价值的借鉴。基于"用户创业"的创新创业教育研究不仅拓展了创新创业教育的外延，使其向更多元化方向发展，而且将创新与创业高度融合，激发学生的创新创业潜能和需求并为之提供助力，帮助个体拓展更多样化的发展可能性。创新创业教育的高质量发展，需要不断从创业实践中吸收

---

① 张洋磊, 苏永建. 创新创业教育何以成为国家行动：基于多源流理论的政策议程研究 [J]. 教育发展研究, 2016, 36(05):41-47.
② 徐蕾, 严毛新. 多重制度逻辑视角下中国高校创新创业教育的演进 [J]. 教育发展研究, 2019, 39(03):41-47.
③ 邝浩. 创新创业教育究竟激发了谁的创新创业意愿？基于高校创新创业教育政策的实证分析 [J]. 高教探索, 2019(09):111-118.

新动能，探索新模式，以回应创新驱动发展战略的时代呼唤。

二、国内外研究现状述评

基于"用户创业"的创新创业教育研究是创新创业教育研究领域较为前沿的课题。它着重于将创业实践中新兴的创业机制辐射至创新创业教育领域，解决教育推进过程中出现的现实问题。开展"用户创业"视域下的创新创业教育研究，可缩短创新创业教育理论与实践之间的距离，运用最新的创业实践成果提升创新创业教育成效。作为具有明显跨学科性质的研究议题，目前"用户创业"相关文献主要集中于管理学研究领域，国内外学者从不同视角在"用户创业"发生机理、实践应用等方面积累了一些研究成果。将"用户创业"应用到创新创业教育领域的相关研究，需进一步深化。

（一）国内研究现状述评

1. 研究总体分布

以"用户创业教育""用户创业"为主题或题名，不附加时间、期刊来源类别等其他条件，在"中国知网"进行检索，共检索到21篇相关文献。从"'用户创业'视域下的创新创业教育"中提取"用户创业"作为主题或题名，在"中国知网"进行检索，检索到73篇相关文献。

首先，从文献发表年度趋势来看，国内学者对"用户创业"视域下的创新创业教育研究起步时间较晚、发文量较少。以"用户创业教育"为主题或题名的文献，最早发表时间为2004年（图1-1）。2004—2018年，这一主题的文献每年国内发表量为1~2篇。2019年，相关文献发表量逐渐递增，但每年发表量仍然不超过10篇，研究基础较为薄弱。

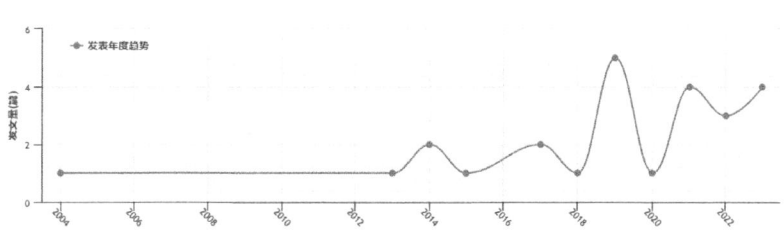

图 1-1　"用户创业教育"相关中文文献发表年度趋势
（来源：引自中国知网"计量可视化分析 - 检索结果"。）

以"用户创业"为主题或题名的文献，最早发表时间为 2010 年（图 1-2）。在经历 2010—2015 年缓慢的发展之后，自 2016 年起，"用户创业"相关研究获得较快发展。2018 年，年度发文量为 10 篇。在经过 2019 年、2020 年短暂回落后，"用户创业"相关研究发表量稳定在 10 篇左右的规模。尽管"用户创业"文献数量略多于"用户创业教育"，但作为新生事物，二者发文量均不丰富。国内"用户创业教育""用户创业"研究仍处于起步阶段。

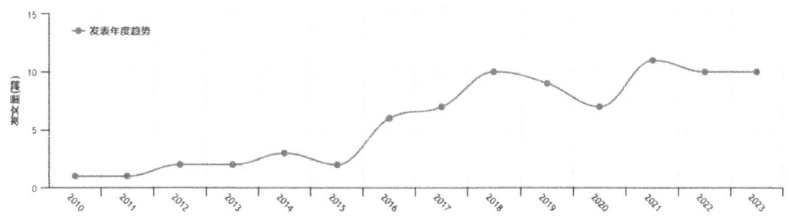

图 1-2　"用户创业"相关中文文献发表年度趋势
（来源：引自中国知网"计量可视化分析 - 检索结果"。）

对比图 1-1、图 1-2 可知，国内学者对于"用户创业"研究略早于"用户创业教育"研究。二者最早发表文献时间相隔 3 年，说明"用户创业"作为新兴创业机制，其对创新创业教育的辐射速度较快。无论是"用户创业"还是"用户创业教育",从发表年度趋势来看,中文发文总量整体呈增长态势。

其次,从文献主题分布情况来看,"用户创业教育"研究主要聚焦创新创业教育领域(图1-3)。除了少数几篇文献围绕移动政务、金刚石膜材料、图书馆展开外,国内学者对于"用户创业教育"的研究,落脚点主要在"创新创业教育"相关领域。

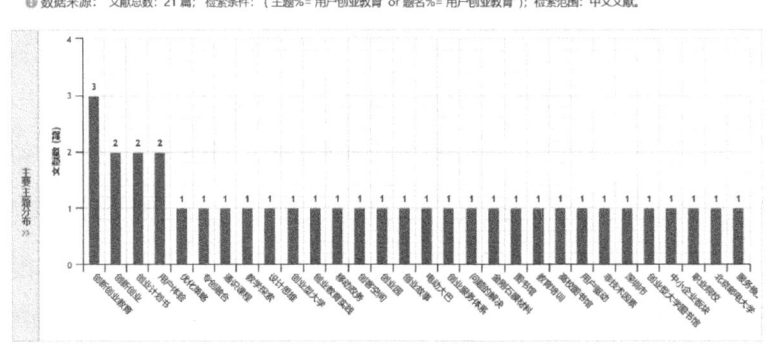

图1-3 "用户创业教育"相关中文文献主要主题分布

(来源:引自中国知网"计量可视化分析-检索结果"。)

"用户创业"文献主题分布与"用户创业教育"高度相关,主要横跨教育学与管理学两个学科领域(图1-4)。"用户创业"研究关注的焦点是用户创业者、创业绩效、创新创业。可见,将"用户创业"用于优化创新创业教育,具有较好的前期研究基础。

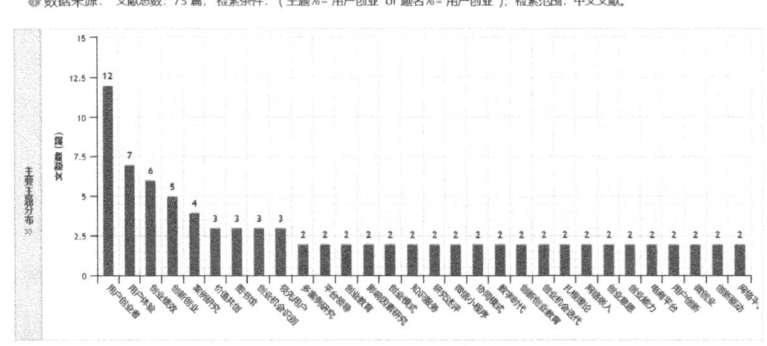

图1-4 "用户创业"相关中文文献主要主题分布

(来源:引自中国知网"计量可视化分析-检索结果"。)

再次,从文献学科分布情况来看,"用户创业教育"研究具有明显的跨学科特征(图1-5)。超过60%的文献来源于教育学学科(高等教育占25.81%、教育理论与教育管理占9.68%、职业教育占6.45%,共计41.94%)及经济/管理学学科(企业经济占19.35%、信息经济与邮政经济占6.45%,共计25.8%)。用户创业教育是"用户创业"在教育学学科的实践应用。

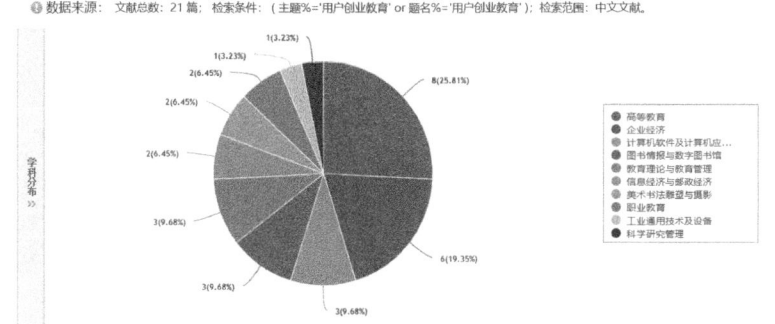

图1-5 "用户创业教育"相关中文文献学科分布

(来源:引自中国知网"计量可视化分析-检索结果"。)

"用户创业"研究较"用户创业教育"研究更聚焦于经济/管理学学科(企业经济占32.48%、贸易经济占13.68%、工业经济占6.84%、信息经济与邮政经济占6.84%、金融占1.71%,共计61.55%)(图1-6)。与"用户创业教育"研究相异的是,"用户创业"研究在教育领域的投射以"高等教育"为主,这与创新创业教育主要发生在高等教育领域有关。

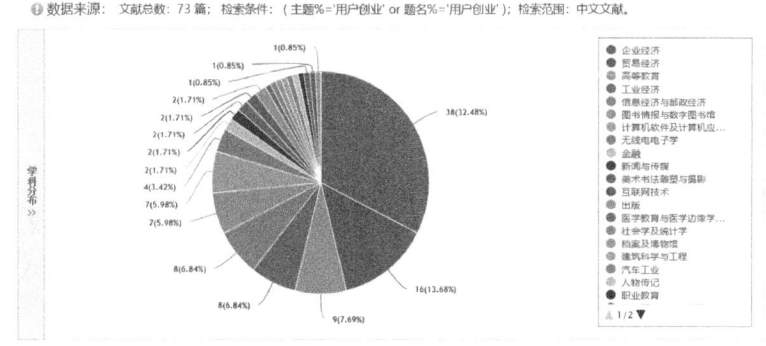

图1-6 "用户创业"相关中文文献学科分布

(来源:引自中国知网"计量可视化分析-检索结果"。)

无论是"用户创业教育"研究还是"用户创业"研究的学科分布，都可以明显看出，"用户创业"视域下的创新创业教育研究需要将教育学、经济/管理学学科知识进行跨学科融合，用创业实践去指引创新创业教育不断深化发展。

最后，从文献作者分布情况来看，"用户创业教育"研究相对分散（图1-7），"用户创业"研究则已逐步形成学术团队（图1-8）。前者的研究者分布平均，所在学校各有不同。后者研究团队主要以广西师范大学为主，周劲波教授等共计发表相关文献14篇。广西师范大学在将用户创业与创新创业教育融合方面，具有较好的研究基础。

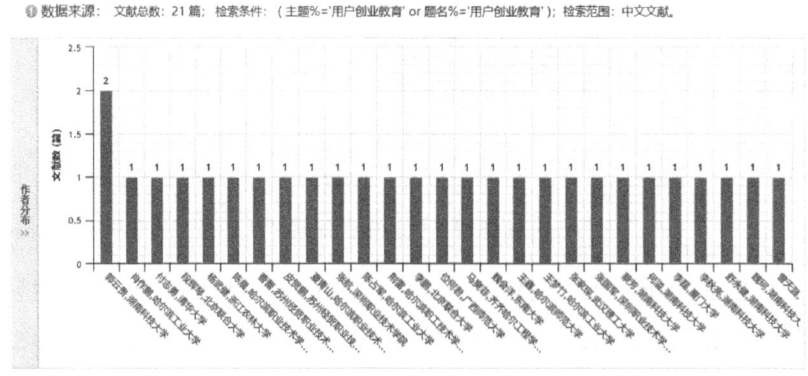

图1-7 "用户创业教育"相关中文文献作者分布

（来源：引自中国知网"计量可视化分析-检索结果"。）

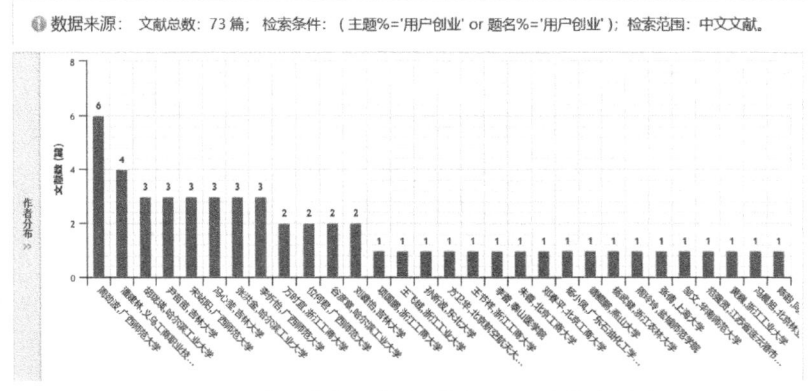

图1-8 "用户创业"相关中文文献作者分布

（来源：引自中国知网"计量可视化分析-检索结果"。）

2. 基于研究主题的具体分析

作为新兴研究领域，国内关于"用户创业"视域下的创新创业教育研究成果较少。即便将概念外延扩展，从"用户创业"角度考虑，可参考文献总量仍然不多。位何君（2021）在《创新创业教育、领先用户创业能力与创业模式的关系研究》[①]中将领先用户作为研究对象，以领先用户的创业意愿和创业行为为主线，构建了"创新创业教育—创业意愿（调节）—创业能力（中介）—创业支持（调节）—创业模式"的结构方程模型，并在此基础上开展系列研究，为高校创新创业教育提供对策建议。

"用户创业"研究的发展情况如下。首先，用户创业研究较为前沿，国内学者主要通过研究综述方式将国外研究成果引入国内。比如潘建林（2018）在《网络经济新商业背景下的用户创业研究述评》[②]中对用户创业研究体系及进程进行了分析，总结了用户创业的特点及优势，重点关注了创新型用户创业及多类型用户创业研究。尹苗苗（2021）等在《用户创业研究综述及未来展望》[③]中剖析了用户创业动机和影响因素、梳理了用户创业活动机理。

其次，国内学者对用户创业现象进行多角度分析与破解。比如，周劲波、宋站阳（2021）对用户创业的内涵与过程进行了界定，挖掘了用户创业的影响因素并构建了实证研究框架[④]。陈韵（2019）对虚拟创新社区激励机制进行了梳理，提出未来运用虚拟创新社区激励用户从创新者转变为创业者的策略[⑤]。周劲波、宋站阳（2020）基于创新驱动发展战略背景，对用户创业意愿的影响因素进行了扎根理论范式的质性分析，指出内在动机、外在动机、产品创新、社会关系、激情/挑

---

① 位何君. 创新创业教育、领先用户创业能力与创业模式的关系研究 [D]. 桂林：广西师范大学，2021.
② 潘建林. 网络经济新商业背景下的用户创业研究述评 [J]. 中国市场, 2018(12):186-188.
③ 尹苗苗, 冯心莹, 周冰玉. 用户创业研究综述及未来展望 [J]. 科研管理, 2021,42(09):17-23.
④ 周劲波, 宋站阳. 用户创业：内涵、过程、影响因素及实证框架 [J]. 湖南财政经济学院学报，2020,36(02):61-70.
⑤ 陈韵. 虚拟创新社区激励机制对用户创业意愿的影响 [J]. 现代经济信息, 2019(02):26-27.

战是影响用户创业意愿的主要因素[1]。宋站阳（2021）从社会网络理论、资源基础理论及嵌入理论入手，将研究对象聚焦到用户群体，探究了众创空间网络嵌入对用户创业绩效的影响机制，并将"资源拼凑"引入这一机制，讨论了资源拼凑如何在众创空间网络嵌入与用户创业绩效之间发挥中介作用、用户先前经验如何在众创空间网络嵌入与资源拼凑关系作用下发挥调节作用[2]。

最后，国内学者对用户创业现象进行了微观观测，以研究案例形式呈现用户创业不同样态。金杨华、潘建林（2014）以淘宝网为个案，剖析了其平台主体结构、用户平台创业的双元嵌入路径，探讨了基于嵌入式开放创新的平台领导与用户创业协同模式，提出了平台领导与用户创业协同发展的嵌入式开放创新模型[3]。项国鹏等（2022）从创业机会开发视角出发，以尚品宅配和小米为案例，构建了"价值主张—互动—创业机会开发—价值实现"研究框架，引入了"创业机会"概念以解释价值共创机制，打开了创业企业和用户互动形成价值创造的理论黑箱，为创业企业有效协调与用户之间的关系提供了启示[4]。朱蓉等（2022）以聪明空气和好瓶两家企业作为研究对象，归纳出用户已有经验、现有产品和技术、商业模式、价值创造等6个维度，构建了从用户创业到商业生态系统形成的过程模型[5]。张洪金等（2021）通过对北京京东世纪贸易有限公司的研究，运用扎根理论编码的单案例研究方法，探讨了用户体验、创业者特质与公司创业机会识别的作用关系，拓展了用户体验和创业者特质的理论边界[6]。

---

[1] 周劲波,宋站阳.创新驱动背景下用户创业意愿的影响因素研究：基于扎根理论范式的质性分析[J].华南理工大学学报(社会科学版),2020,22(03):28-36.
[2] 宋站阳.众创空间网络嵌入对用户创业绩效的影响机制研究[D].桂林：广西师范大学,2021.
[3] 金杨华,潘建林.基于嵌入式开放创新的平台领导与用户创业协同模式：淘宝网案例研究[J].中国工业经济,2014(02):148-160.
[4] 项国鹏,高挺,万时宜.数字时代下创业企业与用户如何开发机会实现价值共创？[J].管理评论,2022,34(02):89-101+141.
[5] 朱蓉,温傲,邓春平.用户社会创业企业的商业生态系统构建案例研究[J].管理评论,2022,34(06):341-352.
[6] 张洪金,胡珑瑛,谷彦章.用户体验、创业者特质与公司创业机会识别：基于京东公司的探索性案例研究[J].管理评论,2021,33(07):337-352.

用户创业作为新兴的创业实践，在教育领域，尤其是创新创业教育领域有较好的应用前景。但国内相关研究成果较少，对用户创业的研究更多停留在管理学领域。将用户创业与创新创业教育相结合，探索基于"用户创业"的创新创业教育，需要在概念辨析、教育载体等方面进一步明晰。

（二）国外研究现状述评

以"User Entrepreneurship Education"为主题词，时间不限，在"Springer"外文数据库共检索到相关文献22951条。从成果类型来看，研究成果按照数量多少依次为专著、期刊、会议论文、会议文献等（图1-9）。可见，国外基于"用户创业"的创新创业教育研究已具备一定的研究基础。从专著成果多于期刊成果来看，国外学者对"用户创业"视域下的创新创业教育研究较为系统。从学科分布来看，研究成果主要集中在商业管理、经济学、管理工程学、计算机科学、教育学5个领域（图1-10），管理类成果居多。从学科分支来看，基于"用户创业"的创新创业教育研究聚焦创业、创新/技术管理、管理、常规商业管理、战略管理/领导力5个层面（图1-11），是与创新、战略、领导等个体能力结构高度相关的议题。

22,951 Result(s) for **'User Entrepreneurship Education'**

Refine Your Search

Content Type	
Chapter	11,281
Book	6,083
Article	4,798
Conference Paper	2,193
Conference Proceedings	1,179
Reference Work Entry	786
Reference Work	117
Protocol	2
Video Segment	1

图1-9 "用户创业"视域下的创新创业教育外文研究成果类型分布

（来源：根据"Springer"数据整理。）

"用户创业"视域下的创新创业教育研究

22,951 Result(s) for **'User Entrepreneurship Education'**

Discipline	see all
Business and Management	6,471
Economics	2,865
Engineering	2,329
Computer Science	2,089
Education	1,685

图 1-10　"用户创业"视域下的创新创业教育外文研究成果学科分布

（来源：根据"Springer"数据整理。）

22,951 Result(s) for **'User Entrepreneurship Education'**

Subdiscipline	see all
Entrepreneurship	3,530
Innovation/Technology Management	2,154
Management	2,123
Business and Management, general	1,919
Business Strategy/Leadership	1,641

图 1-11　"用户创业"视域下的创新创业教育外文研究成果学科分支情况

（来源：根据"Springer"数据整理。）

以"User Entrepreneurship Education"为主题词，时间不限，在"超星发现"外文数据库共检索到相关文献906条。从相关知识点分布来看，研究主要集中在创业、创新、管理与商业、网络学习、教育等方面（图1-12）。从成果类型来看，研究成果按照数量多少依次为期刊、会议论文、信息资讯、学位论文等（图1-13）。从学术发展趋势来看，基于"用户创业"的创新创业教育研究起步较晚，但发展迅速（图1-14）。2000年以后开始出现研究文献，2000—2005年，基于"用户创业"的创新创业教育相关研究发展较为平缓。自2005年后，随着数智经济高速发展，

"用户创业"视域下的创新创业教育相关研究进入高速发展阶段,各类文献数量出现较快增长态势。可见,与"用户创业"相关的创新创业教育研究跨学科特征明显,且从理论层面迅速回应了创业实践的发展。

图 1-12 "用户创业"视域下的创新创业教育研究相关知识点分布

(来源:引自"超星发现"-"作者机构"分布图。)

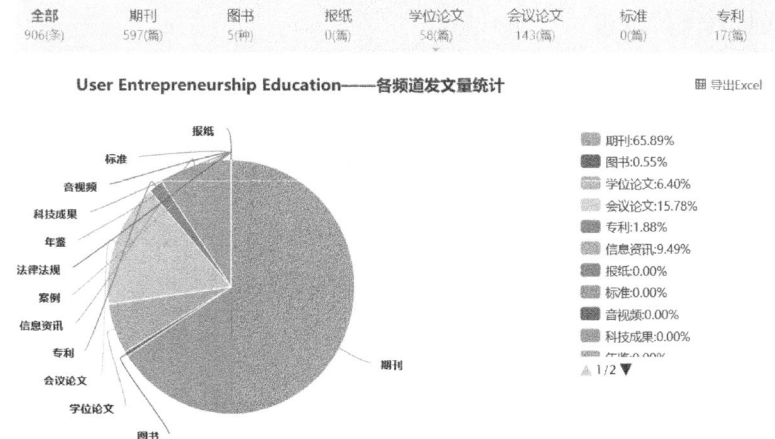

图 1-13 "用户创业"视域下的创新创业教育研究各频道外文发文量统计

(来源:引自"超星发现"-"作者机构"分布图。)

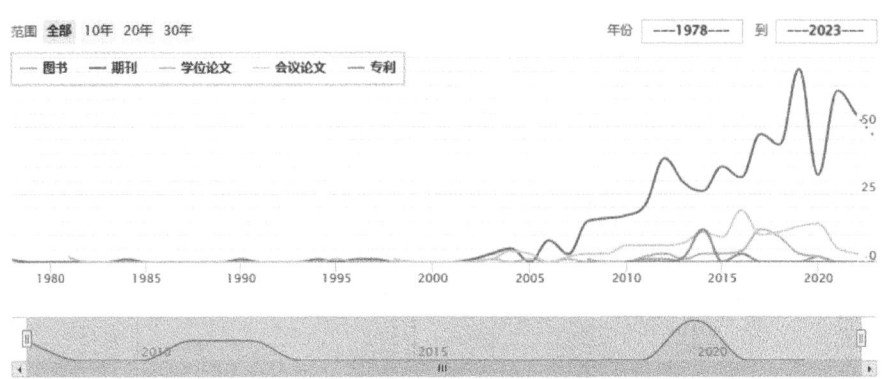

图 1-14　"用户创业"视域下的创新创业教育研究各类型学术发展趋势曲线

（来源：引自"超星发现"-"作者机构"分布图。）

最早讨论用户创业的是 Daniel Shimshoni[①]，他在 The mobile scientist in the American instrument industry（1970）中谈到，来自美国各地的电子、材料、计算机等领域的技术领导者在进行大规模研究的过程中，依靠自己成为创新者或企业家。新技术与新需求鼓励了创新和创业，很多创业公司的第一个产品来源于用户创新。技术领导者通过用户创新向用户创业转变。可见，用户创业与用户身份紧密相连，创新者在进行技术革新的过程中实现身份转变，成为创业者。最初的用户创业具有较高的技术壁垒，主要发生在具有独特技术要求的领域。用户创业所辐射的范围并不广泛。

熊彼特在《经济发展理论》（2017）中指出，商品循环流通过程中，用户偏好的自发性、间断性变化，往往是生产者必须应对的问题，也是其商业动机和机会所在[②]。因此，随着社会经济不断向前发展，用户创业研究开始出现越来越多的现实案例。比如农村用户以脱棉机、摩托车驱动犁、多用途加工机等低成本创新方案解决农村现实问题的同时建立了农村用户创新和创业框架[③]等。进入数智时

---

① Shimshoni D. The mobile scientist in the American instrument industry[J].Minerva, 1970, 8:59-89.
② 约瑟夫·熊彼特.经济发展理论[M].王永胜，译.上海：立信会计出版社，2017.
③ Yadav V, Goyal P. User innovation and entrepreneurship: case studies from rural India[J].Yadav and Goyal Journal of Innovation and Entrepreneurship,2015: 4-5.

代后,越来越多的用户成为创业者,将自己的用户创新商业化[①]。用户创业成为促进经济发展、推动社会进步的重要创业机制,并为创新创业教育发展提供有较强借鉴价值的实践"质料"。

国外学者对"用户创业"视域下的创新创业教育研究相对较少,更多是在管理学、互联网技术或交叉学科领域探讨用户创业的实践运用。实际上,作为新兴创业模式,用户创业的主体范围广泛且能将创新与创业高度融合,契合了创新创业教育深层次发展的内在需求,将用户创业应用到教育领域,深入挖掘"用户创业"视域下创新创业教育的理论及实践意义,可促进创新创业教育高质量发展。

三、研究价值

本研究立足于我国创新创业教育高质量发展的高站位,着眼于数智经济时代创新创业教育面临的创新与创业融合度不足的现实难题,以"'用户创业'视域下的创新创业教育"为核心议题,在回应创新创业教育过程中"如何凸显学生主体地位""如何强化学生能力培养效果""如何发挥学生个体实践特性"三个子问题的同时,借鉴管理学领域"用户创业"相关理论与实践,尝试从"用户创业"视角研究创新创业教育,提升本研究的学术价值与实践意义。

(一)学术价值

学术价值是研究主题对现有理论的贡献,也是研究主题的学术创新之处。开展基于"用户创业"的创新创业教育研究的学术价值主要如下。

一方面,本研究拓宽了创新创业教育的研究谱系。本研究的主题来源于新兴的创业实践,是"用户创业"理论在创新创业教育领域的投射与应用。基于"用户创业"的创新创业教育是管理学与教育学的交叉融合,也是创新创业教育的新尝试与新应用。在现有学术文献中,尽管已有学者关注用户创业与创新创业教育

---

① Schiavone F, Tutore I, Cucari N. How digital user innovators become entrepreneurs: a sociomaterial analysis[J].Technology Analysis & Strategic Management, 2019: 114.

的交叉研究,但对"用户创业"视域下的创新创业教育缺乏系统挖掘及实践应用。因此,本研究有助于丰富创新创业教育研究谱系,是创新创业教育高质量发展的新尝试。

另一方面,本研究丰富了创新创业教育的实践范式。本研究的研究主题横跨教育学、管理学两个学科领域,从创新创业教育实际出发,将管理学前沿知识、新兴的创业实践融入人才培养过程,深入挖掘创新创业教育的价值意蕴。不仅如此,研究遵循理论与实践相结合的内在逻辑,从学理层面探索"用户创业"视域下创新创业教育模式的创新突破。

(二)实践价值

随着"大众创业,万众创新"理念逐步深入人心,创新创业教育在全国高校广泛开展。高等学校"创新能力提升计划""关键领域自主创新行动"等战略规划的实施,促进了高层次创新人才自主培养能力显著提升,创新创业教育进入高质量发展阶段。传统教育模式无法解决创新创业教育中理论与实践脱节、学生主体地位不突出且能力结构单一、创业实践中创新元素不足等难题。如何在创新创业教育过程中激发学生创新活力、较好衔接创业理论与创业实践以凸显学生主体地位、培养学生创新创业能力并强化教育的实践性等,是创新创业教育面临的深层次挑战。创新创业教育需不断深化发展,以创新创业能力培养为旨归,并在此基础上融通创新创业理论与实践,激发学生创新活力。

用户创业关注个体,从个体需求出发,源于创新、内置创新、持续激发创新,是融合个体创新与创业能力的天然载体。基于"用户创业"的创新创业教育强化学生主体地位,帮助学生关联理论与实践,使创新与创业获得内在统一;在行动学习过程中构建符合个体及创业实践需求的创业学习知识框架与能力模型,为创新创业教育深入发展提供了有价值、可借鉴的视角。用户创业所引领的创新创业教育模式的转变,是从主体地位上强化学生在课堂的意义与价值、教学理念上追求个体创新创业能力养成、学习方式上挖掘行动学习精髓,从而将创新创业教育跃升为以用户创业为核心的创业学习。

四、研究重点与难点

（一）研究重点

本研究围绕创新创业教育领域新兴研究主题，将用户创业与创新创业教育相融合，构建创新创业教育升级版——基于"用户创业"的创新创业教育。本研究着眼于理论深挖与实践改进，主要有以下研究重点。

1. 基于"用户创业"的创新创业教育的理论阐释

用户创业作为新兴创业实践，相关研究积累不足且以国外文献为主，基于"用户创业"的创新创业教育文献资源也极为稀少。以最新创业实践推进创新创业教育高质量发展，需要对用户创业理论进行深入梳理、对创新创业教育进行跨学科研究，以解决创新创业教育实践所需的理论依据及理论支撑问题。本研究重点对用户创业文献与创新创业教育相关文献进行融合分析，寻找二者之间的关联，厘清基于"用户创业"的创新创业教育机理，为研究打下坚实的理论基础。

2. 基于"用户创业"的创新创业教育的行动研究

基于"用户创业"的创新创业教育与常规创新创业教育相异之处，在于其将创新与创业高度融合，不仅强调在教育实践过程中强化学生主体地位、提升学生能力培养效果，更强调将创新创业教育实践属性运用于人才培养全过程。因此，"用户创业"视域下的创新创业教育应用场景并不局限于常规的创新创业课堂，而是将创新创业平台、学习社区等纳入创新创业教育人才培养环节。

目前，国内外学者对创新创业教育应用场景的研究主要聚焦于创新创业课堂，其他教育载体受到的关注较少。本研究以"用户创业"视域下的创新创业教育理论省思与实践探索为主线，拓展创新创业教育新的应用场景，摸索创业平台、学习社区等教育新载体如何与传统课堂相辅相成，不同创新创业教育学习场域间如何互促发展等，使"用户创业"视域下的创新创业教育从理论思考走向实践运用。

3. 基于"用户创业"的创新创业教育的实践改进

创新创业教育本身高实践性、强应用性的特征决定了其研究过程无法仅停留在理论层面，而应与创新创业教育实践相结合，在实践中发现、改进及解决问题。创新创业教育理论与实践之间虽有距离，但其存在高相关性。创新创业教育理论需在教育实践场域中进行验证、运用、深化。

本研究关注的基于"用户创业"的创新创业教育研究主题同样需要通过教育实践改进、完善、优化。实践改进是本研究的重点内容之一，既是对理论研究内容的实践运用，也是对现有"用户创业"视域下的创新创业教育实践的现实改进。

（二）研究难点

基于"用户创业"的创新创业教育改变了传统创新创业教育模式，不仅优化了创新创业教育生态系统，为学生能力培养提供了可行路径，而且在创新创业教育开展过程中构筑了创新创业教育实践育人共同体。由于教育理论与实践储备不足，基于"用户创业"的创新创业教育研究面临如下难点。

1. 用户创业与创新创业教育的理论融合问题

无论是用户创业还是基于"用户创业"的创新创业教育，均为管理学、教育学较为前沿的研究领域。相对于其他研究主题有充裕的文献资源可供参考而言，"用户创业"视域下的创新创业教育中文及外文文献资源较为匮乏，前鉴内容不足。用户创业以用户为研究对象，更多地分析用户如何促进创业行为的产生；而创新创业教育以学生为研究对象，学生这一特殊"用户"与创业情境中带有商业性质的纯粹用户既有相同之处，也存在诸多差异。

如何将用户创业理论与创新创业教育理论有机融合，是本研究亟待突破的难点。一方面，本研究需要解决将用户创业应用于创新创业教育研究领域的融合问题;另一方面,本研究需要化解跨学科不同理论在融合过程中存在的排斥,较为考验研究者的跨学科知识整合能力。

2."用户创业"视域下创新创业教育的行动探索问题

基于"用户创业"的创新创业教育较常规创新创业教育的优化之处在于很好地融通了创新与创业,解决了创新创业教育开展过程中创新与创业"油水分离"所导致的创新创业教育主体地位、能力培养效果及个体实践特征不明显等问题。开展"用户创业"视域下的创新创业教育,不能囿于常规的创业课堂,需要将教育载体从教室延伸至更广阔的空间。实际上,尽管创新创业教育试图将课堂与实践相连接,但仍然以课堂为主要教学载体。教学过程中的企业参访或少数创业实践,在创新创业教育体系中更多地作为"配角"——实训角色存在。

创新创业教育需要打通用户创新向用户创业转变的关键环节,将知识传输、能力养成场域拓宽到更广阔边界。无论是创新创业平台还是学习社区,在开展创新创业教育过程中均存在理论滞后于实践的情况。"用户创业"视域下的创新创业教育的难点,还在于如何将创新创业教育载体从课堂延伸到创新创业平台与学习社区,如何保证教育过程中知识输出不因教育载体切换而被迫稀释,如何在新的教育载体中开展卓有成效的创新创业教育。

3."用户创业"视域下创新创业教育案例的合理性问题

基于"用户创业"的创新创业教育以学生为"用户",通过促进学生以用户身份进行创新创业,最终实现学生能力的培养与提升。作为创新创业教育实践的新探索,"用户创业"视域下的创新创业教育对推动创新创业教育发展、提升创新创业教育实效具有积极的探索意义。然而,在理论储备、实践案例均不充裕的情况下,如何构建基于"用户创业"的创新创业教育、教育模式应包含哪些要素、要素之间应怎样合理互动等,成为开展研究的难点所在。"用户创业"视域下的创新创业教育案例的合理性验证问题是本研究需要深入探讨及突破的重要问题。

五、研究的创新之处与困难之处

（一）研究的创新之处

本研究将创新创业教育与新兴的"用户创业"实践相结合，从创业实践中吸收新动能，助推创新创业教育向深层次、高质量阶段发展。本研究可能的创新之处如下。

1. 通过跨学科研究拓展创新创业教育研究内涵

创新创业教育源于创业实践需求，以人才培养为目标，旨在通过教育手段提升学生的创新创业能力。经过十余年的发展，创新创业教育研究已从最初的借鉴国外经验向寻求自身特色发展转变。本研究从创新创业教育实践出发，探索解决现阶段教育发展困境的新模式，以"用户创业"视角优化创新创业教育效果。一方面，用户创业理念的融入拉近了创新创业教育与创业实践的距离，使教育研究更多地吸收创业实践的优秀成果。另一方面，用户创业与创新创业教育相结合，跨学科研究方式可为创新创业教育高质量发展提供更多借鉴。

基于"用户创业"的创新创业教育可解决长期困扰创新创业教育的"创新与创业相分离、学生创新性不足"的难题。"用户创业"视域下的创新创业教育鼓励以用户（学生）为中心，从用户实际需求出发，从用户身边的事物着手创新，在用户创新的过程中锻炼能力。开展基于"用户创业"的创新创业教育过程中，学生需要高度参与创业学习，在解决实际问题、寻找用户创新的同时整合、提升自身综合能力，并通过多元教育载体将理论与实践相结合。"用户创业"视域下的创新创业教育使创新与创业有机融合，对学生主体地位不突出、能力培养效果不明显、学生个体实践性不显著等难题也能有效改善，拓展了创新创业教育的研究内涵。

2. 尝试解决创新与创业融合不足的问题

创新创业教育在经历了最初普及化阶段之后，亟须响应国家"创新驱动发展"

战略，为我国经济建设提供强劲助力。然而，由于理念、模式等落后，创新创业教育开展过程中，创新与创业融合度无法满足国家、社会对创新创业的期冀。创新创业教育更多停留在生存型创业教育阶段，学生创业实践中创新成分较少，创业生命周期较短。生存型创业与开展创新创业教育的初衷相悖，无法有效激发创业个体的创业活力，实现高质量创业。

基于"用户创业"的创新创业教育始于用户创新，从用户身边的产品/服务优化出发，通过资源整合等手段使用户创新向用户创业转变。在这个过程中，创新是贯穿创业过程始终的"天然基因"，创业是创新的深化与升华。将用户创业引入创新创业教育，有助于在过程中强化创新与创业相融合；将创新贯穿创业全过程，可以使学生在接受教育时更关注创新，并将创新理念与自我成长相结合。"用户创业"视域下的创新创业教育是将创新与创业相融合的教育新尝试。

3. 探索"用户创业"视域下创新创业教育的中国实践

我国的创新创业教育起步较晚，存在基础薄弱、发展同质化等问题。无论是用户创业还是基于"用户创业"的创新创业教育，在国内的实践案例均不充裕。作为全世界创业活动高度活跃的国家之一，我国的创业实践已取得举世瞩目的成果。经济的高速发展也使用户创业在我国取得了长足进步。在将用户创业与创新创业教育相结合，探索创新创业教育新模式方面，我国具备了较好的经济基础。

本研究立足于中国实践，强调"用户创业"视域下的创新创业教育的实践应用，尝试在行动研究中寻找创新创业教育新模式的意义与价值，为用户创业与创新创业教育融合研究提供中国案例。我国高度重视创新创业教育的教育情境，这有助于将创新创业教育载体不断拓展延伸，并在更广阔的场域发生、发展。教育载体研究，能为"用户创业"视域下的创新创业教育推进提供助益。

（二）研究的困难之处

基于"用户创业"的创新创业教育作为较为前沿的研究主题，在探索、实践过程中，本研究存在如下方面。

1. 基于"用户创业"的创新创业教育研究文献资源不足

研究文献不足主要因为用户创业作为创业实践本身,发生与发展的时间较晚。得益于数智经济高速发展,用户创业难度较工业经济时代大为降低。更多的用户可通过互联网使个性化的用户创新转化为用户创业,实现创新的商业化。用户创业的发展推动了基于"用户创业"的创新创业教育的发展,其对创新创业教育的优化作用也得到不断凸显。但创新创业教育研究与创业实践之间存在时间差问题,因而"用户创业"视域下创新创业教育成果的理论转化相对落后于用户创业实践。

开展本研究面临的困难包括,"用户创业"的创新创业教育相关文献资源不足,无法从理论层面为研究提供强有力的支撑。文献资源不足的一种可能性在于研究本身的价值并未得到足够关注与重视。"用户创业"视域下的创新创业教育横跨教育、管理、经济等不同领域,跨学科研究对研究者本身的学科背景有一定要求,这也限制了基于"用户创业"的创新创业教育成果之理论转化。

2. 基于"用户创业"的创新创业教育研究实践案例不足

"用户创业"视域下的创新创业教育强调理论与实践高度连接,在实践中结合创新与创业,并充分发挥创新对创业的引领、带动作用。与此相关的,基于"用户创业"的创新创业教育研究也应该围绕实践展开,从实践中总结经验、发现不足,在实践中不断完善理论思考与模式构建。

本研究所面临的现实困难包括"用户创业"相关的创新创业教育研究实践案例不足,很难获得有足够借鉴意义的行动学习案例。这与创新创业教育载体多元化对外部环境要求较高有关。比如创新创业平台与课堂的融合、创业学习社区的构建等,需要整合多方资源,并在实践过程中不断测试、优化、完善。国内创新创业教育载体的单一性也限制了"用户创业"视域下创新创业教育的动态发展。开展本研究必须突破创新创业教育依靠课堂这一单一载体的限制,置身于更为广阔的教育场域。

3. 基于"用户创业"的创新创业教育实践经验不足

"用户创业"视域下创新创业教育的开展及实施效果,取决于教育模式的合理构建。创新创业教育的特点决定了多元教育载体在教育模式构建过程中发挥重要作用。如何将创业课堂延伸至校园之外，从实体环境向网络虚拟课堂/平台/社区拓展，如何在多元载体中自如切换并各有侧重，充分发挥创新创业教育的综合育人效果，是困扰创新创业教育研究的难题。

从目前的国内外文献资源来看，"用户创业"视域下创新创业教育的模式构建经验、案例不足；从创新创业教育实践来看，基于"用户创业"的创新创业教育的现实案例同样匮乏。本研究亟待突破的是如何在实践中不断推进"用户创业"视域下的创新创业教育，如何在行动研究中以理论积淀反哺教育实践。

第二章 "知行合一":创新创业教育的理论渊源之一

一、"知行合一"的内涵

习近平总书记多次在重要讲话中倡导"知行合一",他勉励大学生"于实处用力,从知行合一上下功夫""青年有着大好机遇,关键是要迈稳步子、夯实根基、久久为功。心浮气躁,学一门丢一门,干一行弃一行,无论为学还是创新创业,都是最忌讳的[①]";同时,他也要求年轻人学懂弄通做实,落脚点在做实。坚持知行合一、真抓实干,做实干家[②]。"知行合一"是中华优秀传统文化中特有的哲学思想,是王阳明"心学"的重要组成部分。《中国教育现代化2035》将"知行合一"作为推进教育现代化的八大基本理念之一。随着我国经济社会进入快速发展阶段,加快实施创新驱动发展战略需要将创新创业教育融入、贯穿人才培养全过程[③]。创新创业教育具有极强的实践属性,使其在发展过程中需要不断优化理念设计[④],以更好地培养符合社会需求的创新型人才。王阳明的"知行合一"不仅仅是一种功夫哲学,也是一种功夫方法,具有自身的理论效力和实践能力[⑤]。

(一)真知在行、不行不知

"知行合一"是王阳明龙场悟道所得。正德八年,王阳明与徐爱相聚。徐爱

[①] 习近平. 习近平谈治国理政:第一卷[M]. 北京:外文出版社,2018.
[②] 习近平. 习近平谈治国理政:第三卷[M]. 北京:外文出版社,2020.
[③] 陈希. 将创新创业教育贯穿于高校人才培养全过程[J]. 中国高等教育,2010(12):4-5.
[④] 胡金焱. 创新创业教育:理念、制度与平台[J]. 中国高教研究,2018(07):7-11.
[⑤] 陆永胜. 王阳明"知行合一"的理论效力与实践能力[J]. 江淮论坛,2020(06):106-113+197.

借黄绾等人之言，表达自己对"知行合一"之不解，认为"知是知，行是行"。对此，王阳明指出，"未有'知'而不'行'者，'知'而不'行'，只是'未知'"，并举出《大学》中"如恶恶臭，如好好色"之例佐证。同时，他指出，"知"是"行"之主意，"行"是"知"之功夫。"知"是"行"之始，"行"是"知"之成。若会得时，"知"已有"行"在；而"行"已自有"知"①。

之后，在给顾璘的书信中，王阳明进一步确认："真知"即所以为"行"，不"行"不足谓之"知"。可见，"知行合一"的重点，在"知"更在"行"，以"行"为"知"之终点。而"知"分为"真知"与"未知"。"真知"则必有"行"，无"行"则为"未知"。真正的"知"，是必须付诸实践且"真切笃实"的。此时的"知"，赋予了"行"之品格，"行之明觉精察处即知"②。学、问、思、辨皆为"行"之表现。在王阳明的知行观中，过程即为"行"。只要有"学"，便是"行"③。而"全然虚假"的"伪知"，"不能践行"的"无用之知"，"悬空思索"之"知"，"茫茫荡荡"之"知"等，均为"未知"④。

（二）知行所依、心之本体

朱熹理学谓"存天理，灭人欲""反求诸己"⑤，王阳明对此存疑且在龙场悟道之后，转向"说心"，认为"心即理"，"个体之心"为"万物之本"；"心者身之主，而心之虚灵明觉，即所谓本然之良知也"；"应物而动者，谓之意""有知而后有意，知非意之体乎？"；"意之所用，必有其物，物即事也"⑥。可见，王阳明比朱熹更关注个体的主动性与意义世界。"心知"为"意"之源泉，"意动""物用"皆为"心知"所现，外界事物则为"意"所作用之对象⑦。知行所依，本体为"心"而非"物"。

---

① 王阳明. 传习录[M]. 南京：江苏凤凰文艺出版社，2015.
② 王守仁. 王阳明集[M]. 北京：中华书局，2016.
③ 郦波. 五百年来王阳明[M]. 上海：上海人民出版社，2017.
④ 度阴山. 知行合一王阳明：1472—1529[M]. 北京：北京联合出版公司，2014.
⑤ 吕杰昕. 从阳明心学看课程改革[J]. 全球教育展望，2004,33(10):44-47+72.
⑥ 度阴山. 知行合一王阳明4：轻轻松松读懂《传习录》[M]. 南京：江苏凤凰文艺出版社，2018.
⑦ 冈田武彦. 王阳明大传：知行合一的心学智慧[M]. 重庆：重庆出版社，2018.

由此,"心之本体"方能在"繁冗外物"中参悟个体自身的"理意"。王阳明"心学"关切个体在获取"真知"过程中的"事上磨炼"①,个人之"意义世界"在"践履"真知过程中"莫之能御"。"知行合一"应合于个体之实践活动,"功夫"应立足于"本体"。"知行合一"之最高境界,乃"本体"的"体悟"。"一念发动处,便即'行'了"。王阳明所言之"心外无物",强调的是通过重建"心体"以提升个体价值,令个体对客观世界赋予"独特"的意义,即事物在不同个体的意义世界中"所呈皆为不同",故"学凡三变,教亦三变""精察克治,俱归一路,方为格致实功,不落一边"。

(三)知行合一、贵在躬行

朱熹之"格物致知"理念,核心在于"求知"②,"知"既是目标,也是终点。王阳明以"行""未知"作为"知"与"不知"的标准,较朱熹有所精进。"知行合一"的最终落脚点是"行",而非简单停留在"知"的层面。"行"既为"真知"的"佐证",也是"真知"的"验证"。是否获得"真知","行"是重要的评判依据。王阳明不仅在理论上强调"行"之重要性,更是以自身实际行动,即"事功",对"知行合一"进行了回应并率先垂范。

他在龙场悟道后,不仅在各种场合多次与书生论道,极力宣传其"知行合一"理论,试图扭转当时社会"忽略实践"之风气,而且"卓然践之以身""行为有担当",对"知行合一"做了最具说服力和影响力的解读。王阳明一生致力于教化弟子,建树丰厚。除大力倡导、开办学校教育外,他还在偏远地区为穷苦民众"兴立社学,歌诗习礼"。他在担任南赣巡抚时,上马治军,下马治民,集文韬武略于一身。嘉靖六年,广西发生战乱,王阳明平定战乱后,在南宁创办书院,教化民众③。因卓著之"文治武功",王阳明被称为"立德""立言""立功"之历史第一人,并

---

① 王阳明. 王阳明全集:全5册[M]. 北京:线装书局,2012.
② 朱熹. 朱熹文集编年评注[M]. 福州:福建人民出版社,2019.
③ 王阳明. 王阳明全书[M]. 北京:中国文史出版社,2014.

成为古代"三不朽"之典范[①]。

二、创新创业教育中"知"与"行"的现实省察

创新创业教育作为经济社会发展到一定阶段的产物，实践目标明晰、实践指向明确、实践特性明显。"知行合一"不仅是创新创业教育的内在需求[②]，更是教育情境下创新的前提与基础。创新创业教育整体上处于初级发展阶段，高校间发展差距不大，趋同化明显；创新创业教育运营比较封闭，资源对外依存度低。这些特点的成因是同质化的教育模式，即高校创新创业教育基本复制了"工厂式"的传统教育模式[③]。创新创业课程实施与传统课程相较，差异并不明显[④]。

当前，我国正处于第三次技术革命向第四次技术革命转变的关键时期，从互联网时代开始向数智时代迈进，这对于经济、社会、教育都是深刻和系统的创新性破坏浪潮[⑤]。创新创业教育面临来自外部环境、内部变革需求的深刻冲击。在不断向前推进的过程中，创新创业教育需对自身"知"与"行"的关系，进行现实省察及深入剖解。

（一）重知轻行、知行二分，学生主体地位不突出

1."重知轻行"是工业社会给创新创业教育留下的烙印

创新创业教育模式由课程、项目、师资、平台等组成[⑥]，教育主体对教育效果起决定性作用，并直接影响创新创业教育的未来走向。受工业社会机器化大生产

[①] 王中原.《传习录》教育思想述评及其现代价值探析[J].大学教育科学,2015(06):85-89.

[②] 王游.我国高校创新创业教育哲学观的思考[J].广东社会科学,2013(01):112-117.

[③] 刘帆.高校创新创业教育现况调查及分析：基于全国938所高校样本[J].中国青年社会科学,2019,38(04):67-76.

[④] 黄兆信,杜金宸."双一流"建设高校学生对创新创业课程质量满意度研究[J].华东师范大学学报(教育科学版),2020,38(12):33-41.

[⑤] 刘志阳,邱振宇.数智创新创业：从"半数智"时代迈向"全数智"时代[J].探索与争鸣,2020(11):141-149+179.

[⑥] 张雅婷,姚小玲.高校创新创业教育模式的发展现状与路径优化[J].思想理论教育,2019(04):107-111.

影响，社会对人才的需求带有同质化倾向。社会主流价值观希望塑造符合社会化大生产需要的"类属性"人才，以此推动生产规模化，形成规模经济，获得更多利润及效益。而个性化需求因个体差异而呈现不同样态、不易统一、难以规整、协同困难，因而在类属性面前，极易被忽略、被掩盖、被隐匿。工业社会的产品理念辐射到教育行业，最直接的影响即是在"物"（工业产品）的基础上构造人，力图增加受教育者身上某些社会生产认为重要的"特性""属性"，并用外力或潜在压力促使学生接受，形塑成为规格标准化、可替代性较强的"工具人"[①]。工业社会对创业教育的影响在于重普适性的"知"，而轻个体化的"行"。

以人工智能为代表的高科技的发展与运用重塑了社会生产方式，也改变了现有的社会分工体系。随着数智时代的到来，现代社会出现了以个人中心主义为指导思想的、发展人的主体占有能力的个人主体性教育。这种教育以占有文化知识、积累文化资本为目的，侧重于使学生在掌握大量科学文化知识的基础上为社会做出贡献，同时尽可能呈现个性化特征、表达个人诉求、获得个人利益[②]。伴随着以要素和投资规模为驱动的经济-技术范式向以创新为驱动的经济-技术范式转移，高等教育正面临创新创业失灵的挑战[③]。社会生产对教育的影响存在惯性。如果没有主动变革的力量，"重知轻行"在创新创业教育教学模式、教学内容、教学方法上的"型塑"会持续相当长的时间。

创新创业教育以课堂为主要承载方式。受传统课堂教学模式的影响，学生从属于教师，处于被动的知识、信息接受位置。学生在学什么、怎么学等方面缺乏自主权与选择权。接受既定教育模式的前提，是接受在教学过程中的被动安排。即便学生互动在教学过程中逐渐受到重视，但教育整体框架构建过程中，个体需求仍处于被假设、被设计、被安排状态。学生在创新创业学习、创新创业实践等

---

① 岳伟,王坤庆.主体间性：当代主体教育的价值追求[J].华东师范大学学报(教育科学版),2004(02):1-6+36.
② 刘燕楠,李姣姣.从主体间性到他者性：主体教育的当代价值取向[J].高等教育研究,2020,41(12):10-15.
③ 王建华.创新创业的挑战与大学发展范式的变革[J].大学教育科学,2020(03):57-63.

方面的个体需求，无法通过合适的渠道或路径，在创新创业教育体系内得以体现和满足。信息传输导向的课堂教育模式与创新创业教育能力培养的初衷无法共轨同频。学生被轻视的"行"在不断被强化的"知"面前无能为力。

创新创业教育强调创新，投射到自身发展上，却依然走不出传统的束缚。创新创业知识的"大一统"与创业情境的多元化之间、创新创业教师的统一输出与学生个体的不同要求之间、创新创业教师主导与"以学生为中心"的创新创业教育理念之间，存在诸多不平衡之处。受教育模式、教育方法、教学手段限制，无论是个体的切身需求，还是创新创业教育的旨归，嵌入具体的教育情境中，依然缺乏足够空间和可能性，且在工业化社会教育模式的惯性作用下逐渐被修改、被同化、被统一。因此说，"重知轻行"是工业社会人才需求在创新创业教育上留下的时代烙印。

2. "知行二分"的创新创业课程束缚学生"知行合一"

国内创新创业教育起步较晚，发展周期多为10~20年时间。在政府、社会、学校的大力推动下，创新创业课程建设取得了成效明显的进步[1]，逐步向专业化方向靠近。目前，国内大部分高校开设的创新创业必修课主要包括《创新创业基础》《创业管理》等[2]。各校根据自身实际情况，还开发了诸如《创新创业团队》《社会创业》《绿色创业》等辅修/选修课程。由于课程开发时间较短，经验有限且各高校具体情况存在差异，创新创业课程遭遇"知行二分"的实际困难，具体表现如下。

其一，受制于有限的师资力量，每个学校可开展的创新创业课程比较有限。这些创新创业课程不仅内容较为单一[3]，且难以根据经济社会发展进行动态调整。在师资储备不足的情况下，学校只能具体问题具体分析，依托现有师资开设课程。

---

[1] 严毛新. 创新创业教育的中国经验[J]. 教育研究, 2017, 38(09):70-75.
[2] 姚燕, 卢红, 何云峰. 创新创业教育课程设置述评：依据、类型和内容[J]. 教育理论与实践, 2018, 38(09):9-12.
[3] 李伟铭, 黎春燕, 杜晓华. 我国高校创新创业教育十年：演进、问题与体系建设[J]. 教育研究, 2013, 34(06):42-51.

创新创业课程设置相对零散，因人（教师）设课情况短期之内不易改变，难以构建符合学生具体需求、与实践联系紧密、内容多样且结构合理的课程体系[1]。

其二，国内创新创业课程建设存在高度同质化的情况。这和创新创业教育开展时间较短有关，也是创新创业教育发展过程必须面对的过程。大致趋同的课程对师资、设备、实践环境等要求不高，高校之间可相互借鉴，比较容易实现。并且，创新创业教育属于新生事物，高校在发展过程中多持稳健态度，更愿意参照兄弟院校经验模式，在本校推广完善。而创新创业实践千变万化，无法用统一模式进行界定、规约，创新创业课程与创业实践存在难以同步甚至脱节的尴尬局面。

其三，由于现有授课教师自身困囿[2]，大部分创新创业课程实操性不强[3]。创新创业课程的开发建设不仅需要一定周期及学校、社会、企业各主体协同配合[4]。且课程效果，与高校所在区域创新创业大环境高度相关，仅仅依靠教师自身努力，很难在短时间内开发出符合社会、学校、学生预期且具有较强实践性的创新创业课程。高校现有的教师评价机制，使教师的精力集中于教学、科研方面，企业导师进入高校存在制度壁垒，"双师型"创新创业教师较为稀缺。

"知行二分"虽有主观原因，但更多受社会经济发展、创新创业文化环境、学校客观条件等诸多客观条件因素约束。由此造成了创新创业教育在实践中"趋利避害"，被迫"牺牲"了学生"知行合一"的空间及可能性[5]。

3. 主体地位不突出阻碍学生"知行合一"

基于"自我"的差异性与不可规约性，数智时代的学习是积极主动的建构过程。学习者不再是被动地接受外在信息，被外部条件改造，成为"他我"所期冀

---

[1] 李德丽,刘俊涛,于兴业.融入与嵌入:创新创业课程体系建设与模式转型[J].高教探索,2019,(03):30-35.

[2] 陈才烈,陈涛,林鉴军,等."双一流"建设背景下西部高校创新创业教育治理研究[J].重庆大学学报(社会科学版),2021,27(02):278-288.

[3] 陈璐,赵顗.大学生创新创业课程建设现状及对策研究:基于全国21所高校创新创业课程质量调查[J].创新与创新创业教育,2015,6(03):78-82.

[4] 高珊珊.高校创新创业课程体系建设问题分析[J].中国高校科技,2018(08):89-91.

[5] 荆潇,郑林芝.知行合一:新时代大学生责任感培育的基本原则[J].学校党建与思想教育,2021(02):33-35.

的人，而是主动根据先前认知结构，关注和选择性地知觉外在信息，建构当前事物的意义[1]。数智时代对教育资源、教育机构、教学模式和学习样态等教育要素产生了深刻影响，其"以学习者需求为导向、以学习者体验为核心"的理念强化了学生的中心地位[2]。发展时间较短的创新创业教育，在推进过程中存在若干现实问题，比如学生参与学习的被动性、专业封闭与跨界融合的限制等[3]。学生的主体地位不突出是这些现实问题的集中表现。

教育过程中，学生地位无法凸显也与创新创业课堂中教师与学生之间的定位、关系不明晰有关。如何在教育中既完成创新创业知识的传授任务，实现课程教学目标，又使学生成为课堂主导力量，发挥积极主动作用，构建具有个人特色的知识体系，成为困扰创新创业教师的难题之一。有限的课堂授课时间，既定的教学目标教学内容、传统的课程评价模式，限制了创新创业教师能力施展的可能性，也约束了学生在创新创业教育过程中融入更多个性化内容，发挥自己的主动性与积极性，实现"知行合一"。

构建激活学生内源力的"创"与"学"互促机制和创新创业能力"实干"训练机制，激活教师内源力的"创"与"教"激励机制和创业实践参与机制，激活管理人员内源力的"创"与"育"绩效考核机制和协同联动服务机制，是高校创新创业教育寻求内生与发展的逻辑理路[4]。在这三层关系中，第一层关系中学生主体地位的确定，决定了第二、第三层关系的稳固状态及发展活力，也直接影响学生"知行合一"成效。在开展创新创业教育过程中，认可大学生的能动性和创造性，意味着教育理念从偏重教育内容灌输，向重视受教育者的主观能动性转变。这为高校提供了教育有效性提升的路径，即嵌入学生日常生活情境，在满足学生现实

---

[1] 肖川.从建构主义学习观论学生的主体性发展[J].教育研究与实验,1998(04):1-5+71.
[2] 张岩."互联网+教育"理念及模式探析[J].中国高教研究,2016(02):70-73.
[3] 王鑫.创客文化视域下高校创新创业教育的影响因素与内涵优化[J].思想理论教育,2021(02):106-111.
[4] 魏泽,张学敏.高校创新创业教育内源力：实然表征、生成逻辑与机制构建[J].东北大学学报(社会科学版),2022,24(03):138-144.

诉求中进行创新创业教育[①]。

师生关系是教育场域中最核心、最重要的人际关系，也是教育改革中的重要变革因素。知识视域中，良好师生关系的构建面临着知识本体性、工具性与传递方式变革所带来的现实困境[②]。在大学生创新创业能力培养中，创新创业精神、创新创业素质、创新创业理论、创新创业技能的教学是一个渐进式的知识系统，构成知识链；科技创新活动、创客社团活动、创新创业模拟实训、创新创业实战体验则是阶梯式的实践环节，形成实践链。二者相辅相成，缺一不可[③]。

师生共创作为提升学生创新创业能力、提高创新创业项目和成果转化率、将"高深学问"转变为"现实成果和技能"的有效途径，具有针对性地解决当前创新创业教育中存在的理论与实践脱节、专业教育与创新创业实践脱钩、学生创新创业项目成功率较低等现实问题的功能[④]。学生参与度的中介效应会对学生创新创业能力发展产生影响[⑤]。如何协调创新创业教育中的师生关系，明确教育主体并强化学生的重要教育主体地位，发挥个体对教育效果的主动引领作用，使学生真正实现"知行合一"，是创新创业教育进一步发展所面临的重要挑战。

（二）知行不一、知易行难，学生能力培养效果不明显

1."知行不一"是创新创业教育发展的客观障碍

创新创业教育通过组织大学生进行创新创业学习，提升其创新创业能力[⑥]，是对创新教育和创业教育在理念和内容上的统一和升华。在教育过程中，教师按照

[①] 高卫国. 高校创新创业教育接受路径研究[J]. 江苏高教, 2020(03):92-95.
[②] 徐蕾."我与你"：知识视域中的师生关系及其构建[J]. 中国教育学刊, 2017(10):41-45.
[③] 尹国俊, 都红雯, 朱玉红. 基于师生共创的创新创业教育双螺旋模式构建：以浙江大学为例[J]. 高等教育研究, 2019,40(08):77-87.
[④] 黄兆信. 师生共创：教师认知差异与行动取向的实证研究[J]. 南京师大学报(社会科学版), 2020(03):27-38.
[⑤] 马永霞, 王琳. 高校"双创"教育学生参与度模型及影响因素[J]. 教育经济评论, 2021, 6(04):70-84.
[⑥] 尹苗苗, 张笑妍. 我国大学生创新创业能力提升路径探析[J]. 科研管理, 2019,40(10):142-150.

创新的原则和方法培养学生的创新思维和创业能力，引导学生在学习和工作中运用创新理念[1]。创新创业教育范畴比创业教育更为宽泛，也更强调教育过程中的创新因素。创新创业教育着重培养的是学生的创新能力。通过创新创业能力的提升，帮助学生应对社会经济的快速发展，并在社会生活中创办自己的事业。开设企业是创新创业能力现实转化的最直接成果，但并不是唯一的可能性。鼓励学生结合专业知识，在职业生涯中开创事业才是创新创业教育的旨归。创新创业能力培养是高等教育高质量发展的核心内涵[2]，如何对创新创业能力进行评价是高等教育高质量发展的真正难题[3]。

客观上，由于我国创新创业教育起步晚、发展时间短，许多人对创新创业能力结构的认知仍停留在较为初阶的状态。受传统教育影响，我国的创新创业教育尚未形成自身独特的课程及配套体系[4]。课程内容、结构及课程取向也存在不利于学生完整把握创新创业知识的情况。大部分高校的创新创业教育，仍然采取统一教学要求、统一课堂教学、统一教材模式的教学方法。而创新创业实践与个体高度相关，不同个体所采取的创新创业策略、获得的创新创业体验、积累的创新创业知识很难总结出统一的规律。"知"唯一、"行"多样的情况随处可见。"知行不一"是创新创业教育发展的客观障碍，造成这一状况的主要原因如下。

第一，将创新创业实践转化为创新创业理论，除了需要足够的转化周期，也需要创新创业教育者、研究者在教学、研究领域孜孜以求。我国目前的创新创业课程教材多来自国外相对成熟的经验。国内创新创业实践尚无法凝练出具有中国特色的创新创业理论。因此，国外的创新创业理论存在本土化的过程。植根于西方市场经济基础的创新创业理论与中国特色社会主义情境下的创新创

---

[1] 王瑾，胡恩华.创新创业教育元理论探析：基于高校学科建设的视角[J].江苏高教，2020(07)：99-102.

[2] 王洪才.创新创业能力培养：作为高质量高等教育的核心内涵[J].江苏高教，2021(11):21-27.

[3] 王洪才.创新创业能力评价：高等教育高质量发展的真正难题与破解思路[J].江苏高教，2022(11):39-46.

[4] 袁利平，杨阳.高校创新创业教育课程研究的主题进展与热点比较：基于CNKI和WOS文献的知识图谱分析[J].大学教育科学，2020,(01):89-98.

业之间存在诸多无法适配之处。创新创业教育需要教育者、研究者不断探索、生成本土化理论。

第二，创新创业教育面临从工业社会机器化大生产向信息社会高度智能化转变、适应的难题。工业社会强调个体统一为规模经济服务，以实现效益最大化。而信息社会条件下，个体的多样性、独特性成为创新创业实践的活力源泉。创新创业教育承袭传统教育模式，在教育、教学、实践等环节尚无法对标信息社会多元化、多样态且不断动态调整的需求，更难以为个性化极强的创新创业实践提供目标导向明确、针对性突出的诊断与指引。

第三，创新创业教育过程中，对授课教师而言，激发学生个体活力仍是不小的挑战[①]。"事上磨炼"、参悟"意义世界"的前提是学生在教育过程中主动参与知识建构、能力转化。相对于国外大学较成熟的小班化教学模式，国内目前人数较多的"大班制"教学，使课堂互动存在现实困难。要想在教育教学资源约束条件下因材施教，激发个体活力，教师需要在创新创业知识体系之外，创新性地进行课堂引导[②]，寻求新的突破点和发力点。

2. "知易行难"的知识输出方式困囿学生"知行合一"

前述诸多因素叠加，在一定程度上影响了学生创新创业能力的提升[③]。部分高校在课程开设上以创新创业基础课与选修课为主，创新创业教育还停留在课程教育阶段。在海量的知识与有限的教学周期存在显著矛盾的前提下，无论是创新创业专业基础课还是通识教育课，均不得不把大量的教学时间分配至知识传播环节，不得已压缩诸如互动、实践等课堂讲授之外的其他教育环节的教学时间，这也是

[①] 柳亮. 地方医学院校"全程化、分层次、多平台、广协同"创新创业教育体系的构建[J]. 教育与职业, 2017(17):57-60.

[②] 王琼, 杨钋. 高校创新创业课程学生投入的内涵与测量工具研究[J]. 教育学术月刊, 2021(06):67-75.

[③] 母小勇. 创新型企业家的个人知识与大学生创新创业知识生成[J]. 现代大学教育, 2020(03):105-111+113.

当前高等教育面临的主要难题之一[①]。

衔接个体性与普遍性意义的"个人知识"是教育"智慧"目的实现的操作性概念,也是高校开展创新创业教育的基本中介[②]。传统的创新创业教育通过输入创新创业知识的方式培养学生的创新创业能力。其具体表现在,教育过程中更注重学生对创新创业知识识记、分析能力的提升。即便已认识到创新创业能力培养的重要性,落实到具体教育场景中,仍缺乏有效的载体与路径。在学生创新创业能力培养过程中,"全面融入"的培养机制较易忽视大学生个体的真实需求;虽"强化实践",但尚未实现大学生创新创业能力的整体提升[③]。"知易行难"的知识输出方式是学生"知行合一"的困阻所在。

创新创业教育的核心目标是培养学生的知识联想与创新能力、对创业机会的识别与把握能力,及对社会资源的整合与运用能力[④]。显然,以知识传输为主的教育模式很难承担重任。将课堂作为核心教育场域的教育模式无法有效实现学生"个人知识"的构建,更难以转化为教育所养成的"智慧"。无论是学生还是教师,都难以摆脱传统创新创业教育模式的惯性力量,开辟出有别于传统模式,不被教育惯性牵拉的个性化发展道路。

与教学模式相对应的,是以知识识记、分析为主的教育评价方式很难科学测度学生的创新创业能力。尽管创新创业教育倡导培养学生的综合能力,但受教育评价方式的影响,创新创业课堂仍然只能在学生识记、分析、简单理解创新创业知识上发挥效用。创业实践、人才培养过程中极为重视的创新创业精神、创新思维、创业行动能力等,无法通过合适的考核方式予以确认及强化。创新创业教育高质量发展,需要在创新创业理念、教育教学模式、课堂授课形式等方面有所突

---

① 叶伟巍,汪予宸,王茹佳."互联网+"创新创业认知能力的培养目标研究[J].高等工程教育研究,2019(05):166-172.
② 凤启龙,许苏明.波兰尼"个人知识"论:高校创新创业教育的理论新向度[J].江苏高教,2022(06):70-75.
③ 栾海清,薛晓阳.大学生创新创业能力培养机制:审视与改进[J].中国高等教育,2022(12):59-61.
④ 关少化,郭琦.我国大学创新创业教育的价值、目标与实施策略[J].江苏高教,2018(02):81-84.

破并寻找依托。仅依靠考试、考核或路演方式对创新创业教育成果进行考核,会形成一种潜在导向,指引学生在教育过程中对考试/考核内容尤为侧重。作为缺乏教育经验的个体,学生很难跳出既定考试考核导向的创新创业教育机制,对自身知识与能力进行个性化建构。

"知"易,而以"真知"有效指导"行"难,是我国现阶段创新创业教育无法回避的困境,也是创新创业教育向纵深方向发展必须面对的瓶颈。创新创业教育需要从创业实践中寻找新的理念、新的启发及新的模式,将创新创业能力提升变成可操作性强并能与创新创业课堂紧密融合的具体教育策略。如何通过创新创业教育挖掘、激发、提升个体创新性,如何将创新融入课堂并成为学生综合能力构成的一部分,如何释放教育动能提升人才培养质量,成为创新创业教育面临的重要挑战。

3. 培养效果不明显制约学生"知行合一"

在目前的创新创业教育场域里,学生的创新创业能力提升缺乏有效的训练模式。即便创新的重要性已获普遍认同,但创新创业能力有何内涵、如何培养、培养效果如何,谁来评价等,在教育环节缺乏有效的教育途径及教学手段予以实现、转化。不仅如此,创新创业课堂的局限性使创新难以贯穿人才培养全过程,学生创新能力训练体系也无法有效形成。以知识为导向的教学模式使已获得理念创新的创新创业教育最终又回归到与识记、分析相关的知识吸收能力训练上,创新创业教育需重点培养的知识运用能力、实践能力仍然得不到足够强化。受各方面综合因素影响,受教育个体能力培养结构较为单一,创新创业教育所期待的学生能力培养效果、培养质量并未实现。

学生创新创业知识的习得过程受个体特质、社群资源及创新创业环境等要素影响,具有一定的差异性与发展不平衡性。创新创业教师在教育过程中发挥重要的引导作用。优化大学生创新创业教育的个体效能与群体效应,应构建"前置性"与"后育性"协同的创新创业知识培育体系[①],并将其与创业实践相结合,转化为

---

① 殷玲玲. 大学生创新创业知识习得机制的优化逻辑 [J]. 教育学术月刊,2021(03):69-73.

创新创业能力。能力培养过程中，创新创业经验极其重要。创业者通过经验回顾和构想的直觉过程提升自身的机会能力、概念能力和战略能力，通过隐喻的直觉过程提升领导力，通过认知图式和知识显性化的编译过程提升概念能力[1]。创新创业能力是知识在创业情境中的个性转化，需要在"教中学"与"做中学"之间科学适配[2]。创新创业理论与实践脱节，使"教中学"比例远远高于"做中学"比例。保障"做中学"效果所必需的师资力量匮乏，进一步削弱了"做中学"的实际效果。

创新创业能力培养效果不明显，还表现在教育过程中存在理论与实践不相匹配甚至背离的情况。缺乏实践基础的创新创业教育无法将知识获取与能力培养紧密相连。由于学科建构、教师培养设计等客观因素，双师型教师在创新创业教师总体数量中占比较少。这就导致了在教育过程中，纯粹的"学院派"教师无法融合理论知识与实践经验，无法给予学生足量的、有力度的指导。创新创业教育发展周期较短，针对性研究也处于发展初级阶段，难以从理论上给予教师足够的学养供给以弥补其创新创业实践的不足。能力培养的重要进路是在创新创业实践中不断淬炼、磨砺，在行动学习中积累经验教训，形成基于个体特征的、带有明显个人烙印的个性化知识体系。个体知识、经验认知在与创业实践相结合后，才能最终形成学生独特的创新创业能力体系。创新创业能力不足，直接制约了学生有效的"知行合一"。

（三）知行脱节、知而不行，学生个体实践性不显著

1."知行脱节"源自对创新创业教育的认知偏差

"知行"认识偏差是导致知行脱节的重要原因。创新创业教育作为新生事物，无论是教师还是学生，都存在逐步熟悉、不断增强认知的过程。基于传统教育惯性，以常态化视角看待创新创业教育，未能紧扣创新创业教育特点，产生清晰、准确且具有一定前瞻性的创新创业认知，由此可能造成知行背离或理论与实践难以同

---

[1] 朱秀梅,刘月,李柯,等.创新创业学习到创新创业能力：基于主体和过程视角的研究[J].外国经济与管理,2019,41(02):30-43.
[2] 王占仁.中国高校创新创业教育的基本原则论析[J].高校教育管理,2017,11(03):1-5.

步，实属正常。"知行脱节"在创新创业教育中主要有以下表现。

其一，基于传统教学模式的创新创业教育，以"知"之掌握作为学之终点。创新创业教育以课程为载体。结课方式对学生的导向性作用不容忽视。教学评价需具备足够的可行性及可操作性。创新创业教育的实践属性虽显而易见，但传统教学模式下，课程考核以知识传输导向的方式作为主要评价标准。无论是考试、考核还是路演，其对学生进行教学成效评价的指标仍然是"知"而非"行"。掌握"知"即可获得学分的评价模式客观上弱化了"行"的重要性。

其二，学校教育与社会实践之间的鸿沟，是导致知行脱节的重要因素。创新创业教育一般在高等教育中、低年级开展。学生在校期间虽可将创新创业知识用于实践，但受困于现有学分体系及毕业要求，其大部分时间、精力主要聚焦于理论学习[①]。创新创业实践群体小众化的特点，决定了即便接受了创新创业教育，真正将其用于创业实践的学生仍为少数。创新创业教育对于大部分学生而言，其知识属性远远大于实践属性。

其三，创新创业实践对个体能力的高要求，客观上增加了知行脱节的可能性。相对于就业而言，创新创业对学生个体的知识体系、能力框架有极高要求。创新创业过程中随时可能面对的失败，对学生心理素质、应变能力、资源储备等提出巨大挑战。学生在接受创新创业教育后，对自身创新创业能力会产生自我评估[②]。部分学生对创业实践的不确定性及高失败率产生畏难情绪，进而放弃创业实践。创业实践可作为学生走入社会、适应社会的选项之一，但并非大部分学生的必然选择。

知行脱节弱化了"知"与"行"之间的密切联系，削减了由"知"向"行"转变的可能性。在创新创业教育这一特定场域中，知行脱节既有个体主动性不足之内因，亦存在"行"无法躬亲之外因。结合创新驱动发展战略背景，深入探讨

---

① 胡华中.基于实践导向的大学生创新创业教育模式[J].教育与职业,2018(18):85-88.
② 常文豪,吕慈仙.不同学科大学生的创新创业课程经历对创新创业意向的影响研究：基于社会认知生涯理论(SCCT)的实证分析[J].教育发展研究,2022,42(03):34-43.

如何完善高校创新创业教育体系，对于提升创新型人才培养质量、深入推进创新创业教育具有重要意义[①]。创新创业教育的逻辑体系可根据教育愿景的知识物化逻辑、教育过程的精准供给逻辑、教育质量的价值递进逻辑和教育模式的系统形成逻辑进行解释，关键的环节在于逐渐改变由认知偏差导致的"知行脱节"。

2."知而不行"的教育形式影响学生"知行合一"

现阶段，创新创业教育或多或少存在着"精英化""活动化""碎片化"的问题[②]。"精英化"体现在创新创业仍然是小众行为。成功的创业需要创业者背后的各类资源作为重要支撑。大学生创业由于主客观条件限制，成功率并不高，尤其在大学阶段实现成功创业的案例更少。高校创新创业教育的成果无法通过大学生成功创业的形式予以体现。

"活动化"与创新创业发展初期受到国家高度重视有关。部分高校将参加创新创业竞赛作为创新创业教育的主要抓手和重要举措，容易使创新创业教育的长效性被竞赛的短期性覆盖，从而将创新创业教育异化为学生课堂/课外活动，或成为类似于专业实习的学生社会体验的一部分。"活动化"造成的深层次后果是容易让学生忽略创新创业过程中的风险性，对创业失败缺乏客观的认识及高度的重视。实际上，创业失败对学生学习、生活甚至未来预期造成的影响远远严重于学生开展普通社会实践活动的失败体验。

"碎片化"的主要原因是高校在开展创新创业教育过程中未充分认识到创新创业与专业学习的关系并做好顶层设计，因而使创新创业教育成为游离于常规专业教育体系之外的"零碎部分"，或是专业学习之余的"课外活动"。"碎片化"导致的对创新创业教育的认识偏差，不仅影响教师将创新创业教育作为理念融入日常教学，也导致学生在接受教育过程中未充分认识到创新创业能力对自身未来发展的重要意义。无论是"精英化""活动化"，还是"碎片化"，都是对创新创业教育的片面体悟，会给创新创业教育的发展带来不利影响，也容易弱化对创新

---

① 丁月华,张明丽.高校创新创业教育体系的整体性治理[J].思想理论教育,2022(02):101-106.
② 董婷.高校创新创业教育可持续发展的思考[J].江苏高教,2020(10):93-96.

创业教育实践性的深刻理解。

"知而不行"未必指创新创业教育缺乏实际行动，更多的是"精英化""活动化""碎片化"等带有偏差的"伪知"影响了创新创业教育"真行"的效果，使学生的"知行合一"偏离方向。

"知而不行"与创新创业教师队伍亦存在高度相关性。创新创业教育兴起及蓬勃发展，不过十余年的时间。创新创业教育师资队伍建设需要统筹规划，也需要一定的培养、建设周期。目前，从事创新创业教育的教师多从经济管理类专业的专任教师、辅导员、行政人员中产生。教师群体中，专任教师数量虽快速提升，但与创新创业教育所面向的是全部在校学生这一庞大受教育群体相比，仍存在巨大缺口。

个体知识背景的差异导致很多教师缺乏足够的专业训练，没有与创新创业教育对标的理论积累。创业实践的缺乏影响了教师的能力提升，让很多已站上创业课堂讲台的教师对创新创业仍处于一知半解状态。因此，开展创新创业教育过程中，部分教师知识结构单一，综合能力欠缺，没有创业实践经历/经验，短时间内很难形成学养深厚的创新创业知识框架与体系，也无法将创新创业理论与实践融合起来，帮助及有效指导学生创新创业实践。无论是理论知识还是实践技能储备，教师应对创新创业课堂都存在较大困难，无法在课堂上得心应手、游刃有余。相当一部分的创新创业教师在课程准备上花费巨大的时间和精力。因此，很难从繁重的教学压力中抽离，参与创业实践并从中积累经验。教师考核方式上的不同步，加大了教师参与创业实践的难度。大部分学生的创业实践处于指导不足或缺乏指导的自由生长状态。很多情况下，"知而不行"呈现的样态是"知而难行"。

3. 个体实践性不显著牵绊学生"知行合一"

现阶段创新创业教育发展过程中遇到的主要难题为创新应用转化能力不足、教学体系更新迟缓、教育实践短板明显和创新创业文化氛围不够浓厚[1]等。实践

---

[1] 苏克治，宋丹，赵哲.大学创新创业教育的逻辑构成、现实困阻与长效机制[J].现代教育管理，2022(03):40-47.

性不显著是掣肘创新创业教育高质量发展的核心因素。创新创业教育的深刻内涵需要通过实践性激活,并在实践中不断生发、延展。创新创业教育实践性不足直接影响了教育的效果呈现。创新创业教育亟待建设"内合外联,集成合力"的教育资源整合路径,以此推进高质量发展并释放教育新动能[1]。个体实践性不显著成为学生"知行合一"的牵绊力量。

受传统教育模式制约,创新创业课堂存在理论与实践脱节、创新性与实践性不足的现实困境。造成这种情况的主要原因如下。

第一,创新创业教育发展时间较短,创新创业理论多从国外引入,与我国的创新创业实践相结合需要一定的时间。具有中国特色的创新创业实践案例还未能转化为成熟的创新创业理论,并反馈至课堂,与创新创业知识相结合,引导学生从课堂走入实践。单纯使用国外的创新创业教学案例开展教育,很难解决本土化的问题,也会影响创新创业知识与技能的实践运用。创新创业自主理论体系的建立需足量、充裕的时间。

第二,创新创业教育是一种理念、精神,其不可能脱离专业教育而独立存在。多学科、跨学科的独特性注定了开展创新创业教育必须走专创融合、专创互促的道路。而在创新创业教育实践中,如何实现专创融合,尚未形成较为成熟的理论与实践。这在一定程度上影响了创新创业教育融入学生能力培养体系,造成了知行脱节、创新创业教育实践性不显著等问题。部分学校创新创业教育与专业教育"油水分离",缺乏具体有效的措施实现融合。创新创业教育成为专业教育"正餐"之外的"零食",无法内化至学校人才培养场域之中,与专业教育形成合力,共同推进创新型人才培养。由于缺乏专业教育的支撑,创新创业教育对于学生而言,其实践难度急剧增加。

第三,创新创业教育的实践性需求,使其不能仅仅依托课堂这个单一载体,而应扩展外延,整合、搭建更多的资源与平台,帮助学生在创新创业课堂之外,将知识运用于实践,将理论转化为能力。目前,在政府、社会、企业、高校的大

---

[1] 钟淑萍. 高校创新创业教育资源整合路径 [J]. 思想政治教育研究,2020,36(02):156-160.

力推动下，政府、社会组织，尤其是高校已建立各种各样的创新创业平台、创新创业孵化基地等。但由于管理体制尚不成熟、运营模式亟待完善，尚不能发挥对创新创业教育强有力的支撑作用，强化创新创业教育的实践性。创新创业教育更多地被局限在了学校、课堂及有限的几个实践基地，无法在更广阔的场域推广、运用。现有平台、基地空间及功能的受限，是创新创业教育实践性受到制约的重要客观原因。

第四，创新创业教育过程中，以知识为核心的教育模式无法与创业实践有效结合。教师缺乏创新创业经历及专业的创新创业教育训练，很难在有限的课堂时间内引领学生开展有效的创新创业实践。如何在"创新创业是创办事业"的理念中将创新创业教育的实践性与学生个人发展相结合，找到适合学生个体需求的教育实践模式，对创新创业教育未来发展而言，是巨大的挑战。借鉴传统教学模式，创新创业教育无法实现实践性的突破，也难以将学生课堂教学与创业实践有效融合，让学生在实践中体悟知识，并将理论转变为能力。

第三章 后现代主义：创新创业教育的理论渊源之二

一、后现代主义创新创业教育的特征

20世纪中后叶，后现代主义（Postmodernism）在西方兴起[1]，并成为逐步渗透到艺术、哲学、教育等领域的哲学文化思潮[2]。后现代主义已成为20世纪末学术与文化界的显学，表现出极强的文化扩张力和渗透力并逐渐融入人们学习、工作、生活的方方面面，成为一种生存方式或状态[3]。截至目前，何为后现代主义尚无定论[4][5]，但"后现代主义是对现代主义的逆动、继承和优化，是对差异性、体验性、创造性的追求[6][7][8]"等观点得到学界普遍认可。后现代性社会不是一个与现代性社会相迥异的新时代，而是对现代性社会自称拥有的一些特征的重写，是"现代"的一部分。后现代隐含于现代之中，本身包含一种超越，以及进入不同于自身状态的冲动。植根于新社会经济形态的后现代主义在创新创业教育领域产生了重要影响。相较于现代主义教育，后现代主义教育[9]有着极其鲜明的特征。

---

[1] Toynbee A J. A Study of History[M].New York: Oxford University Press,1946.
[2] 乔伊斯. 芬尼根的守灵夜[M]. 上海：上海人民出版社,2012.
[3] 王枬. 西方现代教育思潮[M]. 桂林：广西师范大学出版社,2003.
[4] 戴维·罗宾逊. 尼采与后现代主义[M]. 北京：北京大学出版社,2005.
[5] 让-弗朗索瓦·利奥塔. 后现代性与公正游戏[M]. 上海：上海人民出版社,2018.
[6] Jameson F. Modernity,Post-modernity,Globalization[M]. 北京：中国人民大学出版社,2015.
[7] Natoli J. A Primer to Postmodernity[M]. Cambridge: Polity Press Limited,1997.
[8] 王治河. 后现代主义辞典[M]. 北京：中央编译出版社,2005.
[9] 陆有铨. 躁动的百年：20世纪的教育历程[M]. 济南：山东教育出版社,1997.

（一）尊重创新创业教育场域中学生的"主体性"

受机器化大生产影响，现代主义教育"工业"培养的是强调统一性、个体之间高度同质化、能应对经济规模化发展需求的"标准化"人才。投射到创新创业教育场域中，占据主体地位的是"外在的规则和制度"[1]，个人被限制于为"职能"服务，为作用着的机器服务[2]。学生的个性特征在"工具理性"主导的创新创业教育模式中并不重要，甚至被有意识地忽略。后现代主义倡导复苏"个体"，让人为建构的躯壳"死"去[3]。学生经由特定过程获得主体性，而无须参照某个模式，"带着虚无的身份奔跑"[4]。教化，是尊重学生心性、德行、偏好、能力等"质料"差异，并使学生获得"个性化成长"的过程。创新创业教育中个体（学生）的"生活世界"[5]应是"异质的""充满多重意义的"[6]。

1. 推崇个性化

创新创业教育"主体性"最明显的表现是还原个体"本真"[7]，推崇"个性化"。后现代主义反对将人进行统一设计，从而制造出"程式化""机械化"的教育"产品"。教育过程应重视和发展人的个体差异，而不是忽略或试图消除差异[8]。创新创业教育也可以培养"片面发展"的人，即符合学生自身特点及其生活特殊性的人。后现代主义教育倡导个性化实践，以此摆脱对普世概念、既有规则的过度依赖[9]。个体应思考的首要问题是"我"希望成为怎样的人，而不是循前人"范例"，

---

[1] Foucault M. Les Mots Et Les Choses Une Archeologie Des Sciences Humaines[M].Paris: Editions Gallimard,1966.
[2] Foucault M. Le Courage de la verite:Le Gouvernement de soi et des autres Ⅱ [M]. 上海：上海人民出版社, 2018.
[3] 詹姆斯·米勒. 福柯的生死爱欲 [M]. 上海：上海人民出版社, 2018.
[4] Revel J. Dictionnaire Foucault[M]. Paris: Ellipses Edition Marketing S.A., 2008.
[5] 刘放桐. 新编现代西方哲学 [M]. 北京：人民出版社, 2000.
[6] 金生鈜. 理解与教育 [M]. 北京：教育科学出版社, 2001.
[7] 福柯. 福柯说权利与话语 [M]. 武汉：华中科技大学出版社, 2017.
[8] Lyotard J. La Condition Postmoderne[M]. Paris: Les Editions de Minuit,1979.
[9] O'Donnell K. Postmodernism[M]. Oxford: Lion Publishing plc,2002.

逐渐自我合并为他我之"同类项"。塑造个性的同时，后现代主义尊重个体的情感价值[1]。"个性化"过程，是基于理解、认同的"引领"，而不是受"规训""惩戒"捆绑的"服从"[2]。后现代主义视野下，创新创业教育的核心理念是关注人、尊重人的个体差异，推崇人的个性化发展[3]。

2. 颂扬多元化

开放性是后现代主义理论框架的基本特点[4]。在复杂的创新创业教育场域中，后现代主义极力避免过于"总体化"的"僵死"教育原则，推崇个体多元性以及针对不同教育对象的不可通约性[5]。严格意义上的后现代主义者积极承认多元性，更多地从多元性角度思考，并坚决捍卫它[6]。教育应该是开放的、多元的、充满自由的[7]，是对作为主体的人的价值回归，并成为学生"塑造差异性"的自我解放过程。创新创业教育不是要培养"工具人"，而是对人的知觉、情绪、体验的共情与接纳。只有获得了充分理解，个体才会开放自己[8]，展露出真实的、成熟或不成熟的想法，最终被激发而获得成长。后现代主义的"多元化"理念[9]，有利于凸显创新创业教育中学生的主体性地位，并帮助学生作别"罐装诱导"，使思维方式、个人成长重返"鲜活的世界"[10]。

---

[1] Featherstone M. Consumer Culture and Postmodernism[M].London:Sage Publications,1990.

[2] Foucault M. Surveilier et Punir[M].Paris: Editions Gallimard,1975.

[3] Erickson M. The Promise and Perils Postmodernism[M].Grove: InterVarsity Press, 2001.

[4] Doll W E. A Post-Modern Perspective on Curriculum[M].New York: Teachers College Press,1993.

[5] Jameson F. Postmodernism, or, The Cultural Logic of Late Capitalism[M].Durham: Duke University Press,1991.

[6] Welsch W. Unsere Postmoderne Moderne[M].Berlin/Boston: Walter de Gruyter GmbH,1997.

[7] Heidegger M. Poetry, Language and Thought[M]. New York: Harper and Row,1971.

[8] White S K. Political Theory and Postmodernism [M]. Cambridge: Cambridge University Press, 1991.

[9] Harvey D. The Condition of Postmodernity: An Enquiry into The Origins of Cultural Change[M]. New Jersey: Blackwell Publishers Inc.,1990.

[10] Ball S J. Education Reform: A Critical and Post-Structural Approach[M]. Buckingham: Open University Press,1994.

(二)强化创新创业教育情境中学生的"主导性"

个体认知存在的缺陷,使人们无法完整感知对事物的经验[1]。后现代主义引领人们将注意力放在创新创业教育不同领域的相互关系上,获得越来越接近"真相"的"实践理性"[2]。"实践理性"在本质上是自由的,因不同个体而存在多种意义解释[3]。后现代主义教育强调在解释过程中个体应主动介入并发挥"导向性"作用。在创新创业教育情境中,"真相"的获得离不开练习。这种练习应被视为自己训练"自己"。个体"主导性"的三大表现"自我证实、自我审查、自我控制"在训练过程中对结果产生至关重要的影响[4]。后现代主义创新创业教育,是个体统领(个人发展)"全局",充分发挥"主导性"进行自我训练,并不断强化与周围事物之间的关联[5],最终获得自我成长的过程。

1. 省思理性主义

现代主义推崇的理性主义过于注重逻辑、判断、推理和因果关系,易使社会处于机构化、一体化状态,卷入"共同体迷误"[6]。这样的状态已无法满足信息社会的发展需求,束缚了人的想象力,限制了人的自由发展。后现代主义教育对此进行深刻省思,否定了过度依赖诸如秩序、稳定性、持续性等"呆滞"的教育思想[7],更关注直觉、话语分析和实践意蕴,也更强调让教育主体在模式与模糊、建序与不可判定之间自在游走[8]。后现代时刻是现代创新创业教育"认识型"某种形式的"爆发",在这一过程中,理性及其主体(统一性和完整性的顽固维持者)在"空

---

[1] McCullagh C B. The Logic of History: Putting Postmodernism in Perspective[M]. London: Taylor and Francis Group, 2004.
[2] 郑乐平. 超越现代主义和后现代主义[M]. 上海:上海教育出版社, 2000.
[3] Aristotle. The Nicomachean Ethics[M]. Cambridge: Cambridge University Press, 2000.
[4] Foucault M. Histoire de la Sexualiteé, Tome Ⅲ: Le Souci de soi[M]. Paris: Gallimard, 1984.
[5] 涂尔干. 教育思想的演进[M]. 北京:商务印书馆, 2016.
[6] Bewes T. Cynicism and Postmodernity[M]. 上海:上海人民出版社, 2008.
[7] 让-弗·利奥塔. 后现代主义[M]. 北京:社会科学文献出版社, 1999.
[8] 麦茨·埃尔弗森. 后现代主义与社会研究[M]. 上海:上海人民出版社, 2011.

中化成碎片"。而爆发源于对"总体化"理性的破坏[①]。个体应通过创新创业教育等形式，获得具有悖论性质的本领，主导本我在世界上的继承方式，创造个体的特定性条件[②]。

2. 重视个人体验

"体验"是后现代主义理论体系中的重要概念，指个体通过自身发生转变的过程和经历。最初的体验是无限制的，之后逐渐成为将经验或实证与理论分析相区别的重要方法[③]。体验的价值在于重新把握意义，以便发现教育情境中作为主导性个体的"我"如何在不断优化自身的功能中，成为"自我发展"意义的写就者[④]。人作为意识之存在，凡思想所到处，皆有独特体验诞生。体验是思想不断进步、知识加速转化的助推器。不同个体所经历、创造的体验，与知识、直觉相结合，可增强个体在复杂的创新创业教育情境中的主导性及控制性，实现自我价值增量，突显创新创业教育的"真挚"意义。在以共同学习为主要形式的创新创业教育，主体从他者经验中亦可找到借鉴、参考之"镜像"[⑤]，折射至自我体验中，产生新的"交互性"体验。来源于"多重阅读""多重写作""不断自我异化"的经验，在重复性借鉴、经历中，逐渐丰满并最终形成创新创业教育"实践智慧"[⑥]。自我与他我之间，体验的交融是个体从容面对信息社会的经验性知识来源[⑦]。

（三）鼓励创新创业教育过程中学生的"主动性"

后现代主义肯定人有自我设计的能力，能指向终极存在，并为之所推动。未来"利益"存在于个体的"现时本性"中。后现代主义教育的主要贡献之一，是

---

① Wellmer A. Zur Dialektik von Moderne und Postmoderne[M]. Frankfurt: Suhrkamp Verlag, 1985.
② 史蒂文·康纳. 后现代主义文化 [M]. 北京：商务印书馆, 2002.
③ Warnke G. Gardamer:Hermeneutics,Tradition and Reason[M]. Cambridge: Polity Press,1987.
④ Kelly M G E.Foucault's History of Sexuality, Volume 1: The Will to Knowledge:An Edinburgh Philosophical Guide[M]. 重庆：重庆大学出版社, 2016.
⑤ Homer S. Jacques Lacan[M]. Paris: Routledge,2014.
⑥ 皮埃尔·布迪厄. 实践感 [M]. 南京：译林出版社, 2012.
⑦ Mccallum P. The Postmodern Problematizing of History[M]. 北京：中国社会科学出版社, 2008.

鼓励人们不满足于既有的、稳定的、陈述性的"基础",而应极力寻求人类理解的阐释性"基础"[1]。在不断破坏事物表面的稳定中,充分解释各种可能的意义。个体主动性是后现代创新创业教育过程中不断追求的重要理念[2]。个体主动性包括"自我改写""自我创造""自我创新"等"自我的技术"[3]。个体依靠多来源的方法/帮助,主动对自身进行操作,创造"新的自我"[4]。这种创作是基于个体需求的、自我驾驭的存在,是像创造艺术品一样创作自己的人生,寻求尽可能与他人不同的风格[5]。主体既是创新创业教育作用者,也是作用者创造出来的东西[6]。

1. 在"批判"中"创新"

批判性是后现代主义的显著特征[7][8]。后现代主义理论兴起时,各领域的人们都产生了极具批判性的自我意识[9]。时至今日,无论是创新创业教育还是其他领域,后现代主义都尚未形成完整体系,是各种学术、非学术元素"拼凑"的结果。其表面的和谐因内在的争论而一再遭到"破坏"[10]。而这正是后现代主义的魅力所在。"纷争"和"混乱"赋予后现代主义教育持久的"生动性"和"丰富性"[11]。后现代主义创新创业教育尤其重视个体从理论到实践的创造性,甚至将其视为人性的基本方面[12]。在开展创新创业教育过程中,后现代主义将关注的焦点回归到人,看重人在知识学习、吸收、转化中存在的价值和意义,鼓励从"人"自身挖掘应对困

---

[1] Derrida J. La Voix et le Phenomene[M]. Paris: Presses Universitaires de France,1967.
[2] Smith D G. Globalization and Postmodern Pedagogy[M]. 北京:教育科学出版社,2000.
[3] 米歇尔·福柯. 主体解释学 [M]. 上海:上海人民出版社,2018.
[4] Eribon D. Michel Foucault[M]. Cambridge: Harvard University Press,1991.
[5] 王治河. 福柯 [M]. 长沙:湖南教育出版社,1999.
[6] Lacon J. Ecrits[M]. Paris: La maison d'édition seryi,1966.
[7] Williams J. Jean-Francois Lyotard[M]. Cambridge: Polity Press,1998.
[8] Jencks C. Critical Modernism: where is post-modernism going?[M]. Hoboken: John Wiley & Sons Limited,2011.
[9] Dickens D R. Postmodernism and Social Inquiry[M]. Guilforel: Guilforel Press,2004.
[10] Butler C. Postmodernism[M]. New York: Oxford University Press,2002.
[11] 张国清. 中心与边缘 [M]. 北京:中国社会科学出版社,1998.
[12] Griffin D R. Spirituality and Society: Postmodern Visions[M].New York: State University of New York Press,1988.

难的思路与策略[1]。后现代主义创新创业教育是鼓励学生不断创新的过程,应重点培养灵活敏捷、在复杂多变的环境中敢于"变形与扭转"[2]、能根据不同情况创造性解决问题的人。

2. 在"解构"中"建构"

"解构"与"建构"是后现代主义对如何创新的哲学回答[3]。事物的开端存在多样性、扩散性及偶然性。即便是微小的事物,都可能有多种解释[4]。后现代谱系学强调发挥在现代主义视野中不受重视的、局部的、非连续性的、受歧视的、非常态化的知识的作用,在追寻断裂与偶然、解构普遍真理神话中,关注认识中被忽略、掩盖的一面,而不是用单一理论、单一视角去看待、解决问题[5]。后现代主义创新创业教育使人们从不同事物中获得更细微的感知能力,更坚韧地承受及宽容异质的标准。后现代主义视野下的创新创业知识法则,不是"专家式"的一致性结论,而是创造者的悖谬推论和矛盾论[6]。这些"细小的角落"正是个体创新力、创造力的源泉所在,也极有可能成为创新创业实践不断向前发展的动力。"一切事物都是一个文本"。不同的人阅读同一个文本,都可以重新创造它。后现代主义教育中的读者,以其批判性和创造性,通过主观建构,获得"重要地位","写就了文本"[7]。这种"建构",以主体的不同需求为标准,没有统一的模式和范例,也不需要迎合已然固化的某种观念体系。人的价值在建构过程中得到充分尊重和体现[8],个体也因此获得更好发展——即便发展可能"异于常规"且"与众不同"。

---

[1] Rosenau P M. Post-Modernism and The Social Sciences[M]. Princeton: Princeton University Press,1992.

[2] Vattimo G. La Fine Della Modernita[M]. Cambridge: Polity Press,1988.

[3] 伯努瓦·皮特斯. 德里达传 [M]. 北京:中国人民大学出版社,2014.

[4] Brown A L. On Foucault[M]. Boston: Wadsworth,2014.

[5] Hahn S. On Derrida[M]. Boston: Wadsworth,2014.

[6] 冯俊,Seeburger F F,高宣扬,等. 后现代主义哲学讲演录 [M]. 北京:商务印书馆,2003.

[7] 乔治·瑞泽尔. 后现代社会理论 [M]. 北京:华夏出版社,2003.

[8] Eagleton T. The Illusions of Postmodernism[M]. London: Blackwell Publishers Inc, 1997.

二、创新创业教育激活学生主体性之后的现代思考

（一）创新创业教育面临激活学生主体性的挑战

作为数智时代的产物，因适应了社会经济发展需求，创新创业教育获得了空前发展，并得到国家政策上、制度上的大力支持。我国的创新创业教育在实施过程中，通过举办"中国国际'互联网+'大学生创新创业大赛"，开创了极具中国特色的"以赛促学、以赛促建"的创新创业教育模式。这一模式解决了高校在开展创新创业教育之初建设方向不明晰、办学经验缺乏、双创资源不足的现实难题，从实践层面提供了明确指向，也为创新创业教育初期建设提供了评价指标[1]。在大赛推动下，高校依据学科建设标准，设置了相应课程。目前，全国高校基本开设了《创新创业基础》课程，并结合自身学科特长，开发了特色创新创业辅修课程，如清华大学"X-LAB"系列课程[2]，浙江大学国际创新创业课程等。

无论是以"比赛"还是以"学科建设"作标尺，皆为外在于学生主体的"规则"和"制度"，其"工具理性"导向已无法满足创新创业教育向纵深方向发展的需要。"互联网+比赛"导致少数高校的创新创业教育变成了旋风式、阶段式"运动"，而非常态化育人过程[3]；"以赛促学、以赛促建"的教育模式使部分高校创新创业教育的价值取向、终极目标短视化、模糊化[4]。在"创新创业教育热"背后，我们对教育的主体性，对开展创新创业教育的必要性、目的和意义，是否已具备足够认知？

按照学科建设模式打造的创新创业教育，注重总体性知识框架等宏观方面[5]，容易忽略创新创业教育个体差异性极强的微观方面；突出共性、普适性的概念内

---

[1] 徐桂华.以创新创业计划大赛为基础发展高校创新创业教育[J].江苏高教,2011(01):116-117.
[2] 钱颖一.批判性思维与创造性思维教育：理念与实践[J].清华大学教育研究,2018,39(04):1-16.
[3] 刘强,郭丽君.知识转型视角中的高校创新创业教育审视[J].黑龙江高教研究,2008(03):77-79.
[4] 黄艺羡.后现代主义思潮对思想政治教育有效性的影响及对策[J].思想教育研究,2011(06):40-43.
[5] 任胜洪,刘孙渊.高校创新创业教育政策的演进逻辑及展望[J].教育研究,2018,39(05):59-62.

容,可能弱化人的价值在创新创业过程中的重要作用;追求"统一""全面"的"元叙事",往往放弃"个性""多元"的"小叙事"。由此衍生创新创业人才培养同质化严重、教育开放性不足等诸多问题。如何让创新创业教育充分融入人才培养全过程[①],如何发挥创新创业教育对学生个体的促进作用,帮助其更好成长,是创新创业教育面临激活个体(学生)的主体性的挑战所在。

(二)创新创业教育迎来"主体化"顺应经济社会发展的机遇

在数智时代,创业实践日渐活跃,为创新创业教育的开展奠定了良好的经济基础。大工业时代,社会经济依赖规模发展模式,泰勒制使产品生产、人才培养等,均走向了标准化、统一定制化模式。个体创业实践缺乏经济需求及社会支撑,很难得到助推与发展。机器化大生产的高成本、大额资金投入造就了创业高门槛,因而对创新创业者的物质条件、经济储备要求也较高。个体创业的前提,是必须做好充足的前期准备,尤其是资金、资源的准备。各类投融资更愿意给大中型企业"锦上添花",而不愿意给小微企业提供"雪中送炭"式扶持的决策模式,使创业资金成为困扰创业启动的巨大障碍。工业社会背景下,创业成为掌握社会资源、手持充裕资金或具备优异资源禀赋条件的极少数人的可选之路。创业风险也成为无数风险抵御能力较弱的创业者"无法承受之重"。

进入数智时代之后,互联网经济飞速发展,信息普及化、资讯共享化、需求明朗化极大地降低了创业的门槛,也让创新普遍化成为可能。商品日益丰富使卖方市场已转变为买方市场,消费者不再满足于被同质化产品所"统治",而追崇个性化、多元化、小众化。机器大生产得到的千篇一律、高度雷同的产品遭遇来自市场和顾客的强烈挑战。规模化能力不再是筛选、析出创业者的硬性条件,"小而美"产品获得比"大一统"产品更多的市场优势。

经济模式的改变使创新创业实践获得空前发展机遇,创业门槛也在逐步降低。

[①] 黄兆信,李炎炎,刘明阳. 中国创新创业教育研究 20 年:热点、趋势与演化路径——基于 37 种教育学 CSSCI 来源期刊的文献计量分析 [J]. 教育研究,2018,39(01):64-73.

一方面，政府推动创新创业，通过出台各种激励措施唤醒经济体的创新活力，从更深层次刺激消费、拉动内需；另一方面，创新创业为个体提供了更多元的生活选择，也为个体实现财富自由提供了可能性及通路。内外部的条件优势，引领创新创业实践空前发展，也为创新创业教育向前推进提供了良好的外部条件和内源动力。与创新创业实践相配套的创新创业教育也获得了空前的发展。

创新创业教育植根于创业实践，并为创新创业实践服务。实践所需的创新创业精神、创新创业能力与高校人才培养目标高度重合，创新创业教育因而成为高校教育教学改革的生力军与助推器。在互联网广泛普及的今天，个体更容易获得广阔的市场支持，激发强烈的创新创业动力。地域环境所造成的信息差困境得益于互联网的高速连接，已不再成为难以突破的瓶颈。国家为满足市场需求，鼓励个性化产品的创新与开发，并在帮扶助攻等政策条件、资金支持等经济条件、场地支持等物理条件上给创新创业实践以强劲助力。创新创业教育获得巨大的时代发展机遇及良好的经济与政策基础。

大数据席卷社会的同时，也开始进入创新创业教育的方方面面。通过数据分析，人们可以以前所未有的视角判断什么可行，什么不可行；过去不可能观察到的学习层面、难以系统了解的教学数据，也变成了创新创业教育的可视化内容。更重要的是，大数据可以帮助教师基于学生的不同需求，定制个性化课程，促进学生的知识理解并模拟创新创业实践情境。作为数智时代的标签，大数据拓展了创新创业教育的外延并不断丰富其内涵；重塑了教育带来的重要变化，优化了反馈、个性化和概率预测等学习核心要素。过去，人们自信于发现因果关系的能力；而现在，我们必须意识到，透过大数据所看到的更多是相关关系。不仅如此，大数据使教育资源得以松绑，使创新创业学习载体获得了物理空间上的极大拓展[1]。

信息社会极大地消解了商业贸易之间的资讯壁垒，降低了创新创业的门槛和

---

[1] 迈尔·舍恩伯格,库克耶.与大数据同行：学习与教育的未来[M].上海：华东师范大学出版社,2014.

难度,全球已进入"创新创业新时代的黎明"[1]。互联网新兴企业的大量涌现使创业大众化成为可能,与之相适应的创新创业教育日渐活跃[2]。在社会"整体"与学生"个体"高度需求下,创新创业教育面临巨大发展机遇[3]。

信息化为现代社会带来快捷高效的同时,对知识的侵袭,并由此产生的"霸权"值得关注。大规模的数据、资讯等被移入电脑,变成电子化信息。绝大部分知识转化为电脑语言才能高效传输,无法变成数字信息的内容可能面临淘汰,形成隐形的"霸权主义"[4]。机器背后,个体认知、情感、体验等不易"量化"的信息易被忽略或机械化;个体存在意义在庞大信息流中被代表,甚至被覆盖、淹没;个体独特性在大数据面前变成了"共同性"中被忽略隐匿的小概率部分,个人在社会中的"主体性"地位越来越难以确立[5]。

传统创新创业教育模式无法帮助学生化解信息霸权。标准化创新创业教育"产品"具有相同学科结构、知识框架,个体之间的差异性被"趋同""消蚀"。人脑开发的有限容量在电脑强大的信息存储、信息管理能力面前几乎可以忽略不计。信息霸权使社会对人才的需求悄然发生改变,传统创新创业教育较难适应这种变化。在创新创业教育领域,多学科交融的课程特质使学生同样面临信息挤压。创新创业知识区间越来越大,创业情境日益复杂,摆脱被动局面的客观需求促使学生在创新创业教育中不断寻找、确认主体位置并在创新创业实践中发挥积极应对并解决问题的作用。

信息霸权渗透到学校,是创新创业教育向纵深方向发展的刺激物与助推器。创新创业教育对学生主体性的尊重,不断激活学生个性化、多元化的内在需求,可以化解信息霸权的消极影响,帮助学生更好地适应社会经济发展新要求。不断

---

[1] Timmons J A. New Venture Creation[M]. Singapore: McGraw-Hill,1999.
[2] 潘懋元,朱乐平. 以创新文化养人 以创新创业实践育才 [J]. 中国高等教育,2017(08):49-51.
[3] 史静寰,叶之红,胡建华,等. 走向 2030: 中国高等教育现代化建设之路 [J]. 中国高教研究,2017(05):1-14.
[4] 徐汉明,孙逸啸.算法媒体的权力、异化风险与规制框架[J].西安交通大学学报(社会科学版),2020,40(06):128-136.
[5] 贝斯特,科尔纳. 后现代转向 [M]. 南京:南京大学出版社,1997.

改革创新创业教育模式，推动创新创业教育向高质量方向发展，是高校未来发展的应然之选。将创新创业教育与各专业融合发展，实施创新驱动发展战略，帮助学生结合专业所学，用创新精神与创业能力在走出校门、步入社会后创办事业，成为创新创业教育巨大的发展机遇。

（三）创新创业教育突显学生"主体性"的可能性

创新创业体现人的存在、独立、自由、自主需要[①]，本质是差异化、个性化并在相异中寻求发展。大力发展创新创业教育是信息时代去中心化趋势的必然要求，也是信息社会抵制"电脑霸权"的重要手段。后现代主义创新创业教育反对僵化教条的科学主义，鼓励创新，以此打破预设的统一框架。其精神内核可归结为主体教育，即强调教育过程中，始终以人为主体，培养学生的个性、创新精神和创业能力，关怀人的成长之路。创新创业教育的哲学基础，是对人的存在、存在状态、存在感的理解与体悟。开展创新创业教育的过程，本质上就是在育"创新型"的人：提升人的存在感，优化人的存在状态[②]，帮助学生挖掘自身特异性，实现个体资源有效配置。这种以尊重个体差异性为基础的创新创业教育模式[③]，使学生摆脱了"木偶"属性，有利于拓展学生的个体适应性，挖掘其创新潜力，使其更好地应对市场变化，开创属于自己的事业[④]。在教育场域中，帮助学生提升个人价值、获得多元化发展的创新创业教育，对学生"主体性"着力突显。

创新创业教育应始终贯彻"以人为本"的教育理念，结合后现代主义积极教育主张，将创新精神、创业能力与创新创业实践结合起来[⑤]，从经济社会发展需要

---

① 王洪才,郑雅倩.创新创业教育的哲学假设与实践意蕴[J].高校教育管理,2020,14(06):34-40.
② 韩喜平,杨雪.新时代大学生创新创业困境及教育路径[J].思想政治教育研究,2020,36(05):152-155.
③ 张莜莉.后现代主义与高校学生教育管理[J].江苏高教,2012(01):127-128.
④ Premand P, Brodmann S,Almeida R,et al. Entrepreneurship Education and Entry into Self-Employment [J]. World Development, 2016(77):311-327.
⑤ Shu Y, Ho S J, Huang T C. The Development of a Sustainability-Oriented Creativity, Innovation, and Entrepreneurship Education Framework: A Perspective Study [J]. Frontiers in Psychology, 2020(11): 1664-1078.

出发，结合实践需求，关注学生的个人成长，培养创新型人才[1]。同时，完善现有人才培养模式，使创新成为人才评价的重要指标，着重培养学生的学习能力、适应能力、变革能力等。创新创业教育不仅应从创新创业能力及实践方面，更应从个体道德生活、人格养成方面为人才的个性化发展提供强大助力。创新创业并非与传统学科平行的新兴学科，而是与之互相融合、互相促进的交叉学科[2]。创新创业教育将创新精神、创业技能、创新创业实践的培育贯穿人才培养全过程。生活化、日常化、常态化应成为未来创新创业教育的发展方向，真正辐射、惠及广大学生[3]，而不仅限于参与竞赛、创办企业的少数个体。这也是创新创业教育个性化、多元化的重要归依。

三、创新创业教育激发学生主导性之后的现代思考

（一）创新创业教育面临激发学生主导性的挑战

经过十余年的蓬勃发展，创新创业教育在经过最初的发展阶段后，潜藏的一些问题逐渐浮出水面，成为当前面临的挑战。这是创新创业教育发展过程中的必然。受现代主义理念影响，传统教育模式以培养"标准型"人才为目标。创新创业教育的教学目标、授课方式、教学评价标准等高度一致。创新创业教师的重要工作是在规定时间内完成既定的教学任务，将创新创业知识系统完整地输送给学生。教学素材主要为教材及教师围绕教材所补充的内容，以理论知识为主，辅之以案例、游戏等。学生需要做的功课是提前了解"统一"的创新创业知识框架，认真学习"统一"的知识"质料"，并以考试、考核等方式检验知识的准确性。

这种教学模式有利于学生熟悉创新创业"脉络"及"流程"，适应创新创业"场

---

[1] 晏玉珍.后现代知识观与大学人才培养转型[J].高教探索,2014(04):36-39.
[2] 刘文杰.从"背离"到"融合"：高校创新创业教育与专业教育的困境及其消解[J].内蒙古社会科学,2021,42(05):185-191.
[3] 李亚员.当代大学生创新创业现状调查及教育引导对策研究[J].教育研究,2017,38(02):65-72.

景",构建扎实的创新创业知识体系,掌握系统的学科内容。但缺乏"实践理性"的创新创业教育过程极易变成单向的"教",缺乏互动的"育",而学生会被动地"接受教育"。自上而下、缺乏灵活性的信息传输,其中心是成分单一、多半由理论知识构成的固化"知识阀"[1]。学生练习(实践)机会较少,个人体验不足,只能无条件接收而无法从中比较、遴选自身所需知识,因而不可避免地陷入"共同体迷误"。

创新创业教育"生产"出的"产品"是"规范的"且"无差的",而在创业过程中,每个人所需的知识结构并不相同。解决实际问题需要的是符合个体特征,具备充分可行性,综合了知识、经验、实践的"混合"方案。与个人"前知""前见""水油分离"的普适性知识[2],无法为摆脱现实创业困境提供有效助力。缺乏自主体验及互动体验的学生依靠自身力量,很难将创新创业知识转化为解决实践问题的能力[3]。如何增强学生在创新创业课堂上的参与感、互动感,挖掘其个人体验中的实践意蕴,如何打造更适合学生成长的"创新创业知识谱系"[4],使学生在迈入社会后可以统领个人发展"全局",是创新创业教育需要激发个体(学生)的主导性的挑战所在。

(二)创新创业教育迎来"学生主导"应对社会"不确定性"的机遇

不确定性由量子力学测不准理论发展而来的,应用到创新创业教育领域便成为描述偶然性、随机性、混沌性现象的基本概念。不确定性理论尝试从科学技术自身的不确定性、主体行为的不确定性、生活环境的不确定性之互关性中,做出认识论解释[5]。量子力学中的不确定性原理所阐明的正是人的认识方式和人的认识

---

[1] Foucault M. L'Archeologie du Savoir[M]. Paris: Editions Gallimard,1969.
[2] 李侠. 后现代主义科学观:一段我们必须经历的历史 [J]. 科学技术与辩证法 ,2004(05):13-14.
[3] 于友成. 联通主义:智能时代大学生创新创业学习的新探索 [J]. 未来传播 ,2021,28(04):60-67.
[4] 王列生. 论知识域谱系框架 [J]. 艺术百家 ,2017,33(03):47-60.
[5] 胡潇. 主体行为不确定性的科学技术究诘 [J]. 学术研究 ,2017(02):19-25.

可能达到的程度和样态,能证明的也只能是人的认识的主体相对性、真理的相对性和多元性[1]。

不确定性具有普遍性,不仅宏观自然世界存在不确定性,教育领域也无法避免。不确定性是人文社会系统运行中的常态[2]。理解不确定性,不仅可以从社会建构层次去分析,也可以从个体诠释层次去体悟。个体的不确定性涉及个体能动性,即通过复杂的意识和行动去阐发[3]。不确定性、偶然性和机遇的来临,就是变化和改变的时刻。如果说因果和确定性保证了事物关系的持续性、稳定性和常态,使事物关系保持同一、协同和一致,那么偶然性和不确定性则使事物的关系出现未曾有的新组织和新形态[4]。不确定性叠加,使基于内外部确定性的常态发展面临巨大挑战[5]。

信息化加快了知识流通速度,拓展了个体获取数据的渠道。随着知识更新速度不断加快,不确定性成为社会生活中的重要关键词[6],个体需要不断增强应对不确定的能力,防止被卷噬淘汰。不确定性最开始出现于商业领域,泛指交易过程中不可知、无法预测但一定会发生的"未知因素"。不同情境下,不确定性使同样的问题可能需要多个解决方案[7]。

传统创新创业课堂教学模式难以应对信息社会的发展需求,固化的知识框架导致个体学习张力不足。不确定性条件下,统一的、唯一的标准答案无法发挥作用,习惯于创新创业知识接收、致力于知识"完整吸纳"的学生面对多元化的不确定

---

[1] 邬天启,邬焜.认识的主体相对性和真理的相对性[J].西安交通大学学报(社会科学版),2019,39(06):98-104.

[2] 明庆华,程斯辉."不确定性":学校危机产生的根源及应对[J].教育科学研究,2019(02):34-38.

[3] 梁朝高.边界模糊时代的组织、组织化及其管理:基于和谐管理的元理论化研究[J].西安交通大学学报(社会科学版),2020,40(06):56-68.

[4] 王中江.强弱相关性与因果确定性和机遇[J].清华大学学报(哲学社会科学版),2020,35(03):145-156+211.

[5] 罗华陶.疫情冲击与战略调整:高等教育普及化阶段的挑战与前瞻[J].大学教育科学,2021(04):46-53.

[6] Lyotard J. L'inhumain. Causeries sur le Temps[M]. Paris: Klincksieck,2014.

[7] 郭丽君.反思与重构:后现代主义思潮对教育的影响[J].湖南第一师范学报,2004,(02):10-13.

性，极易处于"失控"且无奈的被动状态。由于缺乏充分、足量的练习（实践），他们很难将创新创业知识转化为应对实践变化的能力，并提出融合理论与个人实践的"综合性"方案。受客观条件限制，学校、教师在创新创业教育情境中失去"权威地位"[1]。面对不确定性，教师亦无法提前做好充足准备，随时给予学生有效建议。

创新创业教育植根于信息社会。随着"不确定性"向教育领域渗透，市场、创业行为的不确定性，必然导致创新创业教育内容、形式的不确定性[2]。如何应对不确定性，是创新创业教育进一步发展必须面对的重要议题[3]。实际上，个体在创业过程中的主导性很大程度上直接影响创业的结果和效果。这种主导性依赖于个体在形成创新创业教育"体验"的过程中自我反思、验证、控制与优化[4]。个体将"本我""他我"的体验逐步融合所形成的创新创业教育实践智慧，是应对不确定性的有效手段。

在工业时代，以知识为中心的教育观容易使知识服从于工业社会对知识的物质性索取，变得僵化、教条、缺乏变通而成为固态经验，投射到教育中便是对人进行技术化改造以适应社会分工的要求。这在很大程度上限制了知识生产与教学育人的多样性[5]。在全球化与后工业化时代，社会呈现出了包含在人的生活和活动之中的高度复杂性和不确定性[6]。创新创业的过程需要创业者在不确定情境中做出决定并采取行动。

人类社会面临诸多风险，不论是技术开发活动的性质和结果，还是市场选择

---

[1] 陈瑞生. 现代西方教学理论的变更与教师角色的嬗变：兼论对我国课堂教学改革的启示[J]. 现代教育管理，2010(03):110-113.

[2] 单标安，陈海涛，鲁喜凤，等. 创新创业知识的理论来源、内涵界定及其获取模型构建[J]. 外国经济与管理，2015,37(09):17-28.

[3] 王莉莉. 解构与重构：后现代主义视角中的课堂教学[J]. 教育探索，2008(09):65-66.

[4] 王明娣. 深度学习发生机制及实现策略：知识的定位与价值转向视角[J]. 西北师大学报(社会科学版),2021,58(02):61-68.

[5] 孙东山，左官春. 从目标过程化到过程目标化：论知识教育观的转变[J]. 高教探索，2019(12):29-35.

[6] 张康之. 论高度复杂性条件下的行动方针[J]. 南京师大学报(社会科学版),2016(04):52-60.

和商业化过程，都具有极高风险，且本质上是不可预测的。应对这样的局面，所需要的将是不同于工业社会低复杂性和低不确定性条件下的知识。风险社会的知识生产是运用相似性思维，在行动中发生的[1]。不确定性代表着对未知的无法预见、难以掌握及应对智慧缺乏，却也是扩展人类认知边界的巨大动力[2]。创新正是应对不确定性的有效策略与工具。

教育充满了历险、创造与自由，因而其本身具有不确定性的一面。教育的复杂性决定了其作为信息交流系统，诸要素之间除了互为因果和相互作用之外，还存在着超越因果的非线性概率关系。教育的不确定性为教育的确定性寻求和人的创造性生成提供了充分的空间[3]。在不确定性教育情境中，实践创新生成自身的属性。随着不确定性困局的冲破，人的实践创新形成非线性结构，在不断试错和纠错的反馈之中实现实践创新目标[4]。

创新创业教育发展过程中，国家及学界所推崇的，并非满足生活基本需求的、与创新无关或弱相关的生存型创业。创新驱动发展战略明确指出，我们所需要的创新创业教育以推动创新、鼓励创新、支持创新、转化创新为主要目标。创新创业教育中倡导的是培养学生个体的创新创业能力。这种综合能力是帮助学生更好地应对未来工作、事业要求，并使学生获得更好发展后劲的重要源泉。

创新创业教育进一步发展，需要抓住经济社会发展对创新的渴望，将创新融入教育，寻找实现这种融入的新思路、新方法、新路径。创新创业教育与专业教育相融合，有利于激发学生的创新能力，将创新融入学习生活。创新创业课堂也逐渐开始了相应的改革，将案例讨论等容易激发学生创新的教学形式引入其中。无论何种尝试，提供多样化教育形式激发学生对创新的渴望，是创新创业教育应

---

[1] 张康之.重建相似性思维：风险社会中的知识生产[J].探索与争鸣,2021(07):121-132+179.

[2] 王志强,郭宇."追求成功"还是"追求幸福"：对创新创业教育目的的伦理审思[J].教育发展研究,2022,42(01):77-84.

[3] 李栋.教育逻辑之规与教育生命之魅：确定性与不确定性的"联姻"[J].教育科学,2017,33(04):1-10.

[4] 欧庭高,朱若男.马克思实践创新内涵与社会创新精神：以不确定性为线索[J].理论与改革,2017(06):18-24.

对不确定性的重要策略。由"学生主导"创新创业教育,才能最大限度激活和释放学生的创新潜能。

(三)创新创业教育发挥学生"主导性"的可能性

后现代主义教育观承认社会的不确定性,强调事物的不可预测性和不稳定性,鼓励学生从个性化实践出发,寻求适合自己的有效策略[1]。落实到创新创业教育中,应反对机械的理性主义,鼓励学生在承认社会多元化的同时主动拥抱不确定性;通过挖掘个人经验、体验中的能量来应对社会变化发展;根据具体问题进行具体分析,灵活应变,因时因地采取不同应对策略。判断策略优劣的标准也不再是统一的标准答案,而是能否真正地解决创新创业情境中的现实问题。许多学校将创新创业教育与艺术类、理工类等学科相结合,倡导专创融合[2],以开阔学生视野,增强学生适应经济社会发展要求、应对社会变迁的能力。

在信息社会中,解决问题的方法往往具有跨学科及资源整合属性,带有强烈的不确定性。它未必是单一的、纯粹的、有固定答案的。创新创业教育是教育、管理、经济、心理、法学等以企业、创新、创业为载体的有机融合,具有鲜明的跨学科属性。人们应主动解放知识,融合学科边界,秉持创新创业教育旨归,构建符合个体需求、特征的"独一无二"的知识结构[3]。落实到实践中,创新创业教师在课堂中贯穿育人理念,对学生进行分类指引,鼓励学生附条件创新创业,即鼓励具备成熟创业条件的学生勇敢走入市场,创办企业,并整合学校资源为其创新创业提供智力支持和配套服务[4]。对于条件不成熟或无创业意愿的学生,则通过

---

[1] 邱晓云.后现代主义影响下的大学生思想政治教育[J].教育与职业,2013(20):45-46.

[2] 朱恬恬,舒霞玉.我国高校创新创业教育课程建设的调研与改进[J].大学教育科学,2021(03):83-93.

[3] 张卫民,母小勇.美国高校跨学科创新创业教育实施模式及启示[J].苏州大学学报(教育科学版),2020,8(01):117-124.

[4] Vaziri S A, Hosseini S E, Jafari A. The Impact of Entrepreneurship Education on Entrepreneurial Skills of University Graduates(Case Study: Payame Noor University of Torbat-E-Heydariye) [C]. Dubai:International Conference on Arts, Economics and Management,2014.

案例讨论、创新创业训练营等多种形式[1]，用创新精神鼓励其在未来的工作岗位开创事业。创新创业精神中所蕴含的勇往直前、不怕困难挑战、关注知识转化与应用等丰富内涵，同样可帮助学生在自我成长过程中获得价值引领，增强就业能力。

通过分析美国[2]、英国[3]、法国[4]、以色列[5]等国家的创新创业教育经验可以发现，创新创业教育的质量在很大程度上取决于课程的内容设置。通过"解构"我国的创新创业教育课程体系[6]，可以发现各校以《创新创业基础》《创新创业管理》为通识必修课，所开设的创新创业课程群也多基于校本优势或所在区域优势，具有强烈的学校个性化特征。从宏观层面来看，创新创业教育课程内容"构建"可进一步将特色变成优势，如邀请行业专家、优秀企业家对课程按创业进程进行开发[7]，分类设置创新创业前修课程、创新创业基础课程、创新创业实践课程等；或者根据产业集群特征、社会发展需要，有针对性地开发专项创新创业课程，如科技创新创业、社会创业课程群等[8]。而在微观层面，可根据学生需求进行创新创业基础课程切割，将其变为一系列菜单式模块[9]。学生不必修读所有模块，选择性地修读与自身情况相关内容，获得足够学分即可。优化课程内容设置，协调授课内容与授课形式的有机统一，有助于深度激发创新创业课堂的内生动力，推动创新创业教育向更深层次发展。

---

[1] 张龙,田贤鹏.平台驱动型创新创业教育：框架结构与机制保障[J].中国高教研究,2019(08):77-81.

[2] 夏仕武,毛亚庆.美国创新创业教育体系化建设：历程及启示[J].江苏高教,2020(08):69-75.

[3] 胡瑞,张焱,冯燕.英国高校创新创业教育政策：变迁、特征与反思[J].现代教育管理,2021(02):55-62.

[4] 张燕妮.法国创新创业教育的现状和启示[J].江苏高教,2020(09):121-124.

[5] 辜克霞.以色列理工学院创新创业教育及其启示[J].中国高等教育,2021(06):62-64.

[6] 余奇."解构"与"建设"：我国后现代教育研究述评[J].现代教育管理,2016(10):61-66.

[7] Wu H T, Chen M Y. Course Design for College Entrepreneurship Education-From Personal Trait Analysis to Operation in Practice [J]. Frontiers in psychology. 2019(10):1-8.

[8] 尹向毅,刘魏伟,施祺方.美国高校创新创业教育与专业教育整合实践体系及其启示[J].高等工程教育研究,2021(01):162-168.

[9] 林榕.后现代视阈下对我国学前双语教育的反思[J].学前教育研究,2015(05):61-63.

后现代主义创新创业教育倡导在课堂上关注学生的情绪、情感变化,使教室变成有温度的地方。共情、理解、尊重对学生有天然的吸引力,是工具理性前提下的创新创业课堂无法提供的高情绪价值。将创新创业教育从狭义层面拓展到开创事业的广义层面后,应将创新创业教育回归育人本义[1]。在开展教育教学活动之前,应深入思考创新创业教育的价值和意义。在创新创业课堂上输出的,不应是"规训"与"惩戒",而应是爱与关怀[2]。课堂上激发的主体永远是学生个体本身[3],适当的、有效的认可与激励是重要的前提。

在信息社会中,学生浸润了更多的自主性和异质性,叛逆性增强。造成这种"独特性"的深层次原因在于学生对自我情绪价值的认可和需求。"关注"本身即为最好的教育。关注本身的具体表现可以是倾听、悦纳,也可以是允许个体差异的存在[4]、开释学生内心的志忑并鼓励稚嫩的创新。反映到创新创业课堂上,后现代主义创新创业教育最显性化的特征便是授课方式具有互动性和生动性。

后现代主义创新创业教育所倡导的"质疑共识"、大胆创新、重视人的价值等理念,创新创业课堂所采取的案例教学、课堂讨论、路演、创新创业实践等方式,构建了新型的教育课堂,成为创新创业教育不断发展的有力指引。在此过程中,师生打破传统模式,从"师徒"变成"伙伴",从"灌输"变成"共创"[5],在创新创业课堂上相互助力,共同探讨解决现实问题的方法与策略。

创新创业教育不仅增加了课堂活力,也激发了学生主动学习、勇于自我突破的内生动力[6]。教师角色的转变,不仅使创新创业课堂成为学生成长的摇篮,也促

---

[1] 黄兆信,王志强.高校创新创业教育生态系统构建路径研究[J].教育研究,2017,38(04):37-42.
[2] 武博.后现代主义语境中的教育观[J].当代教育与文化,2014,6(04):8-15.
[3] 丁振中.后现代主义视角下我国职业教育哲学反思[J].教育与职业,2014(17):26-28.
[4] 李少奇.后现代主义思潮影响下的大学生思想政治教育研究[J].西南民族大学学报(人文社会科学版),2013,34(10):211-214.
[5] 王鉴,王文丽.结构化理论视角下的课堂教学变革研究[J].山西大学学报(哲学社会科学版),2019,42(03):91-99.
[6] 余西亚.后现代视野下学生的思想教育管理探索[J].教学与管理,2019(27):70-72.

进了教师自身不断成长[①]。这种"双向奔赴",使创新创业课堂生机勃勃,既是摆脱工具理性的创新创业课堂的魅力所在,也是激发学生自我创造的动力源泉。因此,我们应在创新创业教育授课内容与授课形式中不断取得平衡,使教育形式围绕以学生为主导的课堂内容服务。

与之相适应的,创新创业教育的评价机制也应在传统模式的基础上大胆创新[②]。创新创业的周期性特征,使很多创新创业教育成果难以在极短的一个周期(如一个学期或一学年)内予以量化。创新创业教育评价体系应更为多元化[③],充分体现学生需求及教育特色。我们需要对目前的创新创业教育评价标准进行科学评估及优化,不断完善教育评价体系。创业计划书的撰写要求、路演的标准、校园创新创业实践的成果认定等,都需要进一步论证。创新创业教育完全可以立足中国情境,制定有中国特色的教育质量评价标准。课程的考核方式也可从传统的书面考试向路演、讨论、创新创业实践等多种方式演进。

从教育理念、课程设置、课堂教学、课程评价等多渠道发挥学生"主导性"的创新创业教育,可帮助学生更好地应对信息化的不确定性,并为高校探索未来教育教学的发展提供良好参照。

四、创新创业教育激励学生主动性之后的现代思考

(一)创新创业教育面临激励学生主动性的挑战

作为与时代同步发展的产物,在一系列外力的加持与助推下,创新创业教育迅速成长。创新创业大众化,缩短了学校到社会的距离,丰富了学生获取信息的渠道。对教育课堂最直接的影响是层出不穷的新问题、新情况经由互联网传输,

---

① 李爱霞. 教师情境学习:潜藏于教师教学实践中的学习力量 [J]. 教师教育研究,2022,34(01):25-31.
② 黄兆信,黄扬杰. 创新创业教育质量评价探新:来自全国 1231 所高等学校的实证研究 [J]. 教育研究,2019,40(07):91-101.
③ 黄扬杰,吕一军. 高校创新创业教育的问题与对策 [J]. 教育研究,2018,39(08):81-87.

成为丰富的课堂素材来源。即便教材不断迭代更新,创新创业课堂中"理论"与"实际"的碰撞,仍较其他学科更为激烈。一方面,理论知识在创新创业实践中不断找到"鲜活"例证;另一方面,创新创业实践激发了学生的求知欲,加速了其对理论知识的消化和吸收。伴随创新创业热潮而来的,还有超出实际可能的"高"期待。学生寄希望于从课堂得到"理论+实践+经验"的多层指导,掌握创业"秘笈"。少数学生甚至将接受创新创业教育幻化为踏上"致富道路"。

理论与实践在创新创业课堂中并存,提高了创新创业知识的转化率,增强了创新创业知识的实践性,但也成为教师开展创新创业课堂教学的拦路虎。创新创业教育讨论的议题崭新且无解,学生无法通过教材找到"标准答案",教师也很难在走上讲台前储备好解决课堂议题的"充足"能力。在共同的困难面前,教师的权威地位荡然无存[1],创新创业课堂面临理论与实践两头不靠岸的尴尬局面。实际上,创新创业教育中预设的、普适化的创业"路径"难以激发学生的创造性和创新活力,反而容易形成"羊群效应"。学生在课堂上的"等待"心态,加剧了创新创业教师的授课压力,也弱化了学生主动解决问题、勇敢创新的内生动力。在创新创业理论与实践中取得平衡,搭建融通桥梁[2],为学生"把脉问诊",助其建构解决创新创业新情况、新问题的能力体系[3],对激励创新创业教育个体(学生)的主动性极为重要。

(二)创新创业教育迎来"主动参与"激发经济创新活力的机遇

在信息社会中,海量知识容易使人陷入"永不停歇"的"知识记忆机器"状态。信息的整理和使用占据了个体大量的时间与精力,对信息的掌握程度限制了可创新的知识边界。知识压力容易钝化个体活力,使之陷入焦虑状态[4]。不仅如此,信

---

[1] 田友谊,张悦.后现代视域下教师知识权威的消解与重构[J].江汉学术,2020,39(06):95-103.
[2] 袁利平,万江文.我国课程理论研究的热点主题与前沿趋势[J].教育学术月刊,2017(11):88-96.
[3] 杨爽."互联网"时代的教师角色重构[J].教育理论与实践,2016,36(32):31-33.
[4] 赵云辉,赵传莉,于美鲲.感知环境不确定性情境下跨边界者的知识转移:角色压力还是动力?[J].中国人力资源开发,2021,38(07):75-91.

息渠道多元化增加了创新的难度,"你之所想,早系他之所为"的情况极为常见。信息掌握不足条件下的创新,可能只是他人的经验重复。与焦虑相伴而生的,还有个体之间的内卷状态。而在一切程序化、自动化之后,"智能化"任务只能依靠个体完成。智能化恰恰是对个体创新能力、创新水平要求极高的领域。建构学生创新、创造、创业能力在人才培育中占据日益重要的地位。传统创新创业教学模式要求学生将创新创业知识内化、吸收后再创造性输出,其弊端在于一旦知识体量超过特定限度,学生易被"前见"困囿、支配,无暇或无力创新[1]。信息化使个体创新模式遭遇前所未有的挑战。

通过深入剖析创新创业教育发展过程中存在的困难可以发现,问题的症结在于创新创业教育在开展过程中缺乏有效的纽带,无法将学生与创新创业实践、创新与创业紧密相连。学生在"抽象"的创新创业教育情境中难以"身临其境",真正融入教育情境,而创新与创业无法有效融合,也使创新创业教育面临质疑,在一部分人心中沦为门槛较低的"小买卖""小生意""难以主流化的小打小闹"。大学生的能力优势如何在创新创业教育中得到认可与突显,创业过程中创新的元素如何建立强关联性,怎样摆脱低层次、低创新的生存型创业等问题,创新创业教育亟待从创业实践中获得新理念、新形式、新路径。

创新创业教育高实践性的特点,决定了其在发展过程中不仅应考虑学科发展需求,也需要与经济社会发展相协调,促进经济保持活力[2]。适配过程,正是创新创业教育发展的契机和动力。正确看待人在创新创业过程中的价值、认识人在经济社会发展中的意义,激发人"主动参与"的创新活力等,是贯穿创新创业教育全过程的重要内容。创新必然是个体主动整合资源后实现的自我突破、自我成长。梳理并利用大数据的力量,是资源整合的重要方式。创新创业教育内核中对创新

---

[1] 罗祖兵,韩雪童.信息技术对知识教学的僭越之思与破解之道[J].中国电化教育,2022(02):60-68.

[2] Ualzhanova A, Zakirova D, Tolymbek A, et al. Innovative-Entrepreneurial Universities in The Postmodern World Concert: Possibilities of Implementation[J]. Entrepreneurship and Sustainability Issues. 2020; (8):194-202.

的渴求能够在有效缓释知识压力的同时促进自身快速发展[①]。

无论是开办企业还是创办事业，创新创业教育无法回避实践性需求。发挥教育对学生能力提升的促进作用都需要实践载体，并且只有依靠个体主动参与实践才能实现转化。繁荣的市场经济为创新创业教育理论与实践的结合提供了丰富的现实土壤及案例"质料"，也为创新创业课堂的不断丰满提供了鲜活的案例。一方面，中国市场释放出的巨大活力，为创新创业教育从课堂走向实践提供了可能性及可操作性；市场经济缩短了学校与市场、课堂与市场的距离，在校学生参与创新创业实践不仅是可能的，而且获得了政策上的激励。另一方面，市场经济中创新创业成功案例的逐渐增多为创新创业教育增强实践性、贴近市场实际提供了可借鉴的路径，增强了创新创业教育实践的现实指向性，减弱了实践的盲目性。

在中国经济取得举世瞩目的成就，中国经验逐渐可对外推广、分享的情境下，创新创业教育也获得了巨大的发展机遇。创新创业教育需要在有力量的市场支撑中加速理论向实践的转化并不断充实理论。教育的能量及营养来自个体"主动参与"所形成的实践，也只有从鲜活创业实践中凝练的创新创业知识、规律、理论才能为学生创新创业能力培养提供良好助力。实践性的转化是需要市场经济支撑的。创新创业教育不仅自身带有实践动力，也引领专业教育向实践转化。

繁荣的市场经济，为创新创业教育的发展提供了有效助力。在经济因素的推动下，创新创业教育的实践场域得到进一步扩展，个体可以主动参与实践的空间不断增大。课堂不再是创新创业教育唯一的教育场域。创新创业教育与专业教育相结合、与职业教育相结合，使其摆脱了象牙塔困境，实践场域扩展到校外，如社区创新创业实践、社会创业等。经济社会的发展、数智时代的助推，极大地增强了教育的实践性，也使创新创业教育逐步摆脱理论与实践相脱节的困境。

在创新创业教育中，大学生的学习场域存在具有个性内涵的认知、实践和关系3个维度，形塑着学生的学习惯习[②]。个体"主动参与"的实践性机遇表现在以

---

① 崔军.创新创业驱动下英国大学发展的动向与借鉴[J].高校教育管理,2021,14(02):46-53.
② 雷金火."双创"教育中大学生学习优化：场域审视与惯习重构[J].教育发展研究,2022,42(Z1):67-74.

下三个方面。其一，市场经济赋予创新创业课堂向实践化、更广阔场域扩展的可能性，多样化的创新创业学习路径成为可能，学生可以多渠道将知识与实践相融合。其二，市场经济使创新创业教师提升实践能力的可能性极大增加。教师能力的提升有助于在开展创新创业教育的过程中给学生以更有针对性的指引，帮助学生将创新创业知识转变为个性化技能与创新创业综合能力。其三，市场经济为学生参与创新创业实践提供了优质的土壤，也有利于创新创业教育成果向市场化转变。

在学校与市场的距离空前缩短的前提下，高校的科技成果、研究成果转化速度加快，商业化并产生经济效益、社会效益的可能性增加。技术的加持，可以成为有力资源，帮助学生在在校期间参与创新创业实践，缩短了创业准备时间。带有学校支持、教师指导的科技成果更容易转化为创新创业项目，并在实践过程中帮助学生不断提升综合能力，为其将来走入社会开创事业打下坚实的基础。

创新创业教育在经历了最初的发展阶段后，深层次的问题开始逐渐浮现，比如学生主体地位不明显、创新创业能力培养效果不明显、创新创业教育实践性不足等。同时，数智时代的到来赋予创新创业教育以巨大的时代机遇，开展教育所必需的良好经济基础已经具备。繁荣的市场经济为创新创业教育实践性的发展提供了良好的助力，增强了教育成果转化与落地的可能性。经济发展对创新创业的要求与渴望，使创新创业教育的内在活力得到激发。在挑战与机遇并存的整体向好发展环境中，创新创业教育需要向创业实践汲取能量，主动参与实践以获得"破坏式创新"。

（三）创新创业教育激励学生"主动性"的可能性

创新创业教育的终极目标是培养适应社会、改造社会的创新型人才。创新创业教育需紧扣时代的脉搏，与市场需求保持同频，与经济社会发展相适应，助推社会经济稳步前进。创新型人才的培养同样需要与时俱进，动态更新内容，优化教育形式。创新性是信息社会不断智能化的内在需求，也是创新创业教育过程中不可忽视的重要因素。

后现代主义创新创业教育认为，创新来自人本身，是可以通过教育手段挖掘出来的应对社会发展变化的能量。后现代主义视野中，个体缺乏强大的"单一统合"，是松散且灵活的，并以感觉、情绪和内在化过程为主要进路，秉持"成为你自己"的主观态度。"人生文本"的写就可以颠倒主体，这种颠倒不是重置事物中的"主""客"位置，而是反对各种总体性的解释，反对参照框架整齐划一的逻各斯中心主义。事物因自身开放性、多元性而可以做出无数种解释。意义不是源于"文本"的制作，而是对它的接受。受到预先建构的重重包围的个体"自身"所提出的问题、所获得的经验等，极有可能正是对象本身的产物[①]。将这一理念延伸至创新创业教育领域，人们所期待的来自学生的创新，完全可以通过个体主动建构，成为推动个人发展的重要元素。

主动性是创新的前提。创新创业教育的发展，并不仅仅是学校、教育者的责任和任务，学生个体同样应成为其中的"力量源泉"[②]。我们鼓励学生为创新创业教育作出贡献，引导其思考自身能带来怎样的有益经验。这种由"颠倒主体"而获得的"非共识性""独特且新鲜"的个人体验，是将个体经验融入创新创业教育知识体系的建构过程，是对教育主体个性化的尊重，也是教育内容多元化的来源。同样，创新创业教育中理论与实践的疏离，也可通过激励、悦纳学生主动加入并积极贡献自己的力量予以解决。"培养"未必如传统教育所隐喻的，是从教师到学生的被动的、单向的、缺乏互动的过程。创新创业教育鼓励学生贡献自己的或身边的个案，通过课堂上教师与学生的共创进行案例分析，解决知识落地的问题，打造具备本土特征的教学案例。从另一个层面看，理论与实践的相对分离和独立，也是二者可以相互促进的根本原因。创新创业教育聚焦融合的同时，也关注理论与实践各自独立发展的部分。学生对理论与实践的融通，主要表现为在

---

① Bourdieu P, Wacquant L D. An Invitation to Reflexive Sociology[M]. Cambridge:Polity Press, 1998.
② 彭辉,边霞. 理解与对话：主体观视角下的课程透视[J]. 教育理论与实践,2016,36(31):57-60.

课堂上学习创新创业理论知识，于自我实践中主动验证知识、寻找启示，然后带着验证过程中发现的新问题，回到课堂，与教师、其他学生共同探讨解决方案。循此往复，不断优化提升。主动性在创新创业教育闭环中发挥极其重要的作用。"教师通过课堂培养学生的融通能力"，迭代成学生个体参与创新创业教育人才培养全过程，主动进行"自我能力养成"。

不论是主体性的强化、主导性的发挥，还是主动性的培养，后现代主义视野下创新创业教育着力建构的，是以学生为中心[①]、围绕学生成长成才的"动态"发展体系。这一体系伴随创业现实问题的解决不断"自我"优化，也将积极应对信息社会带来的发展机遇。在创新创业教育高质量发展过程中，人的存在、意义、价值成为贯穿始终的核心议题。创新创业教育之后的现代路向，在于培养适切性强、能主动迎接挑战并抓住经济社会发展机遇的创新型人才。

---

① Clayton P, 柯进华. 建设性后现代主义和教育改革 [J]. 现代教育管理, 2013(01):118-121.

第四章　创新创业教育研究方法的质性转向

自北京大学陈向明教授将质性研究方法引入中国以来，创新创业教育研究方法越来越趋向于多元化[1]。从2013年至今，北京大学[2]、华东师范大学等通过举办论坛等多种形式推动质性研究向前发展。我国本土的教育质性研究理论已初步建立并形成了具有一定特色的研究传统[3]。质性研究像一把大伞[4]，下面掩荫着各色各样的方法分支[5]。这一研究范式具有跨学科、超学科，甚至是"反学科"属性[6]，它倡导在教育自然情境下，将教育研究者本人作为主要研究工具，采用多种资料收集方法对教育现象进行整体性研究，使用归纳法分析资料，逐步形成理论，并通过与研究对象互动，对其行为和意义进行建构以获得解释性理解。

由于创新创业教育研究具有综合性、实践性较强的学术秉性，"量化研究"与"质性研究"之争一直此起彼伏。作为新兴领域，创新创业教育研究案例、研究样本并不丰沛，量化研究的应用受到多重限制。在创新创业教育领域，教育主体特征各异，创业实践样态不确定性强，以量化方式凝练出的教育规律的普适性、应用性及推广性往往不如其他学科。创新创业教育研究主体、研究成果的多元性

---

[1] 陈霜叶, 王奕婷. 察器求道转识成智：质性教育研究五年述评与学术共同体的使命展望[J]. 华东师范大学学报(教育科学版),2020,38(09):56-77.
[2] 魏戈, 陈向明. 质性研究·多重对话：第五届"实践—反思的质性研究"学术研讨会综述[J]. 教育发展研究,2017,37(20):79-84.
[3] 杨帆, 陈向明. 论我国教育质性研究的本土发展及理论自觉[J]. 南京社会科学,2019(05):142-149.
[4] Maanen V J. Varieties of Qualitative Research[M]. Beverly Hills:Sage,1982.
[5] 陈向明. 质的研究方法与社会科学研究[M]. 北京：教育科学出版社,2000.
[6] Denzin N K,Lincoln Y S(Eds). Handbook of Qualitative Research[M]. Thousand Oaks: Sage,1994.

特征较为突出。质性研究正视创业实践、创新创业教育实践之间的差异性，认为不同个体对创新创业教育不同情境下的意义解释并不一致。近年来，质性研究逐渐进入创新创业教育研究者的视野。

一、开展创新创业教育质性研究的应然视角

创新创业教育质性研究着重于对教育小样本进行深入剖析，充分考虑教育过程中的样态差异，最终形成综合、包容的复杂性图景[1]。创新创业教育质性研究可从如下视角切入。

（一）回归创新创业教育的真实情境

尽管通过观测物体的分子结构可推断其全部物质属性，但在创新创业教育场域中，研究者无法通过观察一个人而了解其创新创业教育整体状况，也无法凭借对教育现象一隅之描述而管窥创新创业教育的发展脉络。自然主义研究范式认为，创新创业教育存在多重现实，并非单一样态；创新创业教育语境包含各种复杂因素，既有相似之处，也存在诸多微妙差异。在个体差异无法忽略的前提下，不能将身处特定场域的创新创业教育研究简单、随意概推至相似情境。自然主义的核心概念是研究的可信度，即创新创业教育研究要"忠实"地反映教育情境的共有建构，应具有较高的可信性、可靠性、可确认性。对某一创新创业教育语境的广泛理解有助于研究者对另一语境的相似性和差异性做出有用判断[2]。

创新创业教育质性研究遵循自然主义研究传统[3]，"自然"在"事实"上发挥着向导性作用[4]，是创新创业教育研究的起点，也是研究实践性的旨归。在创新创业教育质性研究中，对于研究者而言，研究对象是真实的创新创业教育情境中真

---

[1] 宋萑. 质性研究的范式属性辨 [J]. 全球教育展望, 2018,47(06):56-66.

[2] Erlandson D A. Doing Naturalistic Inquiry:A Guide to Methods[M]. London:Sage,1993.

[3] Charmaz K. Constructing Grounded Theory: A Practical Guide through Qualitative Analysis[M]. London:Sage,2006.

[4] 夸美纽斯. 大教学论 [M]. 北京：教育科学出版社, 2014.

实的教师、学生（也可能是创新创业者）的教育经验及体验。创新创业教育质性研究的本质在于从自然、真实发生的教育场域中了解教育行为，并试图理解个体如何赋予教育生活以意义[①]。质性研究强调教育关系的自然性，也未回避研究者对研究的干预性，而是将这种干预作为研究整体的一部分。对于在量化研究中会影响结论、需要尽可能排除的"干预"，创新创业教育质性研究保持高度敏感，以此洞悉教育研究事实的平常性。此外，质性研究注重教育情境的整体性。在研究过程中，研究的分析单位不是个体或局部，而是具有不可分割性的整体或教育事件情境。要素/变量在整体关联中不断变化、发展，其意义也只有置于整体的范畴中才可能真正被理解及阐释。创新创业教育质性研究尤其重视对研究对象进行客观、详尽、整体的呈现[②]。

（二）审思质性研究的反身影响

创新创业教育研究场域中，研究者往往以不同角色身处其中，"客观的科学家或观察者"并不存在。即便严格按照量化研究要求进行条件预设，也无法将研究者的影响完全剥离。研究者本身就是研究世界的一部分。因二者之间的互动，创新创业教育研究者方有可能对被研究者进行深度探究[③]。质性研究正视这一客观情况，极为关注研究过程中研究者与被研究者之间的关系。创新创业教育质性研究的反身性，意味着从个体及学理角度揭示研究者与研究对象的深层联系方式，对创新创业教育生活经验进行反思。反思的内容包括研究者自身的角色、身份、思想倾向、与被研究者的关系，以及所有这些因素对创新创业教育质性研究过程、结果所产生的影响。研究者应关注自身对创新创业教育研究环境所产生的影响，将自身偏见、情绪、反应尽可能控制在合理范围，以便更深入了解教育行为及事

---

① Hatch J A.Doing Qualitative Research in Education Settings[M]. New York:The State University of New York Press,2002.
② 王富伟. 理解质性研究：基于历史和比较的视角 [J]. 民族教育研究 ,2016,27(04):30-36.
③ Owens R. Methodological Rigor in Naturalistic Inquiry:Some Issues and Answers [J]. Educational Adimination Quarterly. 1982(18):1-21.

态发展。

在创新创业教育质性研究中,反身性的表现之一是研究者自身对研究过程及结果可以产生积极、正向化的影响。研究者认同创新创业教育世界的整体性、复杂性、多样性,在开展研究的过程中,致力于结合创业实践、创新创业课堂反馈对创新创业教育现象进行系统性反思。始终贯彻"整体视野"研究有助于帮助研究者获得客观的研究结果,避免"坐井观天"的局限性。不仅如此,研究者对"反身性"保持足够的敏感,还可以使创新创业教育质性研究"自我反思"的学术品格得以持续[1]。批判性或后现代主义的创新创业教育质性研究者并不满足于维持"情感中立"局面,其研究的最终目的还包括"倡导"和"行动"[2]。即研究者应运用自身的正向影响力,使创新创业教育质性研究取得更积极、更有促进性的成果。这种"促进"可能是帮助被研究者获得在创新创业教育方面的改进、优化与发展,也可能是推动创新创业教育不断"进阶",甚至是使质性研究者本人也获得助益与成长。

(三)挖掘创新创业教育的多重价值

因为创新创业实践具有多元性,所以创新创业教育情境是具象的、多样化的。对教育情境的分析自然需要对其意义、价值进行探究。创新创业教育情境的意义、价值由身处其中的被研究者建构,又反映在其主观世界中。质性研究的主要目的及重点在于对被研究者的个人经验和意义建构做出"解释性理解",从被研究者的角度理解他们的行为及行为背后的意义世界。质性研究者可借由不同的创新创业教育质性材料,对教育过程做出有实据的、丰富的描绘与解释;也可通过分析,保留创新创业教育时间流程,精确地反映教育事件的"前因""后续",导出意外的发现与新的"整合",产生或修改概念架构。创新创业教育质性材料所蕴含的

---

[1] Marshall C, Rossman G B. Designing Qualitative Research 5Ed[M]. London: Sage Publications, 2011.
[2] Patton M Q. Qualitative Research and Evaluation Methods(2nd ed.)[M]. Thousand Oaks,CA: Sage, 2002.

"天然确定性"，带有具体的、生动的、有意义的力量。这种力量不是量化研究中经过简化、归类的数字所能产生的[①]。

不同的意义体系所创造的创新创业教育世界并不相同，研究者与被研究者均面临对创新创业教育现实的界定和解释。研究者需要反思自己的"前见"及"偏见"，从被研究者的角度理解其思想、情感、价值观念、直觉规则，了解自己与对方相互理解的机制和过程，才可能解析他们对自身创新创业教育行为和周围环境的解释，进而意会其外显的具体行为[②]。质性研究过程中，研究者既要"投降"于研究对象，以便真实再现研究对象的创新创业教育行为世界及其自身的意义解释，又要承担说明者、阐释者的角色，进行推理、提出见解、赋予意义、升华理解、得出结论、推断寓意及肯定价值，以新的理论视角对司空见惯的创新创业教育经验事实做出极具个人特色的、新的诠释[③]。质性研究者需要响应的迫切需求是从创新创业教育质性材料中引出有效的意义、探寻本真的价值；并且既与被研究者沟通顺畅，又不自我欺骗，从而获得自己和他人都能信赖的知识。

二、开展创新创业教育质性研究的适宜向度

质性研究要求研究者采取与量化研究完全不同的视角展开研究[④]。质性研究体系包含了扎根理论、行动研究、个案研究、叙事研究等多种范式。开展创新创业教育质性研究需探寻适切性较高的研究向度。

（一）摆脱量化思维的潜在影响

作为社会科学研究中应用广泛的研究范式，量化研究思维方式对创新创业教

[①] Miles M B, Huberman M. Qualitative Data Analysis(3rd ed.)[M]. London: Sage Publications, 1994.
[②] 陈向明. 教师如何作质的研究[M]. 北京：教育科学出版社, 2001.
[③] 陈向明, 曲霞, 张玉荣. 教育质性研究概念框架的本土探索：以一项实习生与指导教师互动的研究为例[J]. 教育学术月刊, 2014(04):3-10+28.
[④] Creswell J W. 30 Essential Skills for the Qualitative Researcher[M]. London: Sage Publications, 2016.

育研究者的潜在影响是客观存在的。创新创业教育质性研究者在开展研究的过程中，极易受到量化思维的影响。如在进行研究设计时过于关注统一性，与被访者深度访谈时容易引导其关注同类、共性或具有普适性的问题等。这些潜在影响将使创新创业教育质性研究带有量化色彩而难以被觉知，也会影响观察、访谈等"质料"的"纯度"及创新创业教育研究成果的"析出"。质性研究引入我国并获得充分发展的时间并不长。创新创业教育质性研究中，在强调研究对象差异化呈现的同时，其质量评价标准难以规范化、统一化、普世化的问题，增加了质性研究的推广难度，也使田野调查操作的合理性、科学性受到质疑。

因此，创新创业教育质性研究应回归至学科基质——范式的场域讨论"在场"的前提。当质性研究所依据的范式足够清晰时，才可能在特定的理论框架内对其进行评价。显然，质性研究与量化研究所依托的范式并不相同。质性研究对创新创业教育情境还原度的推崇，使其在"在场策略"选择上更倾向于对创新创业教育实践进行"纯质性""深描"，并在此基础上建构研究者的意义世界。开展创新创业教育质性研究前，研究者应明晰质性研究论文是怎样的，质性研究目的为何[1]，如何处理研究者"前见"等。在开展研究过程中，也需要摆脱量化研究思维中"寻求共识、规律"的"隐喻"，着力呈现研究者与被研究者视域融合后所产生的创新创业教育研究的多重价值。

（二）践履质性研究的行动属性

在创新创业教育质性研究的过程中，访谈、观察、实物收集等田野调查占据重要地位。调查的成效不仅影响研究进展，也对研究结果产生决定性作用。质性研究是一种"行动"的研究范式。它倡导研究者亲近实践，却又对实践保持适当的距离并产生足够的敬畏。质性研究使创新创业教育研究者获得独一无二、具象化的"本土概念""本土理论"，也借助理论生成过程促使研究者不断自我省察与反思，由此循势、适时调整研究进路。创新创业教育质性研究的行动属性，令这

---

[1] Biklen S K, Casella R. A Practical Guide to the Qualitative Dissertation[M]. New York: Teachers College Press, 2007.

一研究范式避开僵化不变、"放之四海而皆准"的理论教条之路，使研究过程及结果因创新创业教育情境、研究者的不同而有所差异。这也是质性研究在复杂多样的社会研究中获得持久生命力的重要原因[①]。

在创新创业教育质性研究中，学界对研究者的"前见"是否需要悬置看法各异。作为研究工具的研究者，其"前见"所包含的思维、认知、经验等状况对研究结果的影响显而易见。克服"前见"导致的偏差，对研究者本身的研究能力提出了较高的要求。而能否合理处置"前见"，以保证研究结果的客观性，在一定程度上存在争议[②]。量化研究强调研究结论的客观性，排斥结果中的价值取向，力图呈现所谓的"中立"立场。而在复杂的创新创业教育场景中，"价值"的影响无处不在。质性研究者自身的价值倾向，极有可能正是创新创业教育研究提升实效性的着力点。积极发挥研究者对研究结果的合理影响，是创新创业教育质性研究不断向前推进的重要助力。因此，践履创新创业教育质性研究的行动属性，要求研究者从首次踏入研究场域即开始写作，将田野调查与分析、诠释充分糅合[③]，所建立的编码和归档系统也随"行动"的推进、"质料"的增加而不断修整、调试，并根据实际情况进行属类和情境分析。

（三）把握质性研究的数据本真

创新创业教育质性研究中，数据的选择是难点之一。在研究过程中获得具体、完整、准确的质性数据并非易事。尤其在研究者进入现场收集原始数据后，能否进行科学分析、评估并保证结果"有效"，对研究者是巨大的考验[④]。量化研究关注数据的"真"，认为人为因素对数据"保真"存在阻碍作用。即数据的客观性是"去

---

① 杨帆,陈向明.中国教育质性研究合法性初建的回顾与反思[J].教育研究,2019,40(04):144-153.

② Silverman D. Doing Qualitive Research[M]. London: Sage Publications, 2009.

③ Wolcott H F. Writing Up Qualitative Research(3RD Edition)[M]. London: Sage Publications, 2008.

④ Kuckartz U. Qualitative Text Analysis: A Guide to Methods,Practice and Using Software[M]. Thousand Oaks,CA: Sage Publications, 2014.

伪存真"的重要评价指标。而在质性研究中，数据并非研究结果唯一的呈现方式。研究结论因研究者不同会产生相异的"意义建构"。每个研究者都只是从自身的角度去解读创新创业教育的"生活世界"。因此，质性研究中的数据，是研究者表达自身价值取向的工具之一。质性研究中数据的"真"有不同于量化研究的评价体系。

不仅如此，创新创业教育质性研究与量化研究假设推论的研究范式也并不相同。质性研究实施环境是自然且真实的，不存在对假设的验证以寻找相关性，也不需要创建概括性的、回应假设的因果关系模式。但这并不意味着质性研究是随意且毫无"章法"的。把握创新创业教育质性研究数据的严谨性主要在于避免轶事化（anecdotalism），即开展质性研究时需要分析的是所有的数据，而不仅仅是带有剧情导向的"故事"文字。在分析过程中，数据管理应注重透明性，研究者应对质性研究数据资料进行尽可能详细、通透、全面的描述，避免"轶事化陷阱"。创新创业教育质性研究中，数字仍占有一席之地，是研究数据的重要组成部分。它有助于研究者敏锐地获取某一处的知识，而这种知识恰恰又关系到另一处的认知与行为。创新创业教育质性研究数据的获取及运用，可通过"能算则算"（counting the countable）原则，使其承担不同的功能。这些数据可以用于简单的描述，也可以用于阐明论点、概括内容或建构理论[①]。

三、开展创新创业教育质性研究的在场策略

在高等教育研究领域，尤其是创新创业教育研究领域，质性研究仍处于起步阶段[②]。以"创新创业教育"为主题，匹配"质的研究""质性研究""质化研究""质性分析"等主题在 CNKI 学术文献发现平台（中国知网）上检索，相关论文不足百篇。将检索主题细化至"扎根理论""行动研究"等具体质性研究方法重新检索，已刊载论文数量仍然只有几十篇，其中发表于高质量期刊（"CSSCI""北大核心"）

---

① Seale C. The Quality of Qualitative Research[M]. Thousand Oaks,CA: Sage Publications, 1999.
② 刘志忠. 质性方法之于高等教育研究的缺位与在场策略 [J]. 江苏高教 ,2017(09):19-22.

的论文数量更少。作为社会科学研究范式之一的质性研究,并非适用于创新创业教育研究所有情境。开展创新创业教育质性研究,应理性分析研究的情境适切性,选择合适的在场策略。

(一)提升创新创业教育研究与教育情境的实践相关性

1. 提升实践相关性的前鉴案例

徐小洲(2019)在《转型升级期高校创新创业教育生态系统建构策略》中,运用扎根理论,访谈了政府、高校、企业相关人员54人,形成了创新创业教育生态系统的结构框架[①]。使用扎根理论质性研究方法,可以使创新创业教育研究能够洞察教育面临的创新创业政策的工具主义影响(外部)、创新创业管理的沟通渠道不畅(内部)等问题,由此提出对策建议。其所建构的五维三层次创新创业教育生态系统与高校创新创业教育情境具有较高适切性,为建立创新创业教育协同机制提供了实践指引。

陈卓武等(2022)在《文化资本视域下海外华侨华人高层次人才参与高校创新创业教育的现状及对策》中,以 G 大学为个案对 16 名海外高层次人才及相关工作人员开展访谈,由此挖掘出学校政策支持体系、科技管理效能等影响海外高层次人才参与高校创新创业教育的环境因素并提出应对策略[②]。使用针对性极强的深度访谈,可以使创新创业教育研究回归研究对象所处的教育情境。质性研究者从中探寻研究对象参与创新创业教育的掣肘之因,有力提升了研究的实践品格。

王路昊(2021)在《日本东京大学创新创业教育的培养模式及其发展经验》中,对东京大学的创新创业教育进行多次田野调查及访谈,并参与《创新与创业》教学全过程,在一定程度上还原了东京大学创新创业教育的发展过程,阐释了其

[①] 徐小洲.转型升级期高校创新创业教育生态系统建构策略[J].教育发展研究,2019,39(Z1):102-108.
[②] 陈卓武,林逢春,梁静鑫,等.文化资本视域下海外华侨华人高层次人才参与高校创新创业教育的现状及对策:以 G 大学为例[J].科技管理研究,2022,42(05):69-76.

创新创业教育培养模式[1]。质性研究范式使创新创业教育的实践相关性跨越地域限制，拓展了创新创业教育研究的应用图景。质性研究者采他山之石，总结、借鉴有益经验，推动我国创新创业教育研究不断向前发展。

2. 前鉴案例解析

人们在创新创业实践、创新创业教育中所认识的，是经过"焦点觉知"的事物，而身体帮助"支援觉知"到的背景信息，则往往隐身难见。因此，用概念和命题所能表达的，并非个体所持有知识的全部[2]。创新创业教育质性研究直接内置于个体创新创业教育生活实践，对创新创业、创新创业教育现象进行深描，更贴近并反映创新创业教育与创业实践过程。质性研究者对研究对象和研究现象的不断修正，符合教育探索者的研究路径，具有较强的实践指导性。

创新创业教育质性研究不仅是教育研究过程中探寻事物意涵的研究范式，也倡导在创新创业教育情境中客观、科学地认知教育现象。创业实践作为高度差异化的个体行为，很难从宏观层面总结出具有强实践相关度的规律性知识。即便是已获得学界普遍认可的创新创业教育理论，投射到个体的创新创业实践时，仍会出现偏差与失真。不确定性是创新创业教育研究中不可回避的重要议题。量化研究所要求的大样本、大数据，在创新创业实践、创新创业教育信息采集中尤为困难。质性研究提供了一种对教育样本数量要求不高、来源于教育实践并归纳创新的新范式，为创新创业教育研究解决了规律性知识应用场景不足的问题。

3. 提升实践相关性的进路

开展创新创业教育质性研究所适用的在场策略之一，是大力倡导研究者回归创新创业教育、创新创业实践真实情境，尽可能保留其本真样态，使质性研究处于创新创业教育自然情境之下，不断提升教育的实践相关性。在研究的过程中，

---

[1] 王路昊.日本东京大学创新创业教育的培养模式及其发展经验[J].比较教育研究,2021,43(08): 95-103.

[2] Polanyi M. The Tacit Dimension[M]. London: Routledge & Kegen Paul, 1966.

将创新创业教育质性研究与创新创业教育场域紧密结合,不仅对教育现实进行描述和论证,也将研究成果直接用于对待和处理教育实践,在创新创业理论与创新创业实践、创新创业者与创新创业教育相关者之间搭建桥梁[1],使所有的研究设计随研究实施的环境变化而变化,摆脱固定的预设[2]。同时,创新创业教育研究者应深入创新创业实践、创新创业教育现场开展参与式观察、深度访谈等田野调查,以获取创新创业、创新创业教育场景中多元化、个性化的意义解释。

随着社会科学界对研究价值涉入程度不断加深,质性研究越来越强调研究的行动功能。行动研究是质性研究未来发展的重要趋势之一,是融入创新创业教育情境,以其中的行动质量为取向的研究[3]。通过"研究"和"行动"双重活动,创新创业教育质性研究者将研究发现直接作用于创新创业教育,不断提升自身改变创新创业教育实践的能力。

(二)强化反身性对创新创业教育理论建构的意义给予

1. 强化意义给予的前鉴案例

陈才烈等(2021)在《"双一流"建设背景下西部高校创新创业教育治理研究》中对创新创业教育中的教师及学生开展了问卷调查及深度访谈。学生工作者身份(团委书记)使其在开展研究过程中与学生接触密切,由此提出的"创新创业教育不应该成为就业缓冲区""创新创业指导流于形式且缺乏治理意识"等观点体现了质性研究者基于身份性质(工作属性)、与学生互动反馈等主体间性所产生的对创新创业教育定位及价值的阐释性理解。文献建构的创新创业教育培养方案中"开发创新创业服务 APP""开展创新创业培训"等建议体现了从事学生工作的质性研究者对创新创业教育未来发展的意义建构。

周敏等(2017)在《基于扎根理论的大学生创新创业能力内涵因素研究》中

---

[1] 毛基业,李亮. 管理学质性研究的回顾、反思与展望[J]. 南开管理评论,2018,21(06):12-16.
[2] Maxwell J A. Qualitative Research Design:An Interactive Approach[M]. Beverly Hills:Sage,2005.
[3] Elliot J. Action Research for Edution Change[M]. Milton Keynes & Philadelphia:Open University Press,1991.

对 30 名已创业大学生进行访谈。研究者对访谈现场进行录音，回忆和描述被访者的非语言活动（肢体动作和表情）并进行标注。研究过程中，研究者发现研究对象（创业者）因有创业经验，容易受创业氛围影响而产生创业动机，因此提出"培养大学生将影响因素转化为创业驱动力的能力格外重要"[1]。这一对策建议是研究者在开展创新创业教育质性研究过程中对研究对象个体情绪、肢体语言进行理解、判断、互动、反馈，并最终挖掘出的创新创业教育优化路径。

崔军（2020）在《英国高校创新创业教育国家框架：理念更新与思路借鉴》中访谈了英国"创新创业教育框架"专家委员会主席，从理念、内容、特点三个方面对前述文件进行剖析并提出改革建议[2]。研究者拥有牛津大学访问学者的身份，使其有机会与文件重要草拟人进行直接沟通，由此产生的对文件理念的理解深受访谈内容启发。"英国'创新创业教育框架'在顶层设计上的最大亮点是揭示了创新创业教育的本质"，这一观点正是质性研究者基于与被研究者的主体间性所建构的意义解释。

2. 前鉴案例解析

创新创业教育过程中，创新创业者、教师、学生等多重主体的经验通过各种路径交汇、融合，构建了创新创业教育生态系统。教育的开展过程中，不同主体基于自身知识结构、知觉状况建构个体认知框架，积累创新创业教育体验与经验。教育过程由多主体互相影响、互相作用，共同推进创新创业知识与实践不断迭代、螺旋式上升。

研究者可能是创新创业者，也可能是创新创业教师，甚至是参与创新创业教育的学生。不同研究者之间并没有明显、清晰的界限。研究者的自我意识不仅包括被研究的创新创业教育对象世界，还可以创造一个对象世界。研究的价

---

[1] 周敏，程铄博，赵超. 基于扎根理论的大学生创新创业能力内涵因素研究 [J]. 广西社会科学，2017(12): 202-206.
[2] 崔军. 英国高校创新创业教育国家框架：理念更新与思路借鉴 [J]. 比较教育研究,2020,42(05): 63-69.

值不仅在于意义的表现，更是一种意义的给予。创新创业教育质性研究过程中，研究者与被研究者的视域融合、互动反馈、共同理解，直接影响创新创业教育研究的成效、创新创业课堂的改进、创新创业实践的优化。重视研究者的反身性，对研究者与被研究者之间的关系进行有意识的探究，是创新创业教育质性研究的重要主题。

3. 强化意义给予的进路

开展创新创业教育质性研究所适用的在场策略之二，是在重视研究者反身性的基础上，强化教育实践者根据创新创业教育情境、与被研究者的关系等进行带有个体理解与阐释的理论建构。开展创新创业教育质性研究，研究者不仅应关注知识目的，即理解创新创业教育及创新创业，洞悉教育发生的原因，或解决先前研究没有正确说明的问题；还应重视实践目的，也就是为了实现"某些东西"——满足创新创业教育需求、改变创新创业教育环境或达到创新创业教育目标等。

质性研究结果不仅是对创新创业教育客观现实验证及对未来发展趋势的预测，也应加入研究者与被研究者的理解和解释[1]。这就意味着，创新创业教育质性研究结论应更多地体现创新创业教育实践者（包括但不限于教育研究者）的理论构建[2]。质性研究者处于一定的社会情境（创新创业环境）、社会关系（创新创业生态系统）、制度结构（创新创业机制）和历史背景（信息社会）之中，在关注创新创业者/创新创业教育受众个体心理结构、心理过程的同时，还需要关注建构这些心理现象的社会交往和创新创业过程。

同时，研究者应将自身作为参与者，理解社会选择并形成有关"创新创业""创新创业教育""创新创业教育受众"等各种与"人"有关的错综复杂的方式和关

---

[1] 陈向明. 范式探索：实践—反思的教育质性研究 [J]. 北京大学教育评论, 2010, 8(4):40-54.
[2] 陈向东, 杨德全. 组态视角下的教育研究新路径：质性比较分析 (QCA) 及在教育技术中的应用分析 [J]. 远程教育杂志, 2020, 38(01):28-37.

系[1]。研究者的理解态度和能力本身构成了创新创业教育研究的基本立场。质性研究者正是通过与被研究者的互动，达到视域融合，进而形成对创新创业教育行为的新理解[2]，完成更符合教育研究的内在旨归及实际要求，且非单一视角的、样态丰富的理论构建。

（三）挖掘含蕴于创新创业教育现象的多元化价值体系

1. 挖掘价值体系的前鉴案例

湛飞龙与陈松（2020）在《创业者母校经历对事业成功的影响：质性研究视角》中采用扎根理论分析方法从母校因素建构了创业者成功的相关因素理论模型，拓展了常规创新创业教育研究的外延[3]。该研究的视野并不仅仅聚焦于创新创业教育本身，而是扩展到了与之相关的校园文化建设、校友资源利用、学生实践活动开展等方面。质性研究可以促使创新创业教育研究的关注点从创新创业教育"单体"，逐步拓展为与创新创业教育相关的"场域"。

王竞一与张东生（2016）在《离职员工创业的特点对我国创业教育的启示》中，应用扎根理论对 M 公司 19 位离职创业的员工进行访谈，发现创业对于职业发展处于瓶颈期的员工意味着事业的新起点[4]。由此提出创新创业教育应着重于创业精神等五方面能力的培养。质性研究可以帮助研究者从研究对象的生活世界中获得理解创新创业教育的不同视角，从而将创新创业教育价值从"提升研究对象创新创业能力"拓展至"成为研究对象事业起点"等不同层面。

李华晶（2016）在《间接型学术创业与大学创业教育的契合研究》中，以美

---

[1] Seidman I. Interviewing as Qualitative Research: A Guide for Resaerchers in Education and the Social Sciences[M]. London: Sage Publications, 2006.

[2] 曾妮,陈向明. 质性研究如何教 [J]. 全球教育展望,2017,46(05):113-128.

[3] 湛飞龙,陈松. 创业者母校经历对事业成功的影响：质性研究视角 [J]. 教育学术月刊,2020(02):85-91.

[4] 王竞一,张东生. 离职员工创业的特点对我国创业教育的启示：基于 M 公司离职创业员工的案例研究 [J]. 技术经济与管理研究,2016(10):45-50.

国百森商学院为例，发现学术创业是知识创造价值并引领变革的过程[1]。创新创业教育的价值既能够激励学生创办企业，也可以与学术有效融合，推动知识的价值转化。质性研究使创新创业教育从微观层面获得意义的多样阐释及价值的多重挖掘，避免了创新创业教育研究者对学术和创新创业内涵的认识误区，也厘清了学术与创新创业教育的现实联系。

2. 前鉴案例解析

创新创业教育研究具有高实践相关性，意味着其研究成果不仅仅对创新创业课堂、创新创业教育相关者，也可能对创新创业实践产生深刻影响。创新创业教育的价值也因此变得更为多元化。对创新创业教育小样本脉络中的"丰富性"进行有效把握是质性研究的天然优势，是教育质性研究的生命线所在。

创新创业教育质性研究以研究者本人为研究工具，深入创新创业教育实践开展整体性研究，鼓励研究者与被研究者之间积极互动、重新建构及个性化阐释[2]。"实践-反思"是创新创业教育质性研究的基本立场和重要特色[3]。在我们和我们周围世界的关系中，"理解（understanding）"具有"事实性""现实""真实性"等多重维度的特征[4]。大部分的研究都在努力确定难以捉摸的研究项——事实。某一事实，实际上仅仅是某种"意义获得"的参照系[5]。

研究者重视创新创业教育实践中的细节及变化，由此不断调整自己的意义阐释体系。阐释性理解既是复杂的创新创业教育现象的多元化反映，也是教育质性研究的核心内容。质性研究正是通过参与式观察、深度访谈、行动研究等方式持

---

[1] 李华晶.间接型学术创业与大学创业教育的契合研究：以美国百森商学院为例[J].科学学与科学技术管理,2016,37(01):108-114.

[2] 毛晖.关于高校思想政治教育研究视域的拓展：以质性研究为例[J].黑龙江高教研究,2017(02):113-115.

[3] 张立平,陈向明.风险社会的教育智慧与责任担当：第八届"实践—反思的质性研究"学术研讨会综述[J].教育发展研究,2021,41(04):80-84.

[4] Erikson E. Gandhi's Truth[M]. New York: Norton, 1969.

[5] Kenneth H, Donovan T. The Elements of Social Scientific Thinking 10Ed[M]. Wadsworth: Cengage Learning, 2011.

续强化教育研究对创新创业教育的感知，加深研究者与研究现象的连接，从而挖掘出教育现象背后的深层意蕴，即创新创业教育内在魅力和精妙之处。

3. 挖掘价值体系的进路

开展创新创业教育质性研究所适用的在场策略之三，是研究者沉浸至创新创业教育场域中，对被研究者的创新创业教育生活世界进行深度理解，产生融入背景的省思、再生产，并对教育价值予以深度探寻。创新创业教育研究多主体特性赋予质性研究多重视角。质性研究需要研究者从被研究者话语、行动和所处环境中剥茧抽丝，提出有解释力的结论，并应用到创新创业教育场景。

质性研究本身带有双重任务，一是对创新创业教育现象进行多层次的、尽可能准确的描述，对教育实践的本质、过程、结构、条件等进行多向度、有新意的解释，从不同侧面反映创新创业教育现状；二是通过"实践–反思"，提出教育质性研究应如何进行的价值判断和操作方法，进而探寻创新创业教育现象背后的深层意蕴。

质性研究者应将经过探寻得到的"具象""多元"的创新创业教育现象与经由富有洞见的现实感获取的思辨结果相互融合，提高充分理解创新创业教育的可能性，不断优化教育实践。质性研究者的承诺、经验、感悟、觉知，以及将"成见"悬置的意愿，均会对意义的阐释、探寻产生积极且深刻的影响。创新创业教育的实施过程，由政府、企业、学校等多重主体合力推动。质性研究的重要旨归是通过不同的研究者，反映不同教育主体的意义世界，并由此形成创新创业教育多元价值体系构建。

相当多的教育学理论演绎自哲学基本原理，虽能解释教育现象，但要指导教育行动则力有不逮[①]。解释主义取径的创新创业教育质性研究，让教育研究不再迷恋"假设"的研究想象，恢复了教育研究中"本质""直观"的重要作用[②]。教育

---

① 王洪才. 教育研究方法论与高等教育学建构 [M]. 北京：光明日报出版社，2019.
② 林美，谢少华. 教育质性研究的批判实在论取径初探：兼论解释主义与社会建构主义 [J]. 比较教育研究，2020,42(10):99-105.

质性研究注重影响调查的创新创业教育情境性约束，消弭教育研究"与生活世界相背离"[①]的困境，通过"现象还原""本质还原"等路径使研究"回到事物本身"，促进了创新创业教育研究话语方式的多元化。

作为动态发展中的质性研究方法，其知识谱系及应用场景正伴随着创新创业教育研究向前发展而不断自我完善、自我更新。创新创业教育研究需通过明晰研究的应然视角，观控研究的适宜向度，探寻研究的在场策略，不断应用、拓展质性研究，挖掘创新创业教育生活世界中易被忽略的意义阐释与价值本真。

---

① 胡塞尔. 欧洲科学的危机与超越论的现象学 [M]. 北京：商务印书馆, 2001.

实践探索篇

第五章 何为"'用户创业'视域下的创新创业教育"

一、用户创业

(一)用户创业的缘起

用户创业最早发端于消费领域,是消费向生产转变、打通的关键渠道。产品循环流通过程中,用户偏好的自发性、间断性变化,往往是生产者必须应对的问题,也是其商业动机和机会所在。机器化大生产阶段,由于生产者掌控着与产品相关的大部分资源,用户很难将自身需求变化与产品优化相联系。处于显性位置的生产者与隐没于人群中的零散用户之间,存在无形的隔阂。能否消减或化解这种隔阂,决定了产品迭代的效率及效果。市场的不发达使人们已满足于统一的产品供应,而忽略了自身个性化的需求。

进入数智时代后,互联网的迅速普及不仅拓展了资源整合的范围,也让用户有机会借助新经济形式直面自身需求并改善这种需求。用户可选择的产品无论是类型还是功能较过去都大大增加。互联网带来的资讯高度畅通,也使用户的"口味"越来越刁钻且难以满足。用户创业之所以从消费领域起步,主要是因为少数用户在产品使用过程中,迫切希望获得更多的满足。他们已不愿意被动等待生产者发现他们的需求变化,也不愿意重新寻求能有更好体验的新产品,而是制造一种创新[①],主动去改造产品、优化产品、升级产品。这种创新可以极大缩短用户满

---

① Shah S, Tripsas M. When do user innovators start firms? A theory of user entrepreneurship[J]. Social Science Electronic Publishing,2012:12-78.

足自身需求所需的时间，给用户带来更好的消费体验及成就感。

实际上，严格从用户需求出发，不受外界过多干扰的创新更直接、更高效，也更有针对性。这部分用户在创新中获得自身需求的动态满足。用户导向的创新不仅能满足用户的自身需求，也可以获得其他用户的青睐。用户创新存在巨大的商业化潜力，其向用户创业转变不仅可行，也能极大提升产品迭代的效率与效果。用户创业由此应运而生，并逐渐成为一种新型的创新创业模式。

（二）何为"用户创业"

用户创业指的是以用户创新为天然基因，始于创新、以创新为动能并将创新贯穿创新创业全过程的创业类型。具体来说，用户创业是用户在产品/服务的消费过程中，发现产品/服务的关键环节无法满足自身需求，于是基于实际需要通过创新完善产品/服务，并最终将这种用户创新商业化的过程。

用户创业者更多的是"偶然创业者"，他们最初的身份是消费者。与普通消费者不同的是，用户创业者不是简单地体验消费过程，而是从自身需求出发，开发一种"创新"从而不断满足自身需求，进而完成产品/服务的优化与迭代。他们对产品拥有信息优势，并能独特地识别现有企业低估的机会。

用户创新商业化的途径包括出售自己的创新成果，或与制造商形成多样化创新的合作模式等。无论是何种形式的商业化途径，来自核心业务的持续用户创新都将产生对用户需求及解决方案的深度挖掘与积累，形成自内而外的产品创新，同时增强对外部用户需求的满足程度。

用户创业发端于用户创新，从源头上使创新成为创业必备"基因"。在普通消费向创新、创业转变的过程中，用户始终处于积极、活跃的主导地位，创新与创业紧密相连并逐渐融为一体。以创新为原动力的用户创业，是融合创新与创业能力的天然的极佳载体，是高质量的创新创业新模式。用户创业不仅强化了创业者与产品之间的联系，降低了创业者的创业风险，而且有利于企业持续整合创新红利，形成具备丰富创新要素的企业核心竞争力，在创新中不断发展壮大。

（三）用户创业的表征

用户创业是市场分工不断精细化、创新创业实践不断快速发展的结果。用户创业模式是数智时代创业门槛不断降低的例证，也使创业者群体更为多元化，极大地增加了个体创新创业的可能性及可操作性。

用户创业具有独特之处，具体如下。

1. 用户创业者的身份特殊性

用户创业发生的前提是用户使用产品/服务行为的发生。这一过程最初并未明确指向创业实践，而更多的是消费体验。用户创业的"偶发性"使用户创业者的身份带有多重意蕴。从用户创业成为事实的角度来看，用户创业者与传统的创新创业者一样，是发现机会、整合资源并最终创造财富与社会价值的人。

但与传统创业者目标明确、身份单一所不同的是，用户创业者的身份是多重角色相互重叠的。第一，他们是消费者，在购买行为完成之后进入产品/服务体验环节。与普通消费者不同的是，他们更为敏感，对产品/服务的品质有更高的要求。多数用户创业者是"挑剔"的，他们对现有产品/服务并不满意且不愿意妥协。这种"挑剔"是引发用户创新的诱因，不愿意妥协则成为用户创新的原动力。用户创业者在消费环节不愉悦的经历引发了其身份的多元化变异，这也是用户创业的起点。

第二，他们是创新者，在消费的过程中基于产品/服务现状采取改进、优化措施，提升了产品/服务的品质。用户创业者在"消费–创新–创业"的链条中，是最活跃的影响因素，也是导致用户创业最终发生的决定性因素。用户创业中的"创新"，是直接的、具象的、有极强针对性的。这种围绕具体产品/服务的创新直接决定了用户创业的可能领域。创新是创业的前提，也是创业发生的动力源泉。

第三，他们是创业者，将用户创新商业化、市场化，并扩大了满足个体需求的受众，较普通生产厂商更贴近消费者，也更有效率地将产品创新带给消费者。

从消费环节到用户创业阶段，用户创业者针对具体产品/服务所进行的迭代、升级，极大地提升了产品/服务的品质。由于用户创业者具有消费者与创新者的身份，对产品/服务的质量追求将贯穿创业过程始终。多元身份叠加、融合是用户创业者特殊的身份属性，直接影响了用户创业的商业化过程。

用户创业者在将用户创新商业化的过程中，大致有两种选择：第一种是与生产者联合，将用户创新与原产品联合起来，借助生产者的平台资源实现用户创业；第二种是成为原产品生产者的竞争对手，自己整合资源完成用户创新的市场化。第一种选择中，用户创业者可以通过股权设置方式掌握用户创业主动权，但其与原产品的密切程度或多或少受到原生产者的影响。用户创新与用户创业之间，未必能实现符合用户创业者预期的100%转化。而第二种选择是创新动机尤为强烈的用户创业者的坚定选择，其试图剥离产品原生产，决定了这一类型的用户创业者必然具备较强的创业能力，能够独自完成创业的所有环节并顺利度过存在生存挑战的创业初期。

无论是何种商业化形式，用户创新向用户创业转化的关键按钮掌握在创业者手中。在创业的过程中，创业者的地位更为主动。他们可以主导创新、创业的过程。创业门槛的降低也使用户创业者涵盖的人群范围远远大于传统创业类型，极大地促进了创新创业深入走向个体生活，推动个体生活方式的进程。用户创业者没有学历、资历、经验、资金等门槛，其人员来源更为广阔，这也在客观上扩大了用户创业的发生场域。用户创业者的可能人群增大，推动用户创新的更多发生及用户创业的更多开展，形成自我促进、自我发展的良性循环系统。

2. 用户创业过程的创新性

传统创新创业大多遵循"市场机会－创业机会－创业行为"模式。这就意味着，创业者创业的首要动机是看到或获取了市场机会，在经过审慎评估之后将其变为自身的创业机会，最后转化为创业行为。此处的市场机会既包括了现有产品/服务的升级，也包括了发现短缺后主动填补市场空白。这对创业者的机会识别能力是巨大的挑战。创业者不仅要看到机会，更需要评估机会背后的市场需求程度，并判断创业的可能性。创业风险的客观存在,促使创业者在创业过程中所着力挖掘和满足的,更多的是社会(他人)的需求,并通过整合资源最终满足这种需求。

虽然我国一直倡导创新型创业,但中国市场的庞大体量带来的旺盛需求,使得创业与创新并未完全同轨同频。只要有足够的市场机会,创业者并不介意创业过程中缺乏创新。大部分的创业实践中创新成分不足,使得创业对经济的促进作用受到了极大影响。创新对创业的驱动模式一直备受关注,但更多的生存型创业使创新与创业"油水分离"。创业与市场需求、资源相关程度较高,但与创新、智力投入相关程度较低,这也是创新创业教育在高校推广初期受到质疑的原因。

创新创业教育亟待解决创业中的创新元素占比较少,创新程度不够,对经济社会发展促进作用有限的问题。不仅如此,大学生作为创新创业主体,如何发挥其接受过高等教育的智力优势并将这些优势转化为创新创业成果,也是需要认真审视的重要问题。生存型创业的低门槛,使得大学生的高智力因素并未发挥应有的作用,反而产生了"智力贬值"的误解,"教育 - 创新 - 创业"之间的桥梁并未真正打通。

用户创业过程更多的是遵从微观向宏观发展的行动逻辑,主要围绕"用户需求 – 用户创新 – 用户创业"实现产品 / 服务的逐步优化。每一次迭代得到的结果将会成为下一次迭代的初始值。迭代不断进行的重要力量是用户创业者的不断创新。用户创业源于创新、内置创新、持续创新。创新是用户创业的根本属性。这意味着,没有创新,用户创业不可能发生。创新伴随用户创业始终,并成为用户创业的生命线。

最初的创新主要来自用户创业者对产品 / 服务的改良、完善、优化,随着用户创新向用户创业转变之后,创新的实践范围逐步扩大:不仅包括产品 / 服务的创新,也包括创业管理过程的创新。创新不再仅仅涵盖用户创业的某一环节,而是辐射到创业的全过程。相应地,创新也从最初的满足消费者个人需求向满足市场中更多消费者需求转变。用户创业的产品 / 服务创新属性决定了用户创业企业中消费体验是企业发展的重要决策起点。

用户创新向用户创业转化之后，创新也更为多元化，即产品/服务的创新因不同创新者的参与变得更为多元化。用户创业对创新元素的倚重，使得其智力要求较传统创业类型大为增加。用户创新始于用户体验，但随着用户创新向用户创业转变，对于创业者的智力及综合能力要求也在逐渐增加。大学生作为受教育程度较高的群体，具有较好的学习能力、较强的创新活力等，在用户创业过程中的优势逐渐凸显。在用户创业过程中，创业实践的刺激与创业项目的推进可加快大学生群体的学习、实践速度。

3. 用户创业模式的实践属性

用户创业因其创业主体的多元性，使创业行为存在偶发性。在消费过程中，用户对产品/服务往往存在两面性评价。购买行为的产生代表着用户对产品/服务的初始认定。在使用过程中，这种带有浓厚主观色彩的印象会因产品/服务的使用体验感出现分化。用户体验感较好的产品/服务强化了用户对其正面的初始评价；而产品/服务的不足之处会逐渐淡化初始被认定的正面价值，甚至使评价出现反转。当然，也有部分产品/服务的使用体验平淡，无法对用户产生或正面或负面的刺激。

用户创业往往产生于用户体验负面的情境。在用户个体需求与产品/服务属性无法有效融合时，用户的创新活力获得强刺激。但这种用户创新能否转化为用户创业，取决于用户创业者本身是否具备较强的行动能力。诸多的用户创新停滞于个体感知阶段，重要原因在于创新向创业转化的过程缺乏个体主动性的强力推动，并使用户创新最终转化为有效的用户创业行动。

用户创业来源于用户创新，是将用户对产品/服务的灵感与个体智慧相结合，用"创新"完成产品/服务的商业化过程。这时的"创新"与用户创新过程中纯粹针对产品/服务的创新有所不同，其范围更广、内涵更深、效果更为显著。用户创业中的创新。包含了实践属性，是将产品/服务的创新与创业过程、创业实践相结合，并带有强烈结果导向的创新。

用户创业模式的实践属性包含了用户创业者的行动能力、用户创业过程的流程再造，并最终将用户创新理念与思路变成可满足用户创业者个体需求，同时可满足市场中更多用户需求的迭代产品。实践属性是从个体感受向群体感受、用户创新向用户创业转变的关键要素。没有实践属性，用户创新极有可能随着消费过程结束而消失不见。实践属性固化了用户创新的成果及效用，加速了产品／服务迭代升级的过程。

用户创业的实践属性也从侧面说明了用户创业贴近生活之处，即用户创新、用户创业均发生在用户实际生活中，将生活与生产有效连接。实践不仅是连接创新与创业的重要路径，也是锻造用户创业者能力的重要手段。用户创新较容易发生，因为其并不对标创业结果，而仅仅停留在想象、观点、意愿阶段，而借由实践属性，用户创新向用户创业迈出了实质性的关键一步。实践属性对用户创业者学习能力、资源整合能力、行动能力进行了考验，也成为创业者通向市场激烈竞争提供了渠道。实践属性提高提供了用户创新向用户创业转变的效率，也在用户创业过程中对创业者创新活力持久性提出了挑战。

（四）"用户创新"与"用户创业"的差异

尽管用户创业来源于用户创新，但二者之间存在互异、互通、互动的复杂关系。用户创新并不必然发展为用户创业。在商业管理文献中，用户创新与用户创业是两个独立的研究主题。谨慎把握二者的区别，有利于更深入地理解用户创业的内在运作机制。

用户创新是用户在消费过程中为满足自身需求而进行的创新[1]。而用户创业则是用户在消费过程中对用户创新的商业化[2]。用户创新与用户创业的本质区别在于是否将创新商业化。用户创新与用户创业看起来分属于创业过程前后阶

---

[1] Gambardella A, Raasch C, Von H E. The user innovation paradigm: Impacts on markets and welfare[J]. Management Science,2017,63(5), 1450-1468.

[2] Shah S K, Tripsas M.The accidental entrepreneur: The emergent and collective process of user entrepreneurship[J]. Strategic Entrepreneurship Journal, 2007, 1(1-2), 123-140.

段，但要实现这一跨越，必须具备一系列的条件。实际上，用户创新者主观上愿意在创新的过程中将成果商业化，以便通过一系列支持新业务创建的宏微观条件实现自己知识、经验和能力向生产力的转变[1]。但受各种主客观条件约束，大多数用户创新并没有转化为用户创业。甄别用户创新与用户创业的差异之处，极为必要。

1. 对主体的能力要求不同

用户创新需要借助用户前期的知识积累，被称为"用户行业衍生产品"[2]的用户知识很可能影响用户进入特定市场的产品类别。用户创新对于用户的知识储备主要围绕产品/服务的使用及应用性能，并不涉及创业过程中所需的诸如资源整合等其他能力。由于用户创新并没有具体的形式或表征，是否产生了用户创新、用户创新的程度及效用如何，均无法明确界定。用户创新更多的是用户的思路、想法、理念，无法具体成为"创新事实"。甚至，用户创新在没有成功转化为用户创业的情况下，其存在价值与个体感悟无异。单纯的用户创新中的"创新"元素，是虚幻且难以量化的"存在"。

而用户创业对创业者的能力要求则从单纯的产品/服务创新能力指向更为复杂的创新创业能力体系。创业过程中所需的应对不确定性、抵御风险、进行团队管理等综合能力与用户创新能力同时叠加于用户创业者身上。用户创业者必定是用户创新者，且这种创新已从单纯产品创新中拓展外溢出来，是持续的、根据自身及市场需求不断变化的。用户创新者未必能实现向用户创业者转变。仅仅有对产品的创新想法，缺乏创业过程中所需的综合能力，则创新是受到局限的，是狭义且无法推广的。

用户创业对创业者的能力要求是综合的，其复杂程度远远高于用户创新。用

---

[1] Kalisz D, Schiavone F, Rivieccio, et al. Analyzing the macro-level determinants of user entrepreneurship: The moderating role of the national culture[J]. Entrepreneurship & Regional Development, 2021,33(3-4), 185-207.

[2] Adams P, Fontana R, Malerba F. User-industry spinouts: Down-stream indus-try knowledge as a source of new firm entry and survival[J]. Organization Science, 2016, 27(1), 18-35.

户创业从某种意义上确认了用户创新的存在意义，并将其创新价值借由创业渠道予以正向认可。发展到用户创业阶段的用户创新，才能较好地发挥对经济发展的促进作用。

2. 对创新的适用范围要求不同

用户创新直接指向用户个体，具有鲜明的个性特征。用户创新未必是大众化的、普适性强的，极有可能是适用范围狭小的、个体要求具象的。也就是说，并非所有的用户创新都能转化为用户创业。当用户创新的内容适应范围有限、无法满足更多用户需求时，此时的用户创新与"感受"无异。某些个体化"用户创新"甚至可能与其他用户所需要的"创新"背道而驰。

用户创业不仅是对用户创新的承继，也是对用户创新的筛选，从中寻找个体需求与群体需求的适恰点。用户创业实现的前提是所依托的用户创新具有一定的普遍性，能满足一类或一批用户的共性需求。实际上，创新造就的价值递增需要一定数量的受众才能体现。仅仅面向单一个体的创新，因其对社会进步贡献较少，更像是某种"改变"。用户创业的过程，其实也是用户创新不断自我"革命"的过程。此时的创新，已从满足单个个体需求的"创新"转变为适应群体性需求的"创新"。用户创业本身也在推动用户创新的更迭。

单纯的用户创新与进入用户创业流程的用户创新，是可能出现差异的。后者适用面更广，也更能与创业流程相互促进，加快用户创业的进程。不仅如此，用户创业对创新的要求不仅在于满足消费者需求方面，也包括推动经济社会发展方面。可持续的用户创业，必须在满足消费者需求的基础上，实现对经济发展的贡献。用户创业使用户创新中的"创新"元素发挥了其真正的社会价值与经济价值。

3. 对创新创业过程的客观条件要求不同

用户创新更多停留在用户个体层面，"创新"的呈现方式更多以想法、办法、策略的形式，对客观环境无太多要求。用户创新过程或许需要借助一定的外界条件，但客观条件对创新的影响并不大。此时的用户创新更多的是用户对现有产品/

服务的改进思路。实际上,绝大多数没有转变为用户创业的用户创新,都无法在社会生活中留下痕迹。即便用户在迭代产品上看到自己的创新理念,也只能感慨英雄所见略同。脱离了用户创业的支撑,用户创新很难确认"创新"的知识产权属性。用户创新与外在的客观条件之间没有必然的联系。用户创新的产生对客观条件的依赖程度偏低。

用户创业则需要在用户创新的基础上配套一系列的主客观条件,包括创业场所、产品/服务的生产条件等。已有学者关注到社区对用户创业的影响[1],可见,主客观条件的充裕程度将极大影响用户创新向用户创业的转变。缺乏必要的条件支撑,即便用户创新具有极佳市场前景,也无法完成向用户创业的转变。外在条件是用户创新的承载依托,也在物质条件上确保了用户创新的从属性。

用户创业更多地从个体化的小众行为转向带有群体性的社会行为,创业过程不仅需要创业者全情投入,还需要其与其他个体积极互动,与周围环境良好互动。用户创业较用户创新,多了资源整合、实践推动等环节。用户创新可以只有单一个体,用户创业则一定为借助外在条件将创新与创业相连接的群体性行为。

分析用户创业的过程可以发现,来自类似市场的问题解决者提供的解决方案显示出较弱的立即使用潜力,但它们显示出相当高的新颖性水平,它们既是创新的来源,也是市场的活力所在[2]。消费者可能在微观层面进行创新,随后可在其他参与者的共同努力下,催化出产品领域层面的变化[3]。用户创业是集体行为,且需要周围环境的支撑。用户创新产生后,用户需要在一定范围内验证这种创新的适用性、新颖程度及了解市场需求。与创新相关的信息,及由此所需的帮助,甚至

---

[1] Escobar O, Schiavone F, Khvatova T, et al. Lead user innovation and entrepreneurship: Analyzing the current state of research[J]. Journal of Small Business Management,2021:126.

[2] Franke N, Poetz M K, Schreier M. Integrating Problem Solvers from Analogous Markets in New Product Ideation[J]. Management Science,2013, 60(4):1063-1081.

[3] Ansari S. Text Me! New Consumer Practices and Change in Organizational Fields[J].Organization Science,2011, 22(6): 1579-1599.

包括创新本身，都在一定区域中共享并获得反馈。其他创新使用者的传播对于用户创新向用户创业转变具有重要意义[①]。

用户创业需要一个良性循环，将知识、创新、判断和决策与基于激情、经验和分享的集体互动联系起来[②]。内在动机、外在动机、产品创新、社会关系、激情/挑战是影响用户创业意愿的主要因素。其中，内在动机和外在动机是用户创业意愿的前置影响因素，产品创新、社会关系、激情/挑战是用户创业意愿的驱动强化因素。对创新的支持与自由分享需要一定的制度进行支持[③]。用户创新向用户创业转变，需要合适载体。这个载体具有与市场相似的属性，且人员结构更为多元，可以帮助用户创新尽快成熟化，为其走向用户创业做好准备。

随着社会经济飞速发展，大学已不再成为知识传播的专属领域，而需要提供与创造力、创新和协作相关的经验和技能[④]。随着创新创业的内涵及外延不断扩展，创新创业教育从单纯创办企业向全民创新创业教育、终身创新创业教育和全球创新创业教育迈进。这意味着创新创业主体更具多元性、创新创业行为更为动态复杂[⑤]。知识已不是创新创业教育的核心要义，着眼于创新创业精神培育、创新创业能力培养的人才培养目标观获得普遍认可[⑥]。将用户创业理念与实践融入教育，契合了创新创业教育的时代发展需求。

---

① Jeroen P J, Jong D, Hippel E V, et al.Market failure in the diffusion of consumer-developed innovations:Patterns in Finland[J].Research Policy, 2015, 44, 1856-1865.

② Cuomo M T, Tortora D, Festa G, et al. Enablers for end-user entrepreneurship: An investigation on Italian food bloggers[J].Psychol Mark, 2017, 34: 1109-1118.

③ Franke N, Shah S. How communities support innovative activities: an exploration of assistance and sharing among end-users[J]. Research Policy, 2003, 32: 157-178.

④ Corso R. Building an Innovative and Entrepreneurial Dimension in an Institution of Higher Education[J]. Higher Education for the Future, 2020, 7(2)200-214.

⑤ 徐小洲, 张敏. 创新创业教育的观念变革与战略选择 [J]. 教育研究, 2012,33(05):64-68.

⑥ 徐小洲, 倪好, 吴静超. 创新创业教育国际发展趋势与我国创新创业教育观念转型 [J]. 中国高教研究, 2017(04):92-97.

第五章 何为"'用户创业'视域下的创新创业教育"

二、基于"用户创业"的创新创业教育

(一)基于"用户创业"的创新创业教育的内涵

基于"用户创业"的创新创业教育是指将用户创业与创新创业教育相结合,在开展创新创业教育过程中将学生作为用户,引领学生以用户的角色开展创新与创业的新型教育模式。无论是国外,还是国内,已有不少学校开始"用户创业"视域下的创新创业教育实践。基于"用户创业"的创新创业教育是创新创业教育发展到一定阶段的全新尝试,其对学生赋予用户这一新的角色,引导学生主动参与创新创业教育过程,并将用户创新发展为用户创业。这有利于克服传统创新创业教育过程出现的诸多难题。

(二)基于"用户创业"的创新创业教育的应用图景

创新创业教育过程中,由于学生缺乏创业经历及社会阅历,对创新创业知识的理解与掌握存在理论与实践脱节的现实问题。传统教育情境下,学生对于创新创业项目遴选、在创业过程中如何应对不确定性,以及怎样防范创业风险等创新创业教育内容缺乏感性认识。作为高校创新创业教育的重心所在,创新创业能力培育离不开高度实践化的创新创业场景。

用户创业在消费者与创业者之间建立了良好的联系,提高了消费者向创业者转化的可能性与概率。学生天然的消费者身份使其完全可以通过"用户创业"这一中介变量融通创新创业知识与实践,从而提升创新创业教育的针对性及实效性,促进个体创新创业能力的发展。

年龄优势所赋予学生的创新激情,使学生"用户创业"成为可能。他们不仅可以通过用户创业满足自身需求,也可以凭借消费过程中的创新取得不错的经济效益。意大利米兰3位大学生在18岁即对杜松子酒产生浓厚兴趣,后逐渐把这一爱好变成了创业项目,并成为杜松子酒品鉴家;美国麻省理工学院比特和原子

中心项目创始人催生了 Fab Lab 网络等。这些大学生用户创业的成功案例都为人们思考用户创业和创新创业教育的关系提供了较好的角度和思路。

传统创业模式是从市场（他人）需求出发，通过创业带动创新，为了创业而创新。在传统的创业过程中，创新并非创业活动的必备要素，而仅仅是成功创业的工具选项之一。即创业与创新之间没有必然联系，创业不一定带动创新。这也是"将创新创业教育狭义地理解为创办企业"理念受到广泛质疑的重要原因。在以人才培养为天然使命的创新创业教育中，创新是学生能力结构中的重要组成模块，也是创新创业教育的生命力所在。

区别于工业社会求量、求同、注重规模经济的特征，数智时代更在意社会成员独特的质、与众不同的异，以及能满足多元需求的个性化。培养创新型人才，需要借由合适载体，将创新融入人才培养全过程，并连接实践、用于实践、引领实践。

用户创业发端于用户创新的现实需求，源于创新并内置创新，是一种以创新为源头并将创新贯穿于企业全生命周期的创业，是为了创新而进行的、以创新带动的创业。用户创业过程中，创新是创业的灵魂，也是持续创业的重要支撑。基于"用户创业"的创新创业教育以创新为持续发力点，有效融合理论与实践，通过创新完善学生能力结构并提升人才培养质量，契合了时代需求及创新创业教育深化发展需要，因而是更高阶的创新创业教育。大部分用户创业具有跨领域特征，这也意味着学生在用户创新的过程中需要不断消弭学科知识边界，形成跨学科整合知识、技能的综合能力。这种综合能力即创新创业能力的重要体现。

（三）基于"用户创业"的创新创业教育的特点

将"用户创业"理念、模式引入创新创业教育，是一种全新的尝试，也是创新创业教育自我发展的重要表现。"用户创业"视域下的创新创业教育具有如下显著特点。

1. 学生承担了多重角色任务

传统创新创业教育过程中，学生处于知识吸收的被动地位。创新创业课堂上，学生是教育的接受者、知识的输入对象。教师知识储备上具有优势地位，占据课堂的实际主导地位。学生的被动地位在传统的课堂教学模式中很难被打破。即便是采用案例教学等互动性较强的教学形式，学生的主动参与性亦无法从根本上得到保障，更多地受制于教师的经验与水平，以及对课堂的掌控能力。学生的课堂参与活力受教师教育教学能力、学生主观积极性等多种因素影响。这种活力带有偶发性、非可持续性及脆弱性。学生之外的要素直接决定了其在创新创业教育中的活力及参与性。

基于"用户创业"的创新创业教育过程中，惯常的学生角色定位被打破，课堂也从知识传输的渠道转变为现实问题解决的通路。基于实践的学习是连接知识生产者和用户之间的一种手段，并在教育机构（知识生产者）和行业（知识使用者）之间建立了更有意义的关系[1]。将用户角色纳入教育环境，有利于开发其在教育过程中的巨大潜力[2]。将学习者构建为"用户"，而不是"学生"，以用户为中心的学习理解对于提升创新创业教育质量具有重要作用[3]。

践行用户创业理念的创新创业教育课堂上，学生承担了用户、学习者、创新者、实践者多重角色。每个学生都可以从自己的生活中找到合适的用户创新项目并带至课堂，通过创新创业知识的加持、教师及其他同学的帮助，将创业实践项目向前推进。学生需要在课堂上学会自己发现问题，自己寻找解决方案，自己应对用户创新向用户创业转变过程中的种种困难并最终解决这些难题。创新创业知识成为学生成长的工具，而不再是桎梏学生创新的枷锁。

创新创业项目的自选性决定了学生首先承担的是用户的角色，其个体体验是基于"用户创业"的创新创业教育的起点。在推进创新创业项目的过程中，学生需要根据项目现实情况主动学习，整合知识、技能，从中挖掘、生成有用策略。

---

[1] Hynes B, Costin Y, Birdthistle N. Practice-based learning in entrepreneurship education: A means of connecting knowledge producers and users[J]. Higher Education, Skills and Work-based Learning, 2011, 1(1):16-28.

[2] Angelin A. Service User Integration into Social Work Education:Lessons Learned from Nordic Participatory Action Projects[J].Journal of Evidence-Informed Social Work, 2015,12:124-138.

[3] Ramiel H. User or student: constructing the subject in Edtech ncubator[J].Discourse: Studies in the Cultural Politics of Education, 2017,136.

用户与学习者角色的叠加为学生解决实际问题构建了创新创业学习的场景，而解决问题的过程正是用户创新产生并向用户创业转变的过程。创新成果有效，用户创新顺利向用户创业转变，实践起了决定性作用。

在多重角色加持下，学生在基于"用户创业"的创新创业教育过程中无法等闲视之或被动接受，而会积极主动地以自我挖掘的某个具体项目为牵引，整合知识、资源，将创新创业知识转化为解决问题的能力，并在用户创业实践中建构具有个人特征及特色的知识框架体系。多重角色的加持，改变了学生在创新创业教育中被动的地位，用实践方式强化并突显了学生的教育主体地位。

用户创业实践项目门槛低、选择面广、可操作性强且丰俭由人，可顾及能力水平不一致的学生的实际情况，解决了创新创业教育过程中学生水平参差不齐造成的知识浓度无法平衡的问题。基于实践所历练的创新创业能力更有针对性，也更为具象。即便学生最终的学习成果未必是成功实现用户创业，但用户创新是每个学生都可以达到的阶段。依托用户创业的用户创新对思维能力、动手能力、协调能力等方面的训练同样能帮助学生提升综合能力，有助学生将用户创新、用户创业经历与经验应用于未来开创事业。

2. 教育目标及任务更为具象

传统创新创业教育虽定位于创新创业能力的培养，但其目标具有模糊性，学习任务也较为单一。落实到创新创业课堂上，往往以创新创业知识的熟识、掌握为验证指标。学生若无法从创新创业学习中获得将知识转化为能力的策略，则创新创业教育的成效将大打折扣。实际上，随着互联网的普及、数智经济的繁荣，学生获得信息的渠道更为广泛，过去通过识记获得知识的模式受到根本性冲击。学生不再需要单纯靠记忆获得、掌握信息，而是可以借助互联网工具灵活搜索、使用知识。数智时代对学生的能力提出了更高也更综合的要求。

创新创业教育的进一步发展，需要在学生能力提升方面取得突破，帮助学生切实提升创新创业综合能力。学生个体的成长，能力的进步需要教育过程中切实可操作的路径及支撑措施，传统创新创业教育显然已无法在时间受限、人数众多的课堂实现基于学生个体特征的因材施教。创新创业教育急需解决如何从知识输入向能力培养转化的现实问题。

基于"用户创业"的创新创业教育并非鼓励学生去创办企业，而是鼓励学生从自身需求出发，寻找感兴趣的产品/服务，以满足个体需求为出发点寻求优化方案。以用户创业为指向的用户创新，才能将创新的效用发挥到较好程度。"用户创业"视域下的创新创业教育的目标及任务更为具象，不仅将创新创业能力培养融入用户创业过程，而且通过规模较小、可操作性更强的项目将创新创业教育任务转变为学生的创新创业实践行为。

目标及任务的具象性体现在创新创业实践项目由学生自我探寻、自主选择，以解决学生个体需求不同的矛盾。学生挑选适合自己的用户创业项目，先从用户创新入手，运用批判性思维寻找现有产品/服务的不足，再运用创新能力突破困囿，提高产品/服务的质量，在用户创新向用户创业转变的过程中，资源整合能力、合作协调能力等均能得到锻炼与提升。具体的用户创业项目引领学生在小切口训练中寻找问题、解决问题，在实践中构建自主知识体系。

在基于"用户创业"的创新创业教育的课堂中，知识识记只是用户创业的环节之一，并非创新创业学习与实践的终点。以解决问题为导向的教学模式，将学生能力培养与用户创业项目结合起来，在具体情境中锻炼学生、培养学生、指引学生。能力培养在创新创业教育过程中是用户创业的主要目标、创新创业实践的具体指向。与第二课堂等课外活动形式不同的是，用户创业对学生能力的培养是嵌入实践情境的，因而更有针对性，也更具成效性。

狭义的创新创业教育被认为是创办企业。在创新创业的过程中，由于创新性不足，很多创业停留在生存型创业层面上，对社会进步的推动力不足。如何鼓励创新、带动创新、激发创新成为创新创业教育未来发展不得不思考的深刻议题。基于"用户创业"的创新创业教育过程尤为注重创新。它以用户创业理念与实践为依托，将创新融入创新创业教育的全过程，不仅鼓励学生带着创新思维完成产品/服务的优化，也激发学生在用户创业过程中进行商业模式创新，寻找从用户创新向用户创业实践转化的最佳通路。创新是用户创业的天然基因，也是基于"用户创业"的创新创业教育之灵魂所在。

3. 强调用户创新的实践转化

"十四五"时期，高等教育服务创新驱动发展要求在围绕实际问题解决，促进协同创新等领域着重发力[①]。为了培养创新型人才，应强化课程与教学的实践取向，突出应用开发的扎实训练，并促进学生产品开发或识别能力的生成。大学生创新创业学习可以从创新创业教育参与、创新创业经验反思、创新创业实践应用等维度进行构建[②]，在启发中学、在探究中学、在体验中学和在合作中学[③]。

基于"用户创业"的创新创业教育对学生的要求并不仅仅停留在用户创新阶段，而是鼓励学生将用户创新理念转化为用户创业行动。"用户创业"视域下的创新创业教育是行动导向的创新创业实践学习，实践是创新创业教育的重要手段及必经阶段。离开了用户创业的用户创新，并不能在教育过程中对学生创新创业能力形成有效的培养。基于"用户创业"的创新创业教育的实践转化具体表现如下方面。

其一，用户创业项目的实践性。学生所选择的用户创业项目必须是可以进行实践转化、操作性极强的用户创新。这就意味着项目中的用户创新不仅具有创新性，也应具备现实应用前景。用户创业项目的实践性，从源头上保障了创新创业实践的顺利开展，并促使学生在项目运营中全身心投入，寻找实践用户创新的方法与策略。

其二，教育过程的实践性。实践是推动用户创新向用户创业转变的载体，也是基于"用户创业"的创新创业教育的行动属性。教育课堂是在实践的推动

---

① 陈霞玲."十四五"时期高等教育服务创新驱动发展：新要求、重点领域与推进举措[J].现代教育管理,2021(09):12-19.

② 梁春晓,沈红.基于体验学习视角的大学生创新创业学习维度探析[J].湖南农业大学学报(社会科学版),2020,21(04):83-92.

③ 王宏蕾,张旭东,李娜.学习范式下高校创新创业教育研究[J].黑龙江高教研究,2018(03):109-112.

下以学生为主导,不断进行创新创业能力锻炼与提升的载体。教育过程的实践性,可以破解理论与实践相脱节的难题,帮助学生将知识识记、理解与创新创业项目实践相结合,在运用中提升创新创业技能,最终将知识习得转变为能力提升。

其三,教育评价结果的实践性。"用户创业"视域下的创新创业教育效果评价并非以用户创新为终点,而是基于用户创业的前提考量用户创新的商业化程度。仅仅停留在用户创新阶段的学习并非教育的目标所在。创新创业教育着力打造的是用户创新基础上的创新创业整体能力的提升。

此外,创新创业教育的实践性还表现在学习的过程并没有确定的答案及固化的实践路径。创新创业学习的起点在于用户项目中的创新需求,学习的重点落实在创新创业实践中所进行的能力培养与提升。教育场域中的创新创业能力,并不仅仅是知识的习得,更多的是在实践中开展行动学习所需的综合能力。创新与实践,是"用户创业"应用于创新创业教育领域的特色与亮点。实践能力本身也是创新创业能力的一种,并在创新创业教育中为其他能力培养提供载体与路径。实践性是基于"用户创业"的创新创业教育的必然属性,用户创新中的创新元素正是通过实践进行聚焦、提炼与突显。

(四)基于"用户创业"的创新创业教育的关键要素

"用户创业"视域下的创新创业教育中,学生承担了多重角色,所需完成的目标及任务也更为具象,并在创新创业学习过程中对用户创新进行实践转化。然而,学生并非创新创业教育中的单一主体,影响创新创业教育的关键要素如下。

1. 学生

学生作为创新创业教育主体,对教育成效具有重要的意义与价值。基于"用户创业"的创新创业教育较传统教育模式更具优势的地方在于,教育过程中切实强化并突显了学生的主体地位,学生始终发挥主导作用。无论是用户创业项目选择、创新创业教育过程,还是教育效果评价环节,学生对于创新创业教育而言,始终处于不可或缺的重要位置。

基于"用户创业"的创新创业教育针对不同学生的不同需求，由学生个体自主选择具有个人特色的用户创业项目开展差异性教育，契合了因材施教的教育理念。学生是影响教育成效的最关键要素。"用户创业"视域下的创新创业教育，需进一步明确教育过程中学生的定位、作用，并采取足量措施保证学生的创新活力。比如，如何让学生主动参与教育过程，如何激发学生用户创新主动性，如何推动学生将创新创业学习转化为行动等。学生是基于"用户创业"的创新创业教育中的用户，也是创新创业教育效果的体验者、验证者。学生的反馈与评价直接决定创新创业教育的现在与未来。

2. 教师

基于"用户创业"的创新创业教育通过用户创新、用户创业的过程关注创新创业学习的进展，即思想与实践在教育领域发展的顺序与秩序。在这个过程中，教师可以从与学生共同推动学习进展的机会中获得成长与收获[①]。开展"用户创业"视域下的创新创业教育过程中，教师的角色与地位发生了根本性改变：教师不再是课堂的指挥者、领导者，而成为用户（学生）的陪伴者、辅助者。这种变化主要基于创新创业教育模式的改变，也是创新创业教育向纵深方向发展的客观要求。

客观上，教师也可以成为"用户"的一员，与学生共同探索产品/服务创新之路，并使自身在教育过程中同样获益。与"用户创业"高度关联的创新创业教育情境下，尽管创新创业教育的主体发生了巨大转变，但并不意味着教师的作用烟消云散。相反，"用户创业"模式对教师的能力要求更高，也更为具象。由于缺乏社会阅历及实践经验，学生思维、行动的发散性会导致创新创业教育天马行空、难以聚焦，而这正是教师的重要性及价值所在。教师在学生"用户创业"项目方向引领、创业课堂引导、创新创业实践方面存在巨大的发展空间。教师的能力与水

---

① Furtak E M, Sara C. Heredia. Exploring the Influence of Learning Progressions in Two Teacher Communities[J]. Journal of Research in Science Teaching, 2014, 51(8): 982-1020.

平是高质量"用户创业"的重要保障。

3. 学校

"用户创业"视域下的创新创业教育的开展,离不开学校层面的支持与助力。无论是教育模式、教学形式设置,还是教学效果评价,学校在创新创业教育中均发挥了举足轻重的作用。学校对创新创业教育的顶层设计、对开展创新创业教育的认同与支持,以及所给予的政策、措施,直接决定了创新创业教育的发展质量与未来走向。基于"用户创业"的创新创业教育不断向前发展,并不仅仅依靠创新创业学院、经济管理学院等具体开展教育的直接管理部门,而应更多地得到教务处、社科处、财务处等创新创业教育管理部门配套制度的支持,在课程优化设置、考核方式改革等一系列具体措施上形成合力。

现有教育体系内,学校层面的认可与支持直接影响创新创业教育的实施与拓展。除了整合校内资源,学校在创新创业教育中的重要作用还体现在进一步拓展教育场域,将教室之外的学生社区、创新工作室、校园之外的社区、企业、零工市场等多重载体吸纳至创新创业教育系统之中,使用户创业实践项目有更好的实施与践行平台,形成以学校为中心的创新创业教育生态系统。

4. 其他载体

与传统创新创业教育模式不同的是,"用户创业"视域下的创新创业教育除了学生、教师、学校这些常规要素之外,还包括了社区、企业、社会等其他载体。这些载体极大地拓展了基于"用户创业"的创新创业教育的实施外延,并使知识与实践有了更多相融、互促的空间及可能性。"用户创业"视域下的创新创业教育对创新性、实践性的执着追求,使教室之外的其他载体对创新创业教育的效果同样起巨大的影响作用。

社区可以为用户创业项目的实施整合更多的受众,并开展小范围的测试与反馈,减少用户创新向用户创业转变的阻滞。社区的社会属性为学生创新创业能力的培养提供更接近于现实的条件。企业是连接用户创业与产品的重要媒介,为用户创新提供了更为便捷的商业化路径。创新创业教育与企业相结合,可以加快用户创新向用户创业的转变速度，也可以帮助企业进行更有效率的产品研发。将企业纳入创新创业教育其他载体范畴，是产教融合理念在教育场域中的具体实践。社会作为用户创业的终极市场，其对用户创业成效具有直接的话语权。"用户创业"视域下的创新创业教育直接将学校与社会相连，通过多种载体践行用户创新与用户创业，可以从源头上提升创新创业教育的质量与成效。

第六章　基于"用户创业"的创新创业教育的实施载体

新时代全面深化高等教育改革的重要举措便是不断深化高校创新创业教育改革，促进创新创业教育全面、高质量发展。建立以创新创业为导向的创新型人才培养模式、培养学生创新创业能力与素质已成为高等教育新的质量观[1]。创新创业教育代表了教育改革发展的重要方向，其实践意义在于引领学生成为创新型创业人才[2]。

在创造一个更可持续社会的过程中，关键的挑战在于找到合适的学习途径与环境，通过培养与生活价值更有关联意义的创新创业能力，帮助个体克服前进的困难[3]。传统创新创业教育以课堂为唯一载体的模式越来越无法承担创新创业教育改革发展的重任。创新创业教育正积极寻求将可持续性发展问题、思维模式和能力融入教育教学体系的方法与合适载体。用户创业在国内外创新创业实践中逐渐兴起，其贴近创业者生活世界的低门槛属性、自带的将创新与创业有效结合的天然基因、拥有的将用户创新向用户创业转化的高实践性为创新创业教育向纵深方向发展提供了新的思路与借鉴。开展基于"用户创业"的创新创业教育，将用户创业与创新创业教育相融合，需要更多元化、更丰富的载体。

一、创新创业课堂

即便创新创业课堂的作用受到质疑，但对于目前的创新创业教育情境而言，

---

[1] 邬小撑.重塑高教质量观 铸就育人新范式[J].中国高等教育,2022(12):33-35.
[2] 王洪才.创新创业教育：中国特色的高等教育发展理念[J].南京师大学报(社会科学版),2021(06):38-46.
[3] Macintyre T, Chaves M, Monroy T, et al.Transgressing Boundaries between Community Learning and Higher Education: Levers and Barriers[J].Sustainability,2020, 12: 2601.

课堂仍然是开展创新创业教育最主要的场域。教学驱动型提升路径,是提高创新创业活跃度的重要驱动机制[①]。我国的创新创业教育主要依托课程的方式展开,通过开设相关课程推进创新创业教育。

(一) 创新创业课堂面临的现实境况

创新创业课堂从传统课堂衍生而来,又与其他学科教育课堂有所不同。创新创业课堂更强调理论与实践的结合、创新创业知识的实践运用。处于发展初期阶段的创新创业课堂存在如下阻滞。

1. 难以摆脱传统教育模式师生观的影响

传统的课堂教学模式以知识为核心,教师在课堂中发挥主导作用。授课目标、授课内容、课程评价形式等,从规划、设计到确认,均由以教师为代表的教育提供方决定,直到执行环节才与学生正面对接。这种师生观的逻辑前提,是假设学生在教育教学的前置环节无法提供有效意见,是需要被教育、被照顾的对象。教师所代表的教育需求与学生个体需求之间存在不平衡关系的背后,是工业社会的深刻烙印。

规模经济时代,学生个体需求在机器化大生产面前无足轻重,社会所需要传递的教育价值着重体现了生产方式的需要。于是,在传统的教育模式下,学生的需求被社会生产需求所掩盖,教师只是社会生产价值取向的落实者与执行者,通过掌控课堂使主流价值观辐射到个体身上,培养工业时代的"螺丝钉"。传统的创新创业课堂即便在教学过程中加入案例教学、谈论法等多种教学方式,但并未从根本上摆脱教师处于主体位置的基本事实。即便创新创业教育倡导以学生为主体,但在课程评价机制未发生根本逻辑改变的前提下,创新创业课堂难以摆脱传统师生观的潜在影响,因而出现"教师不应是唯一的教育主体却是实际教育生活中的唯一主体,学生应是教育主体实际上又无法占据主体地位"的尴尬局面。

创新创业课堂教育主体地位模糊,甚至混乱不清,导致教师与学生之间的关

---

① 马永霞,孟尚尚.高质量发展背景下创新创业教育质量提升路径研究:基于50所高校的模糊集定性比较分析[J].高教探索,2022(02):13-21.

系也存在不明晰的情况。教师在开展课堂教学的过程中，不太容易把握教育培养的尺度，学生能力的建构与培养也容易被知识传授所淹没。应然逻辑中，创新创业课堂应该是以学生为中心的，学生应成为创新创业教育主体。但在实然状况中，如何落实学生的主体地位，如何将教师与学生的角色定位区分清楚，如何将以学生为主体的理念融入实际教学环节等，成为困扰创新创业教育高质量发展的难题。

研究发现，创新创业激情与创新创业知识运用初始水平正相关，创新创业自我效能与创新创业知识运用变化率正相关，创新创业知识运用变化率与创新创业进展变化率正相关[1]。这就意味着确立、强化学生在创新创业课堂的主体地位，厘清教师与学生的角色分工，有助于激发学生创新创业热情，帮助学生提升自我效能感及创新创业能力。

学生主体地位的重要表现不仅在于教师将课堂主动权交还给学生，更在于主动增加课堂上的"学生投入"。具体来说，创新创业课堂应更关注课程实施过程中学生的主动合作及主动学习水平、师生之间的互动状况和创新创业实践问题解决程度，用以考查学生在创新创业课堂的主动参与行为。优质的创新创业课程、有效的创新创业实践均能对学生的创新创业能力产生显著的正向影响，并且产生"课程—实践主导型"与"内外支持联动型"两类高创新创业能力路径[2]。

2. 学生能力培养结构单一且成效不显著

现今的学校教育制度是工业革命的产物，适应工业化进程的教育设计着重解决的是知识和技能的学习问题，学生发现及解决问题的能力培养方面存在缺失[3]。在传统的创新创业课堂上，知识传输仍然是教学的重点，教师围绕以教材为核心的知识体系组织课堂、开展教学。在此教学逻辑指导下，学生参与课堂的形式也便围绕着知识的识记与吸收展开。对理论的重视固然可为学生成长打下坚实的知

---

[1] 李其容,杨艳宇,李春萱.新创新创业者创新创业教育后创新创业知识运用的动态分析：基于潜变量增长模型[J].心理科学,2022,45(02):394-401.
[2] 黄兆信,黄扬杰.复杂系统视角下高等学校创新创业教育与专业教育融合[J].教育研究,2022,43(08):110-120.
[3] 李宁,王宁.合作学习视域下我国大学生创新能力构建[J].江苏高教,2020(01):94-101.

识基础，但高实践性特点使创新创业教育并不能停留在创新创业知识、技能等理论层面，而应该将目光投向社会，着力培养学生应对社会不确定性，发现问题、解决问题的能力。

工业社会背景下，学生从课堂上吸收足量知识即可满足职业发展需求，所有个体都是机器化大生产的一部分。个体的思维模式、能力结构、知识积累单调一致，有利于在工作过程中严谨地遵守操作流程，满足工业时代规模经济发展的需求。与之相配套的，教育的评价方式也呈现教条、僵化、固执的特征。从高校创新创业教育评价内容来看，存在重理论教学，轻创新创业精神、创新创业能力、创新创业综合素质培养等问题[1]。受单一能力结构影响，学生的思维模式也逐渐形成简单、统一的"标准化制式"。

随着数智时代的到来，创新创业能力与素质成为中国高等教育新的质量观，创新创业教育也逐渐从工具理性向价值理性回归[2]。创新创业是人类创造性文化的重要表征[3]。创新型人才培养致力于提升学生的创新意识、创业思维、创新创业能力等内在品质，使学生具备能浸润、贯穿终身发展的可持续成长能力[4]。英国的"创新创业教育框架"指出，创新与创造能力、在不确定条件下作决策的能力、实现想法的能力、反思与行动能力等与创新创业能力高度有关。这就意味着，新的时代背景下、新的社会经济发展对创新创业教育的要求已较过去发生根本性改变。

传统的创新创业课堂注重知识吸收的教育模式造成学生能力培养框架过于单一，学生记忆能力、分析能力较强，知识转化运用能力、创新能力不足。而在互联网经济高速发展的今天，个体之间已很难形成信息孤岛，个体单纯靠识记能力应对学习、工作显然已远远落后于时代要求。这就导致了传统创新创业课堂对学

---

[1] 郭占元.高校创新创业教育评价体系的构建与实施路径[J].社会科学战线,2020(02):271-275.

[2] 赵庆年,曾浩泓.工具理性向价值理性的回归：大学生创新创业教育政策的价值冲突与平衡[J].现代教育管理,2022(05):36-45.

[3] 许启彬.我国高校创新创业教育的文化根基：学理诠释与夯实路径[J].高校教育管理,2020,14(01):82-88+124.

[4] 徐小洲,梅伟惠,韩冠爽.论我国高校创新创业教育高质量发展的十大关系[J].高等工程教育研究,2021(01):155-161.

生的能力培养与社会发展需求明显不同步,学生的核心能力已然落后,其他能力养成不足。人才培养质量由此受到影响,创新创业教育的应然作用无法有效发挥。

3. 学生创新创业实践能力不足

为了适应数智时代飞速发展的要求,我国创新创业教育的发展并非内源性的,而是遵循自上而下的"政府推动型"演进路径。部分高校开展了以"中国国际'互联网+'大学生创新创业大赛"(以下简称"互联网+创新创业竞赛")为基底的赛课合一的创新实践教育模式[①]。在创新创业教育发展之初,政府的推动有利于创新创业教育快速落地、生根,并在全国迅速铺开,但随着创新创业教育不断深化发展,其发展后劲不足、原动力缺失、竞赛的短效性与人才培养的长效性存在突出矛盾等问题也逐渐暴露。

以赛促建的弊端在于,尽管"互联网+创新创业竞赛"成为学生创新创业能力全面展示的重要平台,但竞赛项目落地率有待提高。作为竞赛重要评测依据的创业转化率也与创新创业教育的初衷存在不一致之处。随着"创新创业教育并非鼓励学生创办企业"这一理念得到越来越多的认同,创新创业竞赛所推崇的创业转化率处于较为尴尬的境地。竞赛的短期性是否会造成创新型人才培养的评测走向短视,值得深入思考。

相对于"互联网+创新创业竞赛"参与热度较高的情形,高校创新创业教育体系本身存在教育形式单一、实践交流平台缺乏、社会资源短缺等不足,无法有效帮助学生提升实践能力[②]。创新创业课程实施和教学模式创新不足,课程内容与专业知识无法有效结合等,使创新创业教育存在理论与实践脱节,学生创新创业实践能力不足等困境。

创新创业实践是培养学生创新创业意愿、创新创业知识技能等的主要影响因素。创新创业教育不仅应包括创新创业知识链,也涵盖创新创业实践链。强调创

---

① 张海霞,陈江,尚俊杰,等."iCAN 赛课合一"创新实践教育模式的实践与探索[J]. 中国大学教学,2018(01):79-84.
② 凌海蓉."双创教育"视域下大学生实践能力培养的思考[J]. 教育理论与实践,2018,38(27)15-17.

意的"可转化性"和创新的"可实践性"[①]是创新创业教育实践性的应然之义,所有的创新创业教育都无法脱掉实践性的外衣。通过创新创业实践所获得的创造性解决问题的方式对学生创新创业能力具有显著的正向影响[②]。创新创业教育内涵式发展亟待建设"由参与到合作"的教育教学新模式,实现"创新创业课程实践化、实践课程化"。在普及对创新创业教育困境认知的基础上,"实践理性"主导的知识生产与创新应成为重要的发展趋向[③]。

梳理创新创业教育过程中存在于创新创业课堂的现实境况,有利于在开展创新创业教育的过程中将用户创业理念与课堂教学实践相结合,探索适合我国国情,有利于优化创新创业课堂、提升创新创业教育质量的有效路径。

(二)创新创业课堂应发挥的作用

开展基于"用户创业"的创新创业教育,应紧紧抓住创新创业课堂这一主要教育载体,通过教学理念、教学方式、教学评价等综合性改革使课堂在推动创新创业教育高质量发展进程中发挥重要作用。

1. 重新梳理师生关系,强化创新创业课堂中的学生主体地位

创新创业课堂作为创新创业教育的重要载体,直接决定了创新创业教育能否顺利开展。确立创新创业课堂中的学生主体地位,是开展基于"用户创业"的创新创业教育的重要前提,也引领着创新创业教育发展的方向。"用户创业"视域下的创新创业教育,应通过创新创业课堂教学设计、教育过程动态调整等方式重新梳理教师与学生的关系,厘清二者之间在定位、作用等方面存在的阻滞。

教师应鼓励学生在开课之初即进行用户创业项目筛选,引导学生从生活或身边的消费体验入手,初筛出最熟悉且最有把握的项目,找出适合自己的创新项目

---

① 韩萌.牛津大学"共生式"创新创业教育模式及其借鉴:基于商学院的实践[J].大学教育科学,2020(01):51-57.
② 杨连生,王甲男,黄雪娜.体验式学习对大学生创新创业能力的影响研究[J].现代教育管理,2020(12):102-107.
③ 赵军,焦磊.我国高校普及创新创业教育的困境、取向及理路[J].教育发展研究,2018,38(11):67-72.

来源。创新创业课堂上,教师可以根据每个学生所选项目的不同,以分组形式开展用户创新。小组组成可以是多人,也可以是学生单一个体。创新创业课堂的教学活动应围绕学生的用户创业项目展开。

教师在课堂上完成用户创业项目分类后,根据学生所选项目特点准备相应的创新创业知识。每个创新创业课堂所需的知识体系并不完全一致,侧重点与差异性由学生用户创业项目决定。在创新创业课堂上,教师内容讲授比例减小,学生自我分析、自我探索比例增大,以此确立课堂上的学生主体地位。教师可以将教学内容提前告知学生,要求学生在其提供的现有知识框架基础上补充、完善,形成自己的个性化知识体系。同时将创新创业知识与用户创业项目连接起来,寻找问题及解决对策。

教师在基于"用户创业"的创新创业教育过程中,更多的是充当陪伴、指引的"教练",而不是观测、检查学生是否系统掌握知识的"卫道士"。由于教育主体地位的改变,创新创业课堂中知识的内涵及形式并没有统一的标准,而是带有强烈个人色彩的知识方案。师生之间的关系由纯粹的"教"与"学"向多元化的"共研""共创"转变。教师与学生趋于平等、合作,每个人都可以成为用户创新者并利用创新创业课堂对资源进行整合,为用户创业做好充分准备。

主体地位的改变、师生关系的重新确立,有助于增加创新创业课堂上学生的学习、实践投入,帮助学生主动融入用户创新过程,趋向用户创业,使创新创业课堂成为学生创新创业能力提升的练习场、实验室、培训基地。学生投入的增加,能提升创新创业课堂的实际效果,使学生在课堂中得到更多收获,从而增强学生从创新创业教育中获得的归属感及成就感。

创新创业课堂以学生需求为依据,构建"课程-实践主导型"及"内外支持联动型"创新创业教育模式。即对用户创业可行性不足的项目,以"课程-实践主导型"为主,帮助学生在实践中完成用户创新过程,提升学生创新创业能力,完善学生个性化的知识结构及能力体系。而对于市场潜力巨大、较为成熟的用户创业项目,可依托创新创业课堂,整合内外部资源并形成联动、支持、支撑学生项目从用户创新阶段逐步商业化，最终实现用户创业。同时，高校现有的创新创业孵化基地等平台资源可直接链接至创新创业课堂，为学生用户创业提供助力。无论是何种类型的创新创业教育载体，都可以通过实践方式构建新型的师生关系，在不断强化学生主体地位的同时形成合力，促进学生提升以创新创业能力为核心的综合能力。

2. 强化学生能力提升机制，通过多元化训练完善学生能力结构

基于"用户创业"的创新创业教育以用户创新为特色，通过用户创业推动用户创新的实现。用户创业并非只能是创办一家企业，而是以用户的视角进行创新创业实践，在用户创业的过程中锻炼以创新能力为核心的综合能力。因此，"用户创业"视域下的创新创业教育的课堂应着重强化学生能力提升机制，通过多元化训练完善学生能力结构并突出创新能力建设。

创新创业教育始终围绕学生自选用户创业项目开展，无论是项目遴选、论证，用户创新的确认，还是用户创新向用户创业的最终转变，均需要学生作为项目完成主体，主动参与、全程体验。在用户创新阶段，学生需要学习创新创业知识、挖掘产品/服务有待完善之处、实现创新的最大化及显性化。这就意味着学生在学习过程中需要整合知识获取能力、机会识别能力、批判性思维能力、创新能力等。学生用户创业的过程，即是对上述能力开展训练的过程。

当用户创新开始向用户创业转变时，学生需要在实践中提升资源整合能力、团队管理能力、沟通协调能力、危机应对能力等。基于"用户创业"的创新创业教育，是以学生为主体，借助实践对创新创业能力进行综合训练的过程。相应地，创新创业教育的评价机制应与传统创新创业课堂以考核、测试为主的模式有所不同，应采用的是通过项目制管理完成"用户创业"视域下的创新创业教育闭环流程。

用户创业模式指导下的课程评价体制可参考项目管理的考量方法，同时对学生在用户创业过程中创新能力、资源整合能力、团队协作能力等能力体系进行分类评比。将创新创业过程中创业者所应具备的各项能力与学生创新创业能力进行比较融合，从而以用户创业项目为载体对学生进行客观评估。评估的方式也未必

按照教师单一主体进行，可增加同行（同学）评估、第三方评估等内容，同时提出具体评价内容，帮助学生通过课程评价找到差距及自己进一步成长的空间，在反馈、激励中优化自身知识体系及能力结构。

课堂教学环节结束后，教师需综合考虑学生在用户创业项目筹备过程中所取得的成长与进步，客观评价学生能力提升状况。而不是简单用分数、考试等过于强调统一性、无法凸显个体独特性的评价方式。考核方式的改变有助于创新创业教育的成效更为显性化，并对学生参与用户创业的积极性产生正向激励。

基于"用户创业"的创新创业教育的目的之一是通过用户创新与用户创业，将创新创业理念变为学生日常生活的重要部分，让学生带着创新思维开创事业，最终实现创新型人才培育与养成的重要使命。"用户创业"视域下的创新创业教育以学生为主体，以学生用户创业项目为载体的模式可破解创新创业课堂与创业实践距离较远的难题，增加课堂对学生的吸引力，引导学生投入更多的时间和精力完善用户创业项目。

创新创业教育的项目制导向有助于打破创新创业课堂的时间、空间界限，形成"用户创业"更为广阔的教育应用场域，使学生在用户创业的浓厚氛围中主动将创新创业知识用于解决实际问题，主动将时间精力投入到创新创业学习，主动将纯粹知识学习向创新创业实践、创新创业实操转变。创新创业教育课堂需要教育评价机制的制度保障。在改革单一考核方式的基础上促使学生投入更多时间和精力，完成自我能力结构的完善与优化，最终实现创新创业教育的高质量发展。

3. 将创新创业课堂作为实践平台，推动学生实现知识的实践转化

基于"用户创业"的创新创业教育将创新创业实践以用户创业的方式带入课堂，让学生在课堂中实现用户创新，同时整合各方资源实现商业化或市场化。"用户创业"视域下的创新创业教育以项目制的形式解决了创新创业理论与实践脱节的现实困难，从学生身边的产品/服务入手，寻找与自身能力适配的用户创业项目，在用户创业过程中锻炼知识转化能力及创新创业实践能力。用户创业的小切口属性让每个学生都能亲自参与，创新创业课堂也从过去单一的知识传输渠道转变为

用户创业实践平台，推动学生在课堂上不断整合知识、技能、资源，将用户创新固定、转化、落地，同时将所学知识转化为实践技能。

用户创新商业化的过程未必要求每一个学生均完成自主创业，开办独立的用户创业企业。用户创新成果同样可以通过合作、技术入股等方式实现用户创新的市场化。这也从结果上解决了学生创新创业课堂面临的现实困境，使创新获得出路，更容易转化为包含经济效益与社会效益的现实产出。没有用户创业牵引的用户创新，容易与实践脱钩，变成漫无边际、缺乏现实基础的空想。因此，用户创业是用户创新的催化剂与稳定剂，也帮助学生在创新创业教育过程中真正锻炼创新能力。

在用户创新－用户创业的连接中，学生的实践能力是推动这一转化的核心动能。通过用户创新，可以使这一动能助力学生创新创业能力提升。创新创业教育发展初期"赛课合一"模式所带来的创新成果转化不足问题，同样可以通过"用户创业"模式获得现实解决路径。"互联网＋创新创业竞赛"虽然不能代替创新创业教育，但在激发学生创新活力、促进学生参与创业实践、推动跨学科跨学校交流等方面发挥了积极的作用。如何处理好参加"互联网＋创新创业竞赛"与接受创新创业教育的关系，值得深入思考与分析。

"用户创业"视域下的创新创业教育为解决这一初期发展问题提供了很好的思路。基于学生个体需求、从学生身边挖掘的用户创业项目契合了"互联网＋创新创业竞赛"项目来源需求。基于"用户创业"的创新创业教育课堂为"互联网＋创新创业竞赛"项目提供了广阔的来源。学生从自身需求出发所获得的用户创新，可以成为"互联网＋创新创业竞赛"的项目酝酿池。"用户创业"视域下的创新创业教育将课堂变为用户创新的载体，加快了创新创业项目的落地转化，并将"互联网＋创新创业竞赛"所形成的短期激励机制长效化，推动创新的持续进行。

此外，"互联网＋创新创业竞赛"也为用户创新向用户创业转化提供了优质的渠道与通路。竞赛广泛的受众及空前的影响力，可以缩短用户创新的商业化过程，为用户创业的成功实现提供渠道保障。"用户创业"视域下创新创业教育自带的创新基因，使创新创业课堂始终贯穿创新元素。创新成为创新创业教育课堂的重要活力来源，并推动学生将理论与实践相结合，加速创新的落地与转化。用户创业指引下的创新创业课堂将创新创业教育从单向的知识传输向创新创业实践交流平台演进，通过课堂整合资源、拓展创新创业教育外延，最终将实践的重要性落到微观领域，实现"创新创业课程实践化、创新创业实践课程化"。

随着"用户创业"视域下的创新创业教育将创新创业教育外延不断拓展，仅仅将课堂作为教育载体，显然已无法实现创新创业教育构建实践平台、资源整合平台、用户创新商业化平台等多重期冀。开展基于"用户创业"的创新创业教育需要更多的载体，以形成优势互补、合力巨大的创新创业教育体系。

二、创新创业平台

创新创业平台是开展创新创业教育的另一重要载体，对学生创新创业胜任力产生明显的正向影响[1]。创新创业平台是创新创业教育的重要基石与载体，也是实现创新型人才精准化培养这一目标的重要保障[2]。创新创业平台的设计包括搭建知识空间平台、创客空间平台、孵化空间平台等多重内涵。针对创新创业平台短缺、实效性不强的问题，构建"目标导向、问题求解、任务驱动"三位一体实践平台及教学体系极其必要且重要[3]。

作为全球创新创业教育的典范，美国百森商学院成功实施创新创业教育的重要原因在于其知行合一的创新思维、行动(ET&A)教育理念，课程—课外活动—学术研究一体化的课程生态体系。其中 ET&A 教育理念强调积极借助创新创业平台培养创业者思维和行动的有机统一，使学生具备双元认知能力、可持续发展

---

[1] 曲垠姣.我国高校大学生创新创业胜任力影响因素实证研究[J].首都师范大学学报(社会科学版),2019(02):181-188.
[2] 许爱华,吴庆春.基于精准化创新创业教育实践平台的高校协同育人机制研究[J].江苏高教,2020(11):109-112.
[3] 雷钢."目标导向、问题求解、任务驱动"三位一体的双创实践教学平台研究[J].实验室研究与探索,2021,40(01):221-225+299.

理念与自我发展意识，并且通过创新创业实践进行思维模式转换的训练。基于ET&A教育理念，百森商学院设计并实施了浸入式创新创业课程、"做中学"课外活动，以及推广型学术研究项目[①]。

（一）创新创业平台面临的现实境况

创新创业平台在支持学生创新创业实践能力培养方面发挥着课堂无法取代的重要作用。我国政府、高校及企业，都建立了各种类型、功能多样的创新创业平台。这些平台在推动创新创业精神培育、创新创业能力培养、创新创业实践开展等方面发挥了极为重要的作用。在发展过程中，创新创业平台也遭遇"成长的烦恼"，具体如下。

1. 同质化严重，特色不够鲜明

国内建设的创新创业平台以众创空间居多，其建设主体主要是政府、高校等。由于众创空间并非完全按照企业化运作，建设主体或多或少带有公益性质，这就导致各众创空间互相借鉴学习较多，独立自主创新较少。创新创业平台日常运营以项目孵化为主，但平台运营资金来源较为复杂，日常管理也很难如企业运营般规范。带有帮扶性质的资金来源使创新创业平台建设容易在互相借鉴、参考、学习的过程中进入运营、管理同质化状态，缺乏自身特色。

目前，大多数创新创业平台的日常活动主要为项目讨论、沙龙、路演等，活动形式比较模式化、单一化、趋同化。这些活动一般根据主办方需要开展，与学生需求、创新创业教育无直接联系，更难以成为创新创业课堂的延伸，与课堂形成教育合力。运营形式的单调、运营内容的空泛导致了众创空间等创新创业平台在发展过程中陷入教条僵化的状态，无法有效连接创新创业实践并提供资源、平台支持。部分创新创业平台在氛围营造、资源整合方面形式大于内容，真正产生的成效并不多。

---

① 李佳丽. 百森商学院创新创业教育ET&A理念和课程生态体系构建对我国的启示[J]. 高教探索,2019(06):54-60.

创新创业平台多主体运营、多资金来源的复杂情况使其在创新创业教育体系中处境尴尬，学生的个性化需求在平台无法获得实质性满足，创新想法也很难依托平台转化落地，创新创业教育也无法在平台中获得资源支持。不少创新创业平台发展模式雷同，平台运营人员专业化水平不高，提供的创新创业服务水平也参差不齐。同时，平台在创新创业教育、创新创业培训开展上存在盲目性、宽泛性，经验分享等普适性内容较多，个性化跟踪辅导不足。

由于创新创业平台运营团队中双师型导师、教师数量不足，素质参差不齐，新创企业除了获得工商注册、办公场所免费、社会保险及通信费等运营费用优惠之外，很难获得专业化的成长辅导及阶段性的培训。广铺式创新创业平台建设思路导致创业者参与率较低、创新创业资源浪费、与创新创业教育脱钩等现实困境。

2. 行政化严重，开放程度偏低

众创空间等创新创业平台具有自组织性，需要参与其中的每个主体各尽其责，仅靠单一主体的积极行为很难改变系统演化方向[①]。根据目前的政策环境，政府、高校在创新创业平台系统共生演化的各阶段均发挥着积极作用，但创业企业和利益相关者合作的初始意愿明显弱于前者。根据共生理论，只有两者合作的初始意愿、投入程度均处于较高水平时，创新创业平台系统才有可能趋于和谐。制度逻辑对众创空间等创新创业平台的服务行为选择具有塑造作用，持有行政逻辑的政府型创新创业平台会将时间更多地分配给办公场所服务，而持有专业逻辑的高校型和持有公司逻辑的民企型创新创业平台，则分别会将时间更多地分配给培训咨询服务和投融资服务[②]。

实际上，诸多创新创业平台缺乏活力，潜在的行政化倾向较为严重，开放程度偏低。创新创业平台有楼、有房、有设施，但人气不旺的情况客观存在。市场化运作手段缺乏使部分创新创业平台沦为政绩工程，并未对创新创业教育深化发

---

① 史欢，李洪波.“合作”还是“寄生”？考虑政府规制的众创空间创新创业生态系统共生机制研究[J]. 运筹与管理，2022,31(06):233-239.
② 吕秋慧，杜运周，胡登峰，等.众创空间类型如何塑造创新创业服务行为？基于制度逻辑视角的分析[J]. 南方经济，2021(05):91-109.

展提供应有助益。由于地域、资金限制,各地创新创业资源要素整合能力各不相同,多数创新创业平台缺乏有效的资源整合,出现单打独斗、各自为政的现象,也未按照区域、产业链、创新链合理要素进行布局,形成规模经济[①]。少数创新创业平台由于缺乏全局性框架设计,在较低水平层面进行重复建设。

创新创业平台在市场运营与政府主导方面未取得平衡,极难对二者的机制进行有效协调,从而形成较强的合力体系。实际上,平台开放度对在孵企业商业模式创新有显著正向影响;知识共享在平台开放度与商业模式创新之间起完全中介作用[②]。部分众创空间主要面向创新创业者开放,对于在校学生,其功能发挥主要停留在开办讲座、沙龙等思想层面,而其场所性功能与传统的创新创业课堂效果无异。

3. 教条化严重,资源要素约束

随着创新创业教育由鼓励创办企业向创办事业演进,创新创业平台如何与创新创业教育的发展目标更好地融合、如何更好地发挥创新创业平台在创新创业教育中弥补课堂不足之功用,需要政府、高校、平台运营者不断优化完善。

创新创业平台创新发展受到人才、资金、政策、市场等因素的复合影响,面临多维创新资源要素瓶颈约束[③]。人才、资金和政策是制约其发展的充分不必要条件。各种影响因素均无法成为创新创业平台创新发展的必要条件,且要素之间存在着多重并发因果关系[④]。由于创新创业平台更多带有政府、高校的行政烙印,其运营机制在设计之初即处于不甚明晰的状态,在一定程度上弱化了其创新创业教育功能。

[①] 孙启新,张琳,李建清,等.全球视角下众创空间高质量发展研究[J].科学管理研究,2021,39(04):2-7.

[②] 卫武,赵璇.众创空间平台开放度对在孵企业商业模式创新的影响研究[J].软科学,2021,35(08):128-133.

[③] 朱建勇,朱苏芃,战炤磊.高校主导型众创空间高质量发展:动因、绩效与路径[J].贵州社会科学,2021(11):105-112.

[④] 杜宝贵,王欣.众创空间创新发展多重并发因果关系与多元路径[J].科技进步与对策,2020,37(19):9-16.

众创空间等创新创业平台的高效运营，除了政府、高校大力支持外，还需要平台自身拥有较好的运营机制，以及一支高效的管理团队。由于平台运营并非完全市场化，其薪酬设计、职业前景等人力资源管理和建设无法拥有更多的自主权，也很难为高层次人才提供具有足够吸引力的薪资水平。因此，创新创业平台运营团队更多带有"半公半私"性质。这在很大程度上限制了创新创业平台的个性化发展及动态运营管理。

创新创业平台的商业服务正向影响在孵中小企业的价值提升；组织管理、教育培训、融资管理等通过影响商业服务间接促进在孵中小企业的价值提升；共享交流则负向影响商业服务，间接影响在孵中小企业价值提升[1]。可见，商业服务、组织管理等职能对创新创业平台的发展至关重要。机制不够灵活、无法适应运营需要等问题及多维创新资源的约束成为限制创新创业平台发展的瓶颈，使平台并未如预想之模样，在资源整合、项目落地、新创企业孵化等方面发挥积极的促进作用，而更多地成了天马行空地讨论创新创业项目的"咖啡馆"。

创新创业平台在创新创业流程中只是发挥物理空间作用，止步于提供基本场地、免除租金、开办沙龙、开展创新创业分享等基本功能，而无法发挥更为重要的创新创业教育功能[2]。因为体制、机制、资金来源、人员构成等因素，创新创业平台难以整合多维创新资源，也无法为初创企业提供成长助力，帮助其突破要素瓶颈约束。

（二）创新创业平台应发挥的作用

平台赋能是创新创业平台提升培育绩效的主要逻辑[3]。创新创业平台理应成为创新创业教育场域扩展的应有之物。实际上，作为课堂的有力补充，创新创业平

---

[1] 李子彪,刘爽,刘磊磊.众创空间培育在孵中小企业增值路径研究：来自天津市69家众创空间的经验[J].科技进步与对策,2018,35(03):72-79.

[2] 张育广,张超,王嘉茉.高校众创空间创新发展的演进逻辑及路径优化：基于平台理论视角[J].科技管理研究,2021,41(17):69-77.

[3] 周必彧,邢喻.众创空间赋能形式与培育绩效研究：基于浙江省185家众创空间的实证研究[J].浙江社会科学,2020(02):60-66+59+157.

台应与创新创业课堂形成合力，共同助益创新创业教育发展。其在现实中所遭遇的困阻来源于发展时间较短、发展机制未理顺、发展原动力未有效挖掘等。创新创业教育向深层次发展，必须在课堂之外，更多挖掘创新创业平台的扩散效应，寻找合理方式解决其发展困难，帮助创新创业平台摆脱束缚，更好地发挥对创新创业教育的助推作用，更好地服务创新创业企业成长。整合创新创业平台优势，可从如下方面着手。

1. 找准定位，完善机制设计

深入挖掘创新创业平台在"用户创业"视域下的创新创业教育中的特色，找准定位，完善机制设计。以众创空间为主体的创新创业平台同质化严重、特色不鲜明等问题有特殊的历史背景，也难以靠平台本身合理解决。创新创业平台可在基于"用户创业"的创新创业教育体系中挖掘自身特色，寻找合适定位，发挥连接创新创业课堂与社会之间的桥梁作用，从而获得突破口及切入点。

创新创业平台在多层次师资资源整合、政策运用辅助、物理场所提供等方面具有创新创业课堂所无法具备的优势。"用户创业"视域下的创新创业教育可重新梳理平台的功能，逐步完善其对个体创新创业能力、用户创业实践的扶持机制。

平台应突破创新创业孵化形式约束，从单纯举办沙龙等针对性较为宽泛的辅助手段向个性化服务方向转变。在平台中开展基于"用户创业"的创新创业教育，应从小处着眼、从学生个体入手，在个体用户创新扶持上取得效果突破，提供小而全，而不是大而化之的针对性服务。创新创业平台的定位主要对标小微企业，对个体创新创业项目的扶持与帮助是平台存在的意义与价值所在。开展基于"用户创业"的创新创业教育应对平台的性质、定位、功能有更深入的思考，挖掘其内蕴的特殊价值和意义，使其更好地满足个体的多元化需求，帮助学生从用户创新向用户创业迈进。创新创业平台完全可以在用户创新商业化过程中发挥创新创业课堂无法企及的重要作用。

2. 挖掘资源，实现信息共享

创新创业平台行政化特征具有两面性：一方面容易约束平台商业化运营及市

场化发展，消解平台创新活力；另一方面有助于强化平台的公益属性，发挥其在创新创业教育场域中的公益辅助作用。创新创业平台完全可以在知识共享机制构建、信息共享功能开发、资源对接机制优化等方面发挥与创新创业课堂完全不同的功能与作用。

公益属性是创新创业平台服务于创新创业教育的重要特征。开展基于"用户创业"的创新创业教育，需要将创新创业课堂与创新创业平台联动起来，将创新创业知识与实践高度关联；从课堂识记、学习向平台应用、分享延伸，形成知识共享机制；在用户创业实践中将理论运用于用户创新过程，并与个体需求相匹配，在知识建设上形成创新创业平台自身的特色。

不仅如此，信息资源丰富也是创新创业平台所具有的独特优势。将信息资讯与知识共享机制融会贯通，可以形成创新创业教育的信息流，推动创新落地化，并将个体知识体系进一步优化，拓宽学生视野、打通知识的固定界域。创新创业平台与课堂相结合，可突破学生的信息茧房，使学生的创新创业学习及实践延伸到更广阔领域，将创新创业能力提升具象化。

3. 突破瓶颈，实现平台赋能

创新创业平台建设初期仅对标已经孵化的创业企业，与创新创业教育存在一定差距。这也导致平台在服务创新创业过程中所发挥的作用受到限制与约束。各种创新资源要素很难在狭小的服务域中得到充分的发挥及拓展，瓶颈约束会影响创新创业平台的发展活力，制约平台向更深层次拓展。

因此，创新创业平台未来发展需要找准症结所在，重点突破资源要素约束，使创新创业服务的领域从已经创业的小微企业向创新创业教育打通。平台完全可以参与进入创新创业教育场域，并在用户创新向用户创业的转化过程中发挥课堂无法取代的重要作用。创新创业平台在运营机制设计上可以拓展服务个案的方向，以实现自身发展的新突破，用个案服务数量、时长等可量化的指标彰显平台在创新创业孵化过程中的独特作用，也是创新创业平台在要素资源整合过程中的创新突破。

"用户创业"视域下的创新创业教育研究

创新创业平台对教育的赋能还体现在对创新创业教育的理解上与时俱进。创新创业教育未必如传统设想那样只是进行知识传授与输出,其实践属性正得到越来越多的认可。平台赋能可以抓住自身创新资源要素,打通与创新创业课堂的现实阻隔,实现教育从传统教师"教"、学生"学"的被动局面向师生共同"学"与"习"的转变。

知识共享机制、信息共享体系是创新创业平台赋能的重要依托,是推动创新创业教育从教室走向社会的重要推手。不仅如此,平台还可以利用自身资源,引入更多的企业资源,弥补创新创业教师知识结构的不足,为用户创业者提供经验分享、个案诊断、结对帮扶、小额天使投资、资源整合等创新创业服务。平台在基于"用户创业"的创新创业教育中,是将用户创新具体化、落地化、商业化的重要载体来源。

开展基于"用户创业"的创新创业教育,不能仅仅依托课堂这一单一载体,创新创业平台在用户创新向用户创业转变的过程中,可以发挥极其重要的作用,是课堂的有力补充,也是以用户创业理念为核心的创新创业教育的重要组成部分。"用户创业"视域下的创新创业教育,需将创新创业平台载体丰富化、功能互补化,以满足用户创业过程中各环节的实践需求,使创新创业教育真正成为人才培养的核心动力。以"用户创业"为牵引的创新创业教育,需不断挖掘创新创业平台的功能辅助、资源整合作用。

随着数智时代的到来,仅仅依赖课堂、平台,已远远不能满足创新创业教育需求。基于"用户创业"的创新创业教育,需要整合更多教育载体,在功能设置上不断互补互促,完成创新创业教育闭环。

三、创新创业学习社区

联合国教科文组织《2030年可持续发展计划》中为可持续发展提供了5个优先行动领域:①推进政策;②学习环境;③教师和教育工作者;④青年;⑤社区。该路线图还确定了6个优先行动领域:①在国家层面实施2030年可持续发展战略（制定国家倡议）；②建立伙伴关系和协作；③传播以鼓励行动；④跟踪新出现的问题和趋势（循证进展审查）；⑤利用资源；⑥监测进展情况。可见，人工智能时代的创造力培养需通过创客社区、DIY 等方式，以创造过程的丰富体验来培养创造兴趣及自主创造力[1]。

创新创业学习社区作为课堂学习的延伸方式，正逐步融入创新创业教育体系，并在更广阔的层面构建知识的循环[2]。实际上，大部分的学习并非局限于高度结构化的课堂之内，而应把更多的学习形式纳入考虑范畴[3]。将创新创业社区学习与其他类型的学习联系起来，是提升创新创业学习效果特别有效的方法[4]。创新创业学习社区并非传统意义上的社区帮扶、社区互助的统称，而是创新创业教育场域扩充、学习范围扩大的新载体。

创新创业学习社区不仅是教育高质量发展与社区教育所代表的社会化教育的有机结合，也是满足个体创新创业终身学习需要的必然选择[5]。创新创业学习社区有利于将传统意义上的"学中学习"向"做中学习"推进，可加速个体化创新创业知识体系的生成与转化。不仅如此，创新创业学习社区具有解决个体需求和兴趣方面并帮助个体进行转型的潜力，可助力个体获得更高层次的学习机会和工作场所，并增强个体与社会的情感成果[6]。

---

[1] 李敏, 郑杰. 智能创意时代的创造力培养：基于创客与创客教育的分析[J]. 现代远程教育研究, 2018(02):32-38.

[2] Wang P, Ramiller N C. Community Learning in Information Technology Innovation[J].MIS Quarterly, 2009, 33(4):709-734.

[3] Marsick V J, Watkins K E. Informal and incidental learning[J]. New Directions for Adult and Continuing Education, 2007, 25-34.

[4] Bodorkós B, Pataki G. Linking academic and local knowledge: Community-based research and service learning for sustainable rural development in Hungary: The Roles of Academia in Regional Sustainability Initiatives[J]. Journal of Cleaner Production,2001, 77(12):1123-1131.

[5] 李盛聪, 陈思诗, 李宜芯, 等. 城市社区学习中心能力建设与路径探索[J]. 现代远距离教育, 2022(03):88-96.

[6] Martin E, Purcell. Hope in "catastrophic" times: participants' stories of nurture and transformation from an innovative community learning initiative[J].Research in Post-Compulsory Education,2022, 27(2):219-241.

一般来说，创新创业学习社区是创新创业教育范畴的地域性扩展，是创新创业教育从课堂走向平台，再迈进社区的演进。这种模式支持人们跨越时间和空间开展教育，将创新创业知识从课堂带到社会，在社区这一范围中实践、优化、不断成长成熟。社区代表的是媒介上的关联性、信息交流上的多样性及知识传输的综合性[1]。创新创业学习社区中的"学习"包括学会生产、学会分享、学会高效、学会生存、学会与不确定性共存、学会可持续发展 6 项要义[2]。

创新创业学习社区有利于将理论与实践高度结合，将创新创业知识用于创业实践，并在真实化的场景中进行验证、优化、迭代。在数智时代，信息更新速度加快，仅仅停留在课堂上、实验室（众创空间等创新创业平台）中的创新创业知识与技能已无法适应市场的激烈竞争并保持旺盛的创新活力。创新创业学习社区是激发创新创业教育活力的重要载体，也是教育全面化、终身化、全球化的重要体现。

（一）创新创业学习社区的特征

创新创业学习社区不仅包括共同创新创业学习的线下社区，也包括各类通过网络连接的虚拟学习社区。与线下创新创业学习社区受制于各种物理条件所不同的是，网络虚拟创新创业学习社区具有更为广阔的应用前景，是未来创新创业学习社区发展的主要方向。网络虚拟创新创业学习社区更为关注混合教学、学习者交互、社区生态等主题[3]。创新创业学习社区的特征主要有如下几个方面。

1. 具有明显的目标取向

创新创业学习社区采用以创新创业学习为主的"理论＋实践"模式，具有明

---

[1] Oe H, Yamaoka Y, Ochiai H. A Qualitative Assessment of Community Learning Initiatives for Environmental Awareness and Behaviour Change: Applying UNESCO Education for Sustainable Development (ESD) ramework[J].International Journal of Environmental Research and Public Health,2022, 19: 3528.

[2] Brown M, Schulz C. Learning to be drier: A case study of adult and community learning in the Australian Riverland[J]. Australian Journal of Adult Learning, 2009, 49(3):48-53.

[3] 董伟，董思遥，王聪，等．基于 TF-IDF 算法和 DTM 模型的网络学习社区主题分析 [J]. 现代教育技术 ,2022,32(02):90-98.

显的目标取向。创新创业社区学习不是正式的、制度化的、程序化的学习方式，而是以学习者为导向、重视非正式学习的新型学习策略。学习者自由地、自主地、非教科书式地在创新创业学习社区中参与灵活的、协商式的学习活动[1]。创新创业学习社区更强调对话的社会互动过程、协作以及有目的的创新活动，在实验、反思、探寻、评估创新创业知识的共同生成中实现意义与价值创造[2]。

创新创业社区学习过程中，知识脱离了书本的躯壳，更多以个体经验的混合形式出现。创新创业学习社区是创新创业课堂的知识外溢载体，强调理论与实践的交融互动，对学生个体经验进行呈现，实现既定的学习目标。个体之间的知识互动也更多的是以经验分享、经验启示、经验推广的方式将知识个性化、实践化，并对创新创业知识进行具体应用。

创新创业学习是创新创业学习社区的主题，也是创新创业学习社区的标签。这种学习是更宽泛的知识生发形式，有助于将个体经验与知识进行碰撞、交叉，实现知识的再创造，并指导具体创新创业实践。不仅如此，创新创业学习社区有助于突破学习者原有的社交界限，拓宽其资源整合范畴，使学习者在各层次社区成员的刺激下获得更多的信息输入，进而解决创新创业教育理论与实践脱节的难题。

创新创业学习社区强调社区、社会网络及伙伴关系的重要性，并将这些资源利用起来，帮助学生将知识和学习转化为实践活动，并提供相互交流和合作学习所需要的"互动"与"社会基本设施"[3]。目标导向明确的创新创业学习社区是创新创业教育高质量发展的必然条件，也是创新创业教育从知识导向向实践导向转变的重要载体。

---

[1] Adams D. Making Knowledge Work-Building Sustainable Communities through Partnerships in Place Management, Social Capital and Lifelong Learning[C]. Scotland:University of Stirling,2009, 25-28.

[2] Edwards R, Ranson S, Strain M. Reflexivity: Towards a theory of lifelong learning[J]. International Journal of Lifelong Education, 2002,21(6),525-536.

[3] Kilpatrick, Suel, Barton L. Interactional infrastructure in rural communities: Matching training needs and provision[J].Rural Society,2004(14):4-21.

2. 具有多元的主体构成

创新创业学习社区以大学生为主，吸纳社会不同层次人员，将创新作为原动力。创新创业学习社区最初主要由学生驱动学习过程，并逐步与其他人建立密切合作关系，以确保共享学习经验[①]。创新创业学习社区本质上是一种集体学习模式，学习者大多来自背景相似的知识共同体（如高校等）。集体中存在的共同背景、共同知识、共同经验使学习者产生了相互作用。每个学习者正是通过这些相互作用创造了新的知识。

创新创业社区学习过程中，当参与者与其他人进入学习情境时，便会将自身的经验、知识、体悟编码进集体共同的知识体系之中。这种集体学习不仅是个体所学知识的简单总和，更是通过社区这一集体介质生成和发展的新的知识的"人工制品"。此时的学习社区实际上就是创新共同体。实际上，仅有大学生这个单一主体，并不能完整发挥学习社区载体的综合性作用。作为创新创业课堂的延伸，创新创业学习社区以大学生为主，但同样吸纳社会其他层次人员，如创业者、社区管理者等。

多层次人员的混合使创新创业学习社区较创新创业课堂、创新创业平台有了更多的参与者，也更接近于创业实践环境。对地点和关系的关注充当了连接社区和大学生之间学习形式的杠杆。学生开始重视他们所在社区的其他参与者，通过了解其他参与者的情况，反思自己与社区之间的联系，逐步扩大自己的知识层面。就地学习、互相学习，用户创业项目学习等体验式学习活动成为参与者学习的范式，使他们更有动力参与到学习社区之中[②]。

开展社区学习，有利于将创新置于生态化而非温室化的环境之中，在更广阔的范围之内实现学习效果的升华。与其他学习社区所不同的是，创新创业学习社区将创新作为学习社区的原动力及持续推力，其目的并非单地纯构建一个与创新

---

① Barth M, Daniel J, Lang, et al. Mapping a sustainable future: Community learning in dialogue at the science-society interface[J].International Review of Education, 2017, 63(6):811-828.

② Bransford J D, Brown A L, Cocking R R. Others How People Learn[M]. Washington,DC:National Academy Press, 2000.

创业课堂、创新创业平台类似的学习环境,而是利用社区这一小社会,将创新创业深化落地。

3. 具有广阔的空间选择

创新创业学习社区为创新创业教育从书本走向实践提供了更为广阔的空间。学习社区是始终开放的、持续的、非正式和动态的[1],具有创新创业课堂及创新创业平台无可比拟的空间及广度优势。知识共享是创新创业学习社区协作知识建构和知识创造的重要前提和核心要素[2],并在创新学习中扮演着关键角色,发挥着重要作用[3]。创新创业学习社区知识共享的影响因素包括环境因素、动机因素、团队因素及认知因素[4]等。创新创业学习社区可通过环境营造、创新创业学习团队加入、创业经验共享等方式营造学习氛围,搭建学习平台。

创新创业教师在这个过程中发挥着极其重要的组织、引领作用。他们带领学生扩大创新创业学习范围,走出创新创业课堂这一狭小空间,将创新创业教育的场域扩大到以社区为代表的社会层面,在学习社区等社会化学习中深入理解创新创业知识,提升创新创业技能,并将理论与实践相结合。

随着经济形态多元化及社会不断向前进步,新出现的零工市场是学习社区的衍生产品。学生从创新创业课堂走向社会、在社区创新创业学习中拓宽视野、开阔眼界,并在零工市场等新兴创新创业业态中尝试创业,从而实现用户创新向用户创业的闭环实践。创新创业教育只有植根于市场,与社会相连接并建立紧密联系,才能从根本上焕发教育活力,真正帮助学生实现能力提升及个体知识建构。零工市场的出现及逐渐兴盛,使得学习社区更具中介意义,也有利于解决学习社

---

[1] Murphy J. Observation Paper LMS teaching versus Community Learning: a call for the latter[J]. Asia Pacific Journal of Marketing and Logistics, 2012, 24(5): 826-841.

[2] Xiang C, Lu Y, Gupta S.Knowledge sharing in information system development teams: Examining the impact of shared mental model from a social capital theory perspective[J]. Behavior & Information Technology, 2013, 32(10): 1024-1040.

[3] Morley I. The value of knowledge[M]. Oxford: Interdisciplinary Press, 2007.

[4] 李海峰,王炜.为什么要共享知识?基于系统文献综述法的虚拟学习社区知识共享影响因素探析[J].中国远程教育,2021(11):38-47+77.

区难以组织、目标不明确的问题。零工市场是社区学习的实践基地,也是推动创新创业教育走向社会的重要载体。

(二) 创新创业学习社区应发挥的作用

创新创业学习社区是一种知识的社会结构,它促进了成员之间的知识共享,并推动集体智慧——创新成果的产生。创新创业学习社区通过成员的思想交流建立知识认同及共同创新,并在交流互动中推动知识的社会化。开展基于"用户创业"的创新创业教育,需要在创新创业学习社区模式中融入用户创业理念,帮助学生在更广阔空间及界域中将用户创新变为用户创业。具体来说,创新创业学习社区应发挥的作用如下。

1. 激发学生的创新与学习活力

开展基于"用户创业"的创新创业教育,应激发并持续保持学习社区中学生的学习激情与创新活力。"用户创业"视域下的创新创业教育社区学习,创新是其显著特色,也是社区学习的教育旨归。创新的产生依赖于社区学习者的高度参与,在实践中运用知识、升华知识。与课堂教学有创新创业教师作为某种形式的"督导"不同,社区学习更为宽泛,也相对比较松散。

学习社区以创新创业学习为主要形式,聚焦于学生个体的用户创业项目。由于社区学习无法像在创新创业课堂上那么聚焦,"各自开花"的社区学习过程中容易出现多主体、重心不集中的现象。学生在社区学习过程中走向分散,势必影响创新创业社区学习的效果。如何利用社区平台,在用户创新向用户创业转变的过程中将知识与实践相结合,对学生个体而言,是能力的挑战。他们需要在用户创业过程中保持稳态的学习与不间断的行动。

"用户创业"视域下的创新创业教育实施过程中,社区学习需要创新创业学习组织者具有较强的综合能力,带领学生及社区其他群体共同学习、共同实践,将用户创新推向用户创业。组织者不仅需要有广阔的视野,对创新创业学习各主体具备引导、带领的权威,而且能在多主体环境中保持创新主线不变、保持创新创业主体激情不变,确保用户创业的实现。实际上,"用户创业"理念指引下的创新创业学习社区，谁是组织者？谁更适合组织创新创业学习？出现学习停滞或用户创业遇阻时该如何应对？……这些都是需要现实考量的重要议题，也是困扰创新创业学习从课堂、学校走进社区、社会的难题。

创新创业学习社区面临指导教师时间有限、短期无组织、伙伴关系复杂等现实障碍[1]。客观来看，创新创业教师是创新创业学习社区的最佳组织者。教师的授课风格及教育模式对学习社区的效果具有至关重要的影响，可直接影响学习社区的成效[2]。但教师引领社区学习需要投入课堂教学之外的大量精力，对于目前高校教师的工作状况而言，这意味着巨大的挑战。创新创业学习社区的指导既无法计算为高校认可的常规教学工作任务，也和科研工作没有直接关系。如何激励创新创业教师从课堂中走出，投入到更广阔的学习社区等创新创业平台之中？如何使教师产生创新创业教育探索的激情与活力？如何帮助教师解决投身社区学习的后顾之忧，使他们可以将教育教学从课堂延伸到更广阔的场域？……这些是解决学习社区引领者困境的关键问题。

借鉴国外创新创业教育的先进经验，我们可在创新创业教师队伍中更多引入企业家的力量，着重培养"双师型"教师，以缓解大学教师作为创新创业教育师资主体的压力，降低其工作难度。现实国情下，怎样将有创新创业实践经验的企业家群体与创新创业课堂、平台、学习社区挂钩，如何设置对企业家有吸引力的机制，如何对不同场域的创新创业教育进行统合、管理及引领等，需要对创新创业教育顶层机制进行优化设计。仅仅依靠社区管理者、学校等微观层面的个体或组织，很难取得实质性推动。

创新创业学习社区作为"用户创业"视域下的创新创业教育之重要载体，可

---

[1] Wheeler L, Guevara J R, Smith J A. School-community learning partnerships for sustainability: Recommended best practice and reality[J]. International Review of Education, 2018, 64(3):313-337.

[2] Rachamima M, Barak L O. When style meets pattern in mentoring talk: implications for student teacher community learning environments in practice teaching[J]. Cambridge Journal of edu Cation, 2018, 48(5):657-675.

连接创新与创业，推动用户创新以更快、更有效的方式进入用户创业阶段，也是未来创新创业教育发展的重要方向。设计基于"用户创业"的创新创业教育多载体、多平台机制，并从制度层面上减少创新创业教育实施过程中的障碍，是创新创业教育模式创新的重要制度保障。

2. 整合社会各层面的资源力量

开展基于"用户创业"的创新创业教育，需以创新为学习社区的原动力，将各层面资源聚焦个体用户创业。引入"用户创业"理念的创新创业教育，创新无疑是其生命力与亮点所在。基于"用户创业"的创新创业教育聚焦创新型创业，其实施载体就不能仅仅停留在学校这一与社会相对隔绝的环境之中，而应将创新创业教育推向更为广阔的天地以激发其活力。创新创业社区学习需在形式相对松散的个体学习过程中高度聚焦创新主线，以个体用户创新为核心，不断积聚各层面的力量，以形成用户创新合力，最终实现用户创业。

"聚焦"是创新创业教育在学习社区模块必须高度重视的关键词。多主体参与的前提下，如何保持百家争鸣、百花齐放的创新活跃态势，是考验创新创业学习社区的重要指标。聚焦并非教条式约束，而是在前进过程中始终坚持用户创新目标导向，紧紧围绕用户创业项目汇集知识、经验、形成集体智慧，并使集体智慧所产生的创新推动用户创新市场化、商品化。聚焦的过程，既需要用户创业学习者保持"自我清醒"，在学习社区中以用户创业项目实践为知识起点，不断集聚各方力量，也需要社区学习引领者客观把握、积极掌控多主体创新局面，使各用户创业者之间通过学习社区互促、互助、共同进步。

创新创业学习社区与创新创业平台相比，其社会属性更为突出。基于"用户创业"的创新创业教育如何将这一特征与用户创新相结合，直接影响了用户创新向用户创业转化的速度与效率。具备社会属性的学习社区是帮助用户创新更快商业化的重要载体，也是用户创新的小型实验基地。用户创新可以在学习社区情境下模拟、试验，或推出最小可行性产品具体验证。从发展性眼光来看，创新创业学习社区在创新创业教育体系中发挥着不可或缺的重要作用，是创新创业教育不断延伸场域的重要载体。

"用户创业"视域下的创新创业的社区学习,是将各层面人力资源对标用户创业项目的知识聚拢及创新生成。学习社区的社会属性客观上加快了用户创新商业化的过程,这对于缺乏实践经验的大学生而言,是重要的新的学习渠道。创新创业学习社区有助于弥补学生原有学习之不足,帮助学生更好地将创新创业知识转化为能力,不断提升创新水平和创业动能。

3. 开发虚拟创新创业学习社区及零工市场

开展基于"用户创业"的创新创业教育,可重点开发虚拟创新创业学习社区及零工市场。创新创业学习社区使创新创业教育摆脱了单纯的校内课堂、创新创业平台的桎梏,使创新创业教育从书本走向更为广阔的实践场域。"用户创业"视域下的创新创业教育,需更好地延展创新创业学习社区,推动学习者将创新创业知识与实践、用户创新与用户创业、课堂学习与社区拓展相结合,形成更为立体的创新创业教育生态系统,让知识运用获得更广阔的空间。

线下创新创业学习社区是基于"用户创业"的创新创业教育可开发的物质载体。然而,受地域限制,线下创新创业学习社区存在学习者同质化程度严重、学习社区组织制度困境难解等现实问题。即便引入企业家作为创新创业学习社区组织者,线下创新创业学习社区仍然受到所在地域经济状况的直接影响。"用户创业"视域下的创新创业教育,需拓展对创新创业学习社区的概念理解,不断突破线下创新创业学习社区的现实困囿。

虚拟创新创业学习社区是开展基于"用户创业"的创新创业教育的更为有效、更有可行性的选择之一[1]。受新冠肺炎疫情影响,线上教学获得了空前的发展,虚拟创新创业学习社区也因成为关联体而有了更为广阔的发展空间[2]。构建以用户创

---

[1] Ryan S D, Magro M J, Sharp J H. "Exploring educational and cultural adaptation through social networking sites" [J].Journal of Information Technology Education:Innovations in Practice, 2011(10):1-16.

[2] Alexander B. "Web 2.0: a wave of innovation for teaching and learning?" [J]. Educause Review, 2006,42(2):32-44.

业项目为核心的虚拟创新创业学习社区可解决学习者同质化情况严重、学习社区指导者数量有限的难题，有助于聚合更多有共同用户创业项目的学习者。

虚拟学习社区与学习论坛有相似之处，均为具备相同需求的人群聚集地。但虚拟创新创业学习社区通过网络学习帮助学习者联通更广阔的场域，弥补创新创业课堂、创新创业平台的空间约束，其对用户创业项目的关注更为聚焦，创新特色更为明显、突出，也更强调创新创业学习属性。创新创业虚拟学习社区是激发创新创业教育活力的重要路径。构建虚拟创新创业学习社区可成为高校创新创业教育的重点培育选项。

此外，零工市场的出现为"用户创业"视域下的创新创业教育提供了新的载体。随着新冠疫情对全球经济形态造成的持续影响，依托零工市场发展零工经济成为就业的新选择并焕发出勃勃生机，"互联网+零工经济"应运而生[1]。作为社会发展与技术创新催生的新型工作方式，零工市场对创新创业者比较友好。零工市场具有低门槛的特点，适合受资源调节约束的创业者实现创新创业的小步快走。

借助零工市场平台，用户创业者不仅可以降低创业风险，也能够在市场磨合中不断迭代产品，为走向更为广阔的竞争场域做好充足的准备。基于"用户创业"的创新创业教育高实践性的特点，使得用户创新向用户创业的转变需要真实的市场环境支持。零工市场的出现为创新创业教育提供了新的、高效的实践场所，也为基于"用户创业"的创新创业教育逐步发展壮大提供了重要载体保障。

学生在创新创业课堂上挖掘出用户创业项目后，不仅可以利用课堂的教师、同学资源进行项目优化，也可以在创新创业平台上进一步孵化，或将用户创业项目置于创新创业学习社区情境中进行市场化、商业化，还可以将最小可行性产品投入零工市场进行实际销售，为真正用户创业做预演及最后准备。零工市场的出现与繁荣，使创新创业教育的载体更为多元化、层次更为丰富，也为用户创新向用户创业的转变积聚了更多的外部条件。

"用户创业"视域下的创新创业教育并非鼓励所有学生将用户创业项目转变

---

[1] 胡放之，邵继红. 推动零工经济发展 促进多渠道灵活就业[J]. 理论月刊，2020(10):67-72.

为用户创业企业，其商业化的过程可以有多种路径选择。无论是创新创业课堂、创新创业平台，还是创新创业学习社区、零工市场，均是学生通过创新创业教育强化个体能力的实践场所。学习者在社群中整合人力资源、在真实的市场环境中锻炼实践能力；通过能力锻炼与提升倒推知识的遴选、吸收与运用，加速创新创业知识向创新创业能力的转变。

随着经济社会的发展，创新创业教育的载体将进一步丰富化、多元化，层次也更为交错，并形成互补、互促、互为衔接的创新创业教育生态系统，为学生创新创业能力培养提供全方位支撑。推动创新创业教育高质量发展，应不断扩展基于教育载体，将教育与市场更充分地结合，使市场在促进学生创新创业学习、培育创新创业能力过程中发挥越来越积极的作用，也使创新创业教育从封闭的校园走向与社会更广泛的融合，消除创新创业理论与实践的隔阂。

第七章　用户创业改变创新创业教育模式

用户创业过程中，消费者从自身需求出发，不断整合原有能力结构、资源优势，在微观层面进行小步创新，变所想为所行，并在他者参与下，催化产品/服务领域层面的变化，将用户创新商业化，最终实现创新创业与自我发展同步向前。用户创业理念与实践对提升人的自我发展能力有良好助益。创新创业能力实质上是人的自我发展能力的集中体现。在创新创业教育中融入用户创业理念与实践，可进一步强化学生主体地位，激活学生创新创业能力，推动其创新创业行动学习，从而带来创新创业教育模式的新改变。

随着数智时代的到来，创新创业教育不断深化发展，其教育模式面临变革需求。创新创业教育应更积极、活跃、开放，成为传统教育模式变革的生力军。要实现这一目标，不能仅仅依靠创新创业课堂及教师，还应从日新月异的创新创业实践中引入新的理念，不断变革创新创业教育模式。开展基于"用户创业"的创新创业教育，需要突出学生主体地位、激发其创新活力，从而优化创新创业教育生态系统；切合学生实际需求，用可操作性强的方式为创新创业能力培养提供可行路径；将创新创业教育育人理念落到实处，在学习中创新，在实践中创新创业，整合各方力量构筑创新创业实践育人共同体。

一、优化创新创业教育生态系统

1. 强化学生主体地位

传统创新创业教育模式以知识为中心，教师作为知识的传播者，在课堂上发挥着知识引领的主导作用。学生由于缺乏创新创业实践，在吸收知识的过程中容易将创新创业抽象化、概念化、原理化。而在创新创业实践中，知识的变更迭代极为迅速。创新创业知识的运用并非以学科为中心，而是围绕创新创业过程中一个又一个的具体问题展开。传统教学模式受困于知识体量束缚，大部分教学环节围绕信息输出与输入，因而弱化了学生的主体地位，也掣肘了问题导向、实践导向的创新创业教育向纵深方向发展。

基于"用户创业"的创新创业教育从学生自身实际需求而非他人需求出发，与学生个体高度关联。围绕某一个产品/服务的改善与优化，由学生主导的创新创业过程，更倾向于项目式的案例教学。用户创业源于创新并内置创新。谁来创新的问题，决定了用户创业的方向与结果。学生在用户创业过程中处于绝对主体地位，既是案例教学的被研究者，又是具体创新创业问题的研究者与解决者。多重角色交织，使学生必须全身心投入创新创业教育各环节，调动自身积极主动性整合知识与资源。

"用户创业"视域下的创新创业教育需要学生自主发现问题，自发寻找解决方案，并在解决问题的过程中，灵活机动运用创新创业知识。教师在其中发挥的是辅助者、服务者的作用。当学生用户创业遇到困难时，教师及其他同学均可参与其中并为其提供助力。基于"用户创业"的创新创业教育的结果并非通过考试、考核等方式考量学生是否成功识记理论知识，而是让学生通过高强度实践，学会将知识转变为解决问题的能力，并获得解决具体创新创业难题的经验。"用户创业"理念指导下的创新创业教育从贴近学生自身实际入手挖掘创新创业项目，从本源上强化了学生在创新创业教育过程中的主体地位。

创新创业教育高质量发展，离不开政府、高校、教师、学生等各个主体的协同努力，也需要在各主体之间突出学生中心地位，确保学生创新创业能力得到强化与提升，培养出适应数智时代经济社会发展需求的创新型人才。构建创新创业教育生态系统有助于整合各方力量，形成创新创业教育合力，推动创新驱动发展战略的落地与实施。建设高质量创新创业教育，并非简单地建设一系列双创基地、众创空间等创新创业平台，而是需要搭建创新创业教育生态系统结构组合，营造更深程度、更高层次、更大范围的创新创业教育生态环境[①]。

---

① 周博文,张再生.众创社会：基于众创经济的社会生态建构[J].学习与实践,2017(09):47-55.

2. 激发学生创新活力

与创新创业教育着力培养学生创新创业能力相适应的，创新创业教育生态系统构建同样遵循能力培养导向，始终围绕学生成长成才这一核心要义。创新创业教育生态系统并非脱离社会的独立存在，而是在创新创业教育各主体参与下的有机组合。国内关于众创空间等创新创业平台的研究更多地关注"众创空间 + 教育服务""众创空间 + 创新创业""众创空间 + 绩效提升"等[1]，很少关注创新创业教育生态系统最小的也是最重要的细胞——学生个体，也很少留意创新创业教育生态系统如何切实满足学生的个体需求，为学生创新创业能力提升提供助力。

由于传统教育模式的影响，作为创新创业教育主体的学生在创新创业教育生态系统运营中并未发挥出应有的重要作用。其主要原因在于学生个体更多处于创新创业教育中的被动位置，其个性化特点及多元化需求无法得到完整呈现。传统创新创业教育模式下，学生在创新创业课堂中无法激发并释放创新活力，无法成为创新创业教育生态系统中的生力军。由于机制设计问题，创新创业教育生态系统运营过程中，学生的主体地位更多存在于构念阶段，缺乏实践策略及有效路径。学生的实际需求往往淹没于创新创业知识的传输系统中，无法凸显个性化特色，也难以获得多元化满足。

即便是依托高校科研创新结构转化、对接科技企业创新创业并集聚科技要素的知识型创新创业教育生态系统，所关注的焦点也是创新创业的末端即成果产出阶段，往往忽略了教育过程中的创新创业学习环节。生态隐喻方法论下，创新创业教育生态系统应是以具有创新劳动表达意愿的创新创业者为主要能量来源，以资本、创新创业知识为基本物质资源，以创业企业为生产者所构建的复杂生态系统[2]。随着"创新创业教育不是简单地创办企业"的理念逐渐深入人心，创新创业教育中学生的主体地位亟待通过有效路径不断强化。

---

[1] 柴晨星，崔祥民. 众创空间的研究热点及前沿演进：基于 CiteSpace 的可视化分析 [J]. 科技管理研究,2021,41(12):177-186.

[2] 张哲. 生态隐喻方法论下的创新创业生态系统建构 [J]. 经济管理,2021,43(07):93-106.

3. 关注学生个体层面

基于"用户创业"的创新创业教育从学生个体这一微观层面出发，从学生所消费的产品/服务入手，通过贴近学生实际情况的创新创业实践引领学生从个人体验向产品创新迈进，在用户创新商业化、市场化过程中实现用户创业。"用户创业"视域下的创新创业教育将学生的个体需求作为创新创业教育的起点和持续发力点，通过创新创业知识支持、创新创业教师引领、创新创业学习讨论等多种形式帮助学生在完善个人体验的基础上进行创新，并为学生从用户创新向用户创业的转变提供助力。

创新创业教育秉持以学生个体需求为核心的教育理念，有助于关注学生的独特性、多元性及创新的可能性，并以逐步推进的方式逐渐形成滚雪球效应。学生在自主创新过程中对自身创新创业知识结构进行整合、优化，尝试运用创新创业知识解决用户创业过程中的难题，并在创新创业教师及其他个体的帮助下逐步战胜困难，获得解决问题的策略与方法，最终实现用户创业并提升个人创新创业能力。基于"用户创业"的创新创业教育使创新创业教育生态系统中开始出现学生的声音，并引领各方主体关注学生的小需求、小创新，提供助力以挖掘学生的创新潜力与活力，完成学生个体创新创业知识结构的构建及能力体系的完善。

基于"用户创业"的创新创业教育通过案例方式把创新创业教育的重点投射到学生个体身上，帮助学生在用户创新过程中看到自己、发现自己、发展自己，也使创新创业教育生态系统的各项资源有意识往学生身上流动，逐渐形成帮助学生解决实际问题、以创新创业能力为核心的能力体系。"用户创业"视域下的创新创业教育使创新创业更贴近学生，在帮助学生建构自身能力体系的同时，优化了创新创业教育生态系统。

二、为创新创业能力培养提供可行路径

1. 为学生能力提升提供切入点

创新创业教育的重心在于通过课堂等多重载体培养学生的创新创业能力。创

新创业能力也是衡量创新创业教育质量的核心指标[①]。但与知识识记、分析、归纳能力可借助考试、测评等方式检测相异的是，创新创业能力的测量缺乏切实可行的操作依据。这也导致创新创业教育实践中，人们普遍认可创新创业能力培养的重要价值，但对于创新创业能力培养的方式、培养的质量把握等无法达成共识。能力培养如何贯穿于创新创业教育全过程并发挥导向作用是值得深入讨论的重要议题。

创新创业能力是自我发展能力的集中体现[②]，其本质是人在应对不确定性过程中发现自我、发展自我、实现自我和超越自我的持续行动能力[③]。创新创业能力培育需要个体主动参与并在学习过程中持续投入，寻求自我成长与发展。创新创业能力培育与个体的投入程度有关，也与个人的发展紧密相连，是创新创业教育的价值皈依。

随着以交互/互动模式为特征的网络经济成为新常态，学生在校期间以用户身份参与创新创业成为可能。基于"用户创业"的创新创业教育因势利导，面向创新创业实践，可将创新创业课程与学生用户需求高度融合，在用户创业过程中培养学生的创新创业能力，以应对不确定性、发现及创造机会。从知识导向到能力导向的转变，提升了创新创业教育的品级。

创新是用户创业自带"基因"，也是用户创业与传统创新创业模式相异之处。用户创业源于创新，内植创新，并将创新贯穿于创新创业过程始终，以创新作为创新创业的动力及核心竞争力。创新与创新创业高度融合，互相促进，并成为高质量创新创业的明显标志及重要支撑力。基于"用户创业"的创新创业教育将用户创业作为连接创新创业课堂与创新创业实践、创新与创新创业的载体，有利于通过"理论－实践"从内到外、"创新－创新创业"由思想到行动相互融通的模式培养、从本质上激活学生的创新创业能力，不断丰富创新型人才培

---

① 王洪才，郑雅倩. 大学生创新创业能力测量及发展特征研究 [J]. 华中师范大学学报（人文社会科学版），2022,61(03):155-165.
② 王洪才. 创新创业能力的科学内涵及其意义 [J]. 教育发展研究，2022,42(01):53-59.
③ 段肖阳. 论创新创业能力模型与评价指标体系构建 [J]. 教育发展研究，2022,42(01):60-67.

养的内涵及品级。

2. 将学生带入能力培育情境

用户创业项目来自学生的学习、生活细节，学生应寻找到适合自己的创新创业实践并迅速启动。项目选择门槛较低、丰俭由人，具有低成本、低风险、可操作性强等优点。学生作为兼具生活产品和教育产品的用户，既可以凭借生活产品用户角色参与用户创业，更对学习、研究、实验、生产等教育产品具有全面、系统的体验。在校学习期间，教育专业用户创业对学生更有意义与价值。在接受教育的过程中，学生完全可以用户的身份，在优化教学流程、改进教学方法、完善教学教具及实验器材、设计实验方案等方面大有作为。

学生教育专业用户创业行动的起点是从用户的需求出发，发现现有教育产品的不足，思考其改善、提升的可能性，确立解决现有问题的方案。毫无疑问，否定产品现状除了需要个体体验，更需要个体具备较好的创新创业能力。创新创业能力是个体能力发展的高级阶段，个体需要运用批判性思维发现不足，同时采取分析与建设性方式作出解释、提出改进方案，从而使个体认知层次、心理动力、行动水平等个体发展能力取得突破性进步。这与创新创业教育旨归是高度吻合的。

基于"用户创业"的创新创业教育以学生为中心，其切入点并非创新创业知识与技能等固化内容，而是围绕学生发现所使用的产品/服务的不足并寻求优化方案，实现用户创新及用户创业。"用户创业"视域下的创新创业教育主体只能是学生本人，用户创新是用户创业的前序阶段。而要实现用户创新，则需要学生在消费过程中运用批判性思维与创新性思维，发现现有产品/服务的不足，在此基础上有所创新，创造一种更能满足需求的产品/服务并实现商业化。基于"用户创业"的创新创业教育打破了创新创业教育过程中创新创业知识的垄断地位，而只是将其作为创新创业能力培养的工具之一，帮助学生在用户创新过程中获得更多启发，改良原有产品/服务，最终实现用户创业。

3. 引领学生在实践中提升能力

创新创业能力是实现用户创新及用户创业的核心能力。基于"用户创业"的创新创业教育为创新创业能力培养提供了借鉴策略与可行路径。"用户创业"视域下的创新创业教育内置创新基因，源于创新又持续创新的天然属性使学生在接受教育过程中抛开了知识识记的传统教育惯性，更多地挖掘自身创新创业潜力，着眼于实际问题的解决及优化。基于"用户创业"的创新创业教育从学生身边的小案例切入，循序渐进帮助学生以小见大、从微观层面提升自身能力。用户创新即产生于这样的小步快走过程之中。创新创业教育过程中，创新创业能力具象为解决实际问题的一个思考、策略及方案，引导学生将理论与实际相结合，主动运用创新创业知识并将其转化为用户创业方案。

用户创业并不局限于生活产品/服务领域的商业化，同样也可以涵盖教育产品。每个学生均是教育产品的消费者，对教育过程有着深切、持续、全面的体悟。基于"用户创业"的创新创业教育不仅可以引领学生对标生活实际，寻找切实可行的用户创业实践项目以提升自身创新创业能力，也可以引领学生作为教育产品的用户，真实参与到教育产品的优化过程。比如，课堂教学是否能满足学生的需求，教育手段、教学方式对学生的激励作用是否明显，教育评价是否应将更多关注点放在学生身上等。教育用户创业可帮助学生更活跃地参与教育全过程，以用户身份帮助学校、教师提升教育产品质量，是最贴近学生实际的用户创业模式。教育用户创业的结果并非教育产品的商业化，而是通过用户创业使教育产品用户创新得以具体化、实践化，从而带来教育质量的提升、教育效果的显性化。

无论是生活产品/服务的用户创业，还是教育产品的用户创业，都能激发学生的创新活力，带动学生参与创新创业教育全过程，在教育、实践中不断强化能力，将创新创业教育旨归落到实处。

三、构筑创新创业实践育人共同体

1. 强调学生在行动中学习

创新创业教育发展至今，已从当初"创新创业教育即教人创办企业"的狭义理解，走向"创新创业教育是创新创业能力培养，是鼓励学生开创事业"的广阔天地。创新创业教育指向"创新"、推动学生关注实践、"知行合一"的学术品格受到普遍认可。仅仅依靠创新创业知识传授、课堂谈论、考试测评等传统教育教学方法，创新创业教育很难实现创新思想与创业行动的双效统一。学生的创新创业能力需要通过参与度更高的教育形式予以激发。行动学习是创新创业教育从书本知识走向现实成效的本质诉求及关键环节。

用户创业以消费者现实需求的改进与优化为出发点，围绕实际问题运用创新创业知识以寻找解决方案，直接关联了创新创业知识、用户体验与创新创业实践。基于"用户创业"的创新创业教育遵循行动逻辑，即教育过程完全以学生为主体，着眼于解决学生个体身边的产品/服务改进问题，其本质要义是将行动学习作为核心推动力，运用"行动—反思—再行动"模式，鼓励个体的实践与创新。

用户创业内容作为特殊的"案例行动学习法"贯穿创新创业教育全过程，创新创业知识在基于"用户创业"的创新创业教育中发挥着启发、引领的作用，并需要被学生识记、转化至创新创业过程之中，以是否解决了实际问题作为知识有效性的重要评价机制。创新创业行动学习结合了知识、质疑、反思、执行 4 种要素，通过信息（知识）、思想（反思）与行动（创新创业）的融合，构建学习的良性循环体系，使学生从被教育、被动接受知识的从属地位转化为共同寻求解决方案、根据实际需要搭建知识体系的主动地位。随着创新创业教育向更深层次发展，基于"用户创业"的创新创业教育贴近学生自身实际、对学生以创新创业能力为核心的综合能力提升产生强效刺激，正逐步引领创新创业教育模式的改变与升级。

2. 构筑完善实践育人场景

创新创业教育的出发点与落脚点均为创新型人才培养，开展基于"用户创业"的创新创业教育亦围绕这一主题。教育实施过程中，创新型人才培养需要各教育主体集体协同并形成教育合力。协同育人具有主体多元性、价值取向统一性、育人过程同步性等基本内涵[1]。实现创新创业教育目标、提升"双创"成效需要形成

---

[1] 塞世琼,彭寿清,李祥."双创"教育中协同育人的实践困境及路径突破[J].江汉学术,2019,38(04): 122-128.

基于创新创业学习与实践的协同育人共同体。

实践育人共同体建设是"政府、高校、企业、社会各方主体共同参与实施的，以提高人才培养质量为目标"的系统工程，也是对实践育人工作的整体性设计与推进[①]。构建实践育人共同体需抓住创新创业教育"实践性"本质，多措并举、统筹兼顾，以课程机制为基础条件、协作支持机制为关键环节[②]，整合各方资源及力量，完善合力机制，促进协同发展。

改革开放以来，实践育人共同体通过实践教学、社会实践及志愿服务等方式经历了重要奠基阶段、全面深化阶段及新时代质量提升阶段[③]。在国家创新驱动发展战略的时代要求下，应着力构建高校创新创业教育实践育人共同体并使其发挥在教育过程中推动创新创业实践、助力用户创业的作用。在开展创新创业教育过程中，实践育人共同体的构建过程存在内生动力不足、实操平台短缺、保障机制匮乏等短板[④]。构建创新创业教育实践育人精准化模式，需设置精准的目标、任务，从创新创业实践中寻找新的创新创业理念、营造创新创业氛围，精准衔接创新创业理论与实践，精准契合学生需求与社会需要，精准协同多元参与资源供给[⑤]。创新创业教育实践育人共同体要突破现有困境，必须寻找新的理念、理论及新的实践。

3. 推动形成实践育人合力

基于"用户创业"的创新创业教育植根于学生个体创新创业实践，以学生熟悉的小项目为抓手，以小见大、小步快走，在创新创业实践中不断提升学生整合资源、解决实际问题的能力。"用户创业"视域下的创新创业教育，学生仅凭

---

① 董广芝,夏艳霞.高校实践育人共同体建设研究[J].黑龙江高教研究,2018,36(12):133-135.

② 常青,李力.高校"多维型"创新创业实践育人体系建设与运行机制[J].思想理论教育导刊,2017(01):140-144.

③ 罗亮.改革开放以来高校实践育人的发展历程与基本经验探析[J].思想理论教育,2019(05):106-111.

④ 邓欢,严敏.论高校创新创业教育实践育人共同体的构建[J].学校党建与思想教育,2021(01):94-96.

⑤ 周远,牧士钦.新时代高校实践育人精准化理念与模式探析[J].江苏高教,2021(10):104-108.

个人力量，很难实现从用户创新向用户创业的转变。在用户创新阶段，学生需要挖掘自身兴趣爱好，寻找可操作性较强的创业项目，借助创新创业知识实现用户创新。

教师是引导学生将创新创业知识与用户创新结合起来的"教练"。用户创业学习过程中，学生之间也可以形成基于用户创业项目的共同学习小组，实现共同创新。在用户创新向用户创业转变的过程中，学生需要整合学校资源、社会资本、政府优惠政策等完成创新创业各环节。用户创新向用户创业转变的过程，看似是一小步，但成功转化需要各方力量的支持。尤其对于学生个体而言，知识不足、经验欠缺、资源匮乏等现实原因阻碍学生将用户创新商业化。缺乏多方面支持力量的参与，学生很难完成用户创业。

以教师、学校、企业、政府、社会等为代表的创新创业教育主体应围绕创新型人才培养、创新创业项目孵化、用户创业实现等，统整资源，构建以学生为中心的创新创业教育实践育人共同体。基于创新创业实践需求的实践育人共同体目标更为清晰明确，有切实可行的抓手、操作性强的用户创业项目。这有利于整合资源优势，孵化用户创业实践。

在创新创业实践育人共同体中，学生作为主线，其个体需求、知识体系、能力结构获得空前重视。学生与教师、学校、企业、政府等形成合作与共创的关系。学生更为主动、积极、活跃，对个体认知、创新创业需求也更为具象，因而避免了被同质化培养，获得了个性化发展。学生用户创业成功案例对其他学生个体具有激励作用，可引领更多学生主动参与实践育人共同体构建并从中成长发展，最终形成浓厚的创新创业实践氛围。以"用户创业"理念为核心构建创新创业实践育人共同体能将创新创业与育人更好地结合起来，在创新中育人、在创业中锻炼人，帮助学生实现个人能力、综合素质的提升与发展。

第八章　基于"用户创业"的创新创业教育实施策略

基于"用户创业"的创新创业教育依托"知行合一"及后现代主义哲学作为理论支撑，是数智时代创新创业教育应对新的挑战与机遇的产物。深入开展创新创业教育，需要协调、融合"知""行"关系，并在创业实践中践行"知行合一"深刻内涵。"知行合一"不仅应内化为精神追求，更应外化为自觉行动。在创新创业教育质性研究视角下推动用户创业理念应用于创新创业教育领域，需明确用户创业与基于"用户创业"的创新创业教育的相关理念，用好用实创新创业课堂、创新创业平台、创新创业学习社区等载体，以"用户创业"理念改变创新创业教育模式的同时，推进基于"用户创业"的创新创业教育实施策略。

一、知行并进，强化学生的教育主体地位

知行二分，即为未知。重知轻行，难获真知。创新创业教育在进一步发展过程中，需践行"知行合一"并实现"知行并进"。

1. 以用户创业推动创新创业教育理念的更新

传统的创新创业教育以教师的"教"与"育"为核心，以创新创业知识的学习为目标，以创新创业课堂为主要载体，主要围绕课程主义、学科主义开展教学。创新创业教育无法真正释放学生创新活力，激发学生创新动能，培养学生创新能力。用户创业将学生的个体活动与创新创业教育相结合，从学生个体需求出发，围绕学生这一教育主体开展创新创业教育。在创新创业教育的过程中，由于摆脱了知识体系框架，关注用户创新，注重将用户创新转化为用户创业，因而在教育理念、教育模式、教育方法上真正实现了以学生为中心的理念。

基于"用户创业"的创新创业教育从以教师为中心的单一主体模式转变为以用户（学生）为主体的多中心模式，使创新创业教育发生了根本变革。以用户创业理念推动创新创业教育理念的更新与不断向前发展，需在开展创新创业教育过程中更加重视创新创业学习，并将学习作为更主动的创新创业教育形式。

创新创业学习比创新创业教育涵盖范畴更广，不仅包括教师的教育过程，也包括学生的"学"与"习"。创新创业知识的习得只是学习的前序部分，并不是学习的结果。创新创业知识的铺垫与积累是促使学生习得的关键。开展基于"用户创业"的创新创业教育，多学生主体的特征决定了这种情境下的学习主要有"师"与"生"的互动学习、学生的自主学习及学生之间的互动学习。学习的范畴也不再局限于创新创业课堂，而是延伸到创新创业平台、学习社区，甚至是社会。基于"用户创业"的创新创业教育鼓励学生将所学用于生活实践，在实践中创新，在实践中习得能力、获得提升。

开展基于"用户创业"的创新创业教育，是从理念上将创新创业教育升级至新的阶段，推动学生从根本上改变对创新创业知识的盲从观念，正确认识其在创新创业教育中的重要地位，将实践作为创新创业能力培育的必备要求，主动融入创新创业实践。"用户创业"视域下的创新创业教育可以是学生生活消费过程中的用户创新，也可以是专业学习过程中的用户创新，更可以是专业教育方面的用户创新。广泛的用户创新项目选择使学生在创新创业学习中更为主动、积极，也更能在实践中促进学生思想、理念的转变。

推进基于"用户创业"的创新创业教育，理念改变是第一步，也是最难的一步。与时俱进更新教育理念，是创新创业教育不断走向深化的内在需求。在更广阔的社会生活场域中，教育已不再局限于学校行为。创新创业教育既是学生校园生活的一部分，也是创新创业学习过程中不可或缺的重要组成部分。创新创业教育并非学习的终点，创新创业学习正成为学生步入社会必须具备的基本技能。将创新创业教育、创新创业学习融入人才培养全过程，在教育过程中实现创新创业能力的培养与强化，需要政府、学校、社会提供一系列的配套条件。创新创业理念的转变并非局限于教师与学生,也包括与创新创业教育相关的政府、社会、学校等多重教育主体。

2. 整合创新创业教育主体资源并形成合力

实施基于"用户创业"的创新创业教育,需要在开展创新创业教育过程中始终明确学生的教育主体地位,在课堂设计、课程评价、创新创业实践等多方面向学生需求倾斜。其具体表现为在创新创业课堂设计中,围绕学生的用户创业项目开展教育教学,实施多主体、多项目的课堂学习模式。教师在创新创业课堂中可通过分组讨论、项目征集招募等形式,将用户创业项目归类,帮助用户创业项目相似的学生共同思考,共同寻求项目解决及优化方案。创新创业课堂中,教师可以组织学生围绕某一个或某一类创新创业项目进行集体思考及讨论,也可以鼓励学生自己整合创新创业知识,寻找解决的办法。

学生教育主体地位在创新创业课堂的确立,是开展基于"用户创业"的创新创业教育的关键一步,也是提升创新创业教育成效的有益尝试。"用户创业"视域下的创新创业教育,必须从课程入手,加大课程内容建设力度;还不断完善高校治理模式,充分认识到创新创业教育作为高校课程改革抓手的重要意义。一方面,根据实际需要,不断完善、开发符合本校实际的创新创业课程,逐步实现创新创业课程主题化、体系化、科学化;另一方面,应在创业学科专业化上下足功夫、下大功夫。以创新创业教育带动其他专业发展,以创业推进科技成果转化,使人才培养更加符合社会发展要求。

好的课程,离不开好的教师。高质量发展创新创业教育,需要不断加大创新创业教师队伍的建设力度,引领创新创业教育跨越式发展。结合我国实际情况,创新创业教师队伍建设可分几个层面同步推进:一是不断优化创新创业学科建设,加大创新创业教师人才培养力度,为高校输送更多具备扎实专业基础的创新创业课程教师;二是加大现有教师的培养力度,通过进修、访学、参与企业实践、与企业深度交流等形式帮助教师不断完善自身知识结构,加快知识的吸收与转化;三是从政策上予以倾斜,为创新创业课程教师干事创业扫清后顾之忧。学校应下大力气完善人才质量评价体系，对于创新创业课教师的实践成果给予认定，采取多元化的人才评价标准。通过政策保障，为教师精进创新创业教育能力扩大机会之窗。

此外，基于"用户创业"的创新创业教育中，除了发挥主体地位的学生，还包括教师、创新创业平台及学习社区的相关工作人员等多层次参与主体。"用户创业"视域下的创新创业教育应整合各主体资源，形成合力帮助学生实现用户创业。比如，教师以"教练""顾问"形式参与创新创业教育，帮助学生将创新创业知识进行整合，寻找用户创新市场化的方法，同时整合学校、创新创业平台管理者等多重主体的资源，最终实现用户创新商业化，并在创新创业实践中提升自身创新创业能力。资源整合能力也是创新创业能力重要的组成部分。这种能力的培育，只能在具体的创新创业实践项目中才能获得。培养学生的创新创业能力，需要突破用户创新的瓶颈，推动用户创新向用户创业转化，并在此过程中进行能力的提升。

二、知行相统，在实践中发挥学生主导性

知行不一是导致知易行难的重要原因。以人为知行相依之本，方能知行相统，激发本体的内在活力。

1. 突出创新创业教育过程中学生的实践性

与传统教育不同的是，创新创业教育具有极强的社会实践性。这种实践性体现在：创业教育的重要结果是学生可能将创业作为未来职业生涯的重要选择。如何通过创新创业教育培养学生应对多变商业环境的能力，如何强化学生的创新精神，如何加快高校科研成果的社会转化等，成为影响我国创新创业教育发展的重要议题。因而，创新创业教育之"质料"，不仅在于现有的、成熟的创新创业理论，更来自创业者不断变化、优化的创业实践。

创新创业知识本土化的积极意义在于创业者将本身的知识结构与实践经验相融合，寻找个性化的、有现实参考意义的解决方案，以适应不断变化的创业情境。

创新创业教育的过程，实质上就是帮助学生挖掘自身优势、实现个人资源的有效配置的自我解放、自我成长过程。应准确分析和把握大学生的思维方式、心理特点、行为习惯，在创业课堂中贯穿创新创业精神教育，鼓励学生在所处专业领域开创事业，并使其在学习过程中保持敢闯敢拼、不怕困难、勇往直前的精神面貌，激发学生主动创新、创造、创业的内生动力。同时，合理协调授课内容与授课形式的有机统一，从深层次激发创业教育课堂的内生动力，推动创业教育向更高层次发展。创业教育的进路，始终应围绕"以人为本"的教育理念，将创新精神、创业能力与创业实践结合起来，关注每一个学生的个人成长，培养创新型人才。

与课堂设计相对应的，创新创业课程评价也应贯彻以学生为中心的理念。目前的创新创业教育大多以路演、考核为课程评价方式。实际上，基于"用户创业"的创新创业教育的成果评价可以更多元，比如关注项目的推进、项目的实施，并以案例报告、实施策划书，甚至是用户创业项目运营方案作为课程考核依据，鼓励学生摆脱统一答案的惯常思维模式，产生个性化的考核答案。创新创业课程评价是引领学生主动参与创新创业教育并在创新创业教育实践中快速确立学生主体地位的风向标。多元化的创新创业课程评价模式有利于将学生的注意力从考试合格、拿到学分转移到更多地关注用户创业成效上来。个性化的评价方式有助于学生根据实际需求，整合自身优势，构建属于自己的独特能力结构及知识框架。

这种个性化的知识体系，未必具有大一统的品格，却是经过创新创业实践验证、符合学生个体实践及能力培养需求的独特教育产品。学生带着这样的创新创业知识框架创办的自己事业，更容易根据实际需求及市场变化，对自身创新创业能力结构进行动态调整。基于"用户创业"的创新创业教育的终极目标，不是把统一的知识框架移植到学生大脑之中，而是通过一系列的课堂教学、教育实践帮助学生结合实际情况建构属于自己的个性化知识框架。课程评价是创新创业教育中强化学生主体地位的重要抓手。

2. 增强创新创业教育对学生成长的实践赋能

基于"用户创业"的创新创业教育对标学生实际、小项目切口的接地气设计，有利于个体将创新创业教育内容转化为创新创业实践。实践的结果未必是提高学生个体创业率，也可能是帮助学生做好未来规划，对职业设想进行具体建构与优化。"用户创业"视域下的创新创业教育将学生感兴趣的点不断聚焦、通过创新创业实践验证原有思路并不断优化，最终连点成片，实现学生成功用户创业。用户创新向用户创业转变的过程，实际上也是帮助学生找到未来职业发展进路的试错过程。学生在创新创业教育中尝试将兴趣点变成教育内容，在创新创业实践中体验用户创新，可以更好找到适合自己的职业领域，为今后创办事业奠定坚实的基础。

传统教育模式下，学生个体对未来职业的设想更多停留在想象或听他人介绍层面，基于"用户创业"的创新创业教育可帮助学生真正去体验、试错、寻找适合自己的未来选择。"用户创业"视域下的创新创业教育，需要通过课堂及各种创新创业实践方式，进一步强化学生的教育主体地位。

创新创业学习离不开创新创业实践的助力。实施基于"用户创业"的创新创业教育，需加强创新创业学习的实践赋能，切实提高学习的实践转化率。用户创业项目并非停留在设想、构思阶段的"点子""主意"，而是带有创新需求、助力实践的有效载体。以"用户创业"理念重构创新创业教育，不能仅仅将重点放在用户创新阶段，还应该对用户创意的产生、用户创新的实施、用户创业等完成各方面均给予足够的重视，实现创新创业教育对创新创业学习的实践赋能。

实践性与行动性，是基于"用户创业"的创新创业教育较传统创新创业教育更接地气、更有助于解决当前创新创业教育发展难题的亮点与关注点。实践赋能使学生创新创业能力培育更多元，也更丰富。创新需要实践赋能才能摆脱空想性，并转化为解决实际问题的能力。"用户创业"视域下的创新创业教育，需将创新创业课堂与创新创业平台、创新创业学习社区、零工市场等载体有机结合，推动用户创新从大脑走向课堂、走向市场并最终变成学生个体的实践训练。创新能力与实践能力相结合，才是创新创业能力的综合体现，才能在社会生活中帮助学生个体更好地应对复杂的社会形势，获得更大的发展。

开展基于"用户创业"的创新创业教育，实现实践赋能，不仅需要创新创业教师、学生个体的积极参与，也需要相关学校、政府、企业、社会的大力支持，在制度上进行顶层设计、措施上予以政策支持、行动上提供诸多便利，整合多渠道资源，才能使实践赋能从可能变成可行，最终变为创新创业实践。

三、知行共创，引导学生主动创新

知行脱节，不仅容易导致知而不行，也可能造成行而不知、知而错行。事必躬行是知行合一的重要保障。落实到创业教育场域中，知行合一更是强化实践能力、引发创造力的重要前提。创新创业教育的旨归，是在知行合一的基础上实现知行共创。

1. 激发学生主动创新的内驱力和原动力

对于传统的创新创业教育，创新元素在创业过程中所占比重并不高。相当多的创业过程并不需要创新元素加持，更多的是满足市场需求即可的生存型创业。高等教育在创新创业实践中的智力优势无从体现，其对创新的推崇也很难在创业过程中予以体现。如何将创新与创业有效结合，发挥高等教育在创业过程中的重要作用是影响创新创业教育未来发展的重要议题。基于数智时代社会经济发展需求应运而生的基于"用户创业"的创新创业教育，创新是内置基因，并贯穿于用户创业始终。创新与创业的结合，是"用户创业"视域下的创新创业教育改变现有教育模式的魅力所在，也是其作为高质量创新创业的重要特征。

开展基于"用户创业"的创新创业教育，必须紧紧抓住创新这一灵魂要素，将创新与课堂教学、创业实践相结合，将创新作为创业实践的内驱力和原动力。具体说来，在学生进行用户创业项目选择过程中，应考虑创新的可能性及可持续性；在用户创新过程中将创新固定化为产品特色，用创新推动产品不断升级迭代，将产品创新作为产品日臻完善的重要标志；在用户创新向用户创业转变过程中思考商业模式创新的可能性，将创新贯穿于产品优化、商业化的全过程。

创新是基于"用户创业"的创新创业教育的灵魂，也是创新创业教育必须坚持的理念。牢牢抓住创新创业教育中的创新，还包括在实施创新创业教育过程中，不断创新实施载体，在创新创业课堂基础上不断优化创新创业平台运营模式，使创新创业平台更好地发挥辅助创新的作用；以及创新性拓展学习社区范围及模式，优化社区学习内容，延伸网络虚拟学习社区的范畴、优化其运营途径，将零工市场等新型实践载体创新性融入创新创业教育教学之中，形成多平台、多载体、立体式创新创业教育系统，帮助学生将创新落地为实实在在的理念、可操作的模式及可多处实践的载体，在学习中创新、在实践中创新，并推进创新型企业开办或事业开创。

基于"用户创业"的创新创业教育的终极导向，是使创新从虚到实，经由用户创新－用户创业的链条成为创新创业能力培养的一部分。创新是基于"用户创业"的创新创业教育的生命力，也是创新创业教育成为教育模式改革优化的科学性例证。"用户创业"视域下的创新创业教育可以将创新与创业真正融合起来，形成人才培养合力，为学生建构个性化、多元化、与实践高度相关的创新创业能力体系、创新创业知识体系，并为创新创业实践提供有效助力。

2. 搭建适合学生主动创新的平台空间

和其他学科专业不同的是，创新创业教育具有多学科、交叉性、融合性等特点。我国的创新创业教育经过多年的高速发展，已从纯粹数量型发展转向高质量发展阶段。强化创新创业教育实践能力，就是运用生态学观点，将关乎创新创业教育质量的各要素、各环节有机统合起来，建立协调运转的机制，避免出现脱节、各自为政、分散用力的情况，从而搭建适合学生主动创新的平台空间。

实施基于"用户创业"的创新创业教育，需要对各实践平台的特点及缺陷进行系统、深入的考量，寻找平台资源互相补充、互相促进的切入点及着力点。实践证明，仅仅依靠创新创业课堂，创新创业教育无法有效实施。推动"用户创业"视域下的创新创业教育从课堂之内延展到课堂之外，需要整合各平台的资源，形成创新创业教育生态系统。

创新创业教育生态系统的主体不仅包括高校，还包括政府、企业及整个社会。

每个主体都在系统中发挥应有的作用,多层次、多角度地推动创新创业教育向前发展。创新创业教育生态系统的构建及协调运行,其作用主要表现在:一是盘活现有创新创业教育资源,推动创新创业教育评价体系不断优化,使其在创新创业教育效果评价上发挥积极且有效的作用;二是跨越学校教育与社会实践之间的鸿沟,增强创新创业教育之于大部分学生的价值与意义;三是增大创新创业教育的影响力,为个体提供更多创新创业机会及可能性,增强个体创业自信心,同时也为创新创业教育高质量发展提供强劲动力。

具体说来,应明确各平台的定位、作用、发挥作用的机制,在此基础上,考虑各平台在基于"用户创业"的创新创业教育中的位置及功能,形成互补的创新创业教育生态体系。多平台资源,使创新创业教育获得了更多的发展空间,同样各种作用也可能因机制未理顺、定位未明晰而相互抵消,削弱发挥作用的可能性。整合多平台资源可将其与创新创业教育各环节联系起来,发挥功能、机制的关键点着重强化,还可将与主体功能不相关或相关度不高甚至重叠的功能予以取消,以免造成资源浪费。

不仅如此,实施基于"用户创业"的创新创业教育,应转变理念,将创新创业教育的实施场域从单一的创新创业课堂向课堂之外多平台主体迁移,创新创业学习并非一个固定时间内的固定学习任务,随着学期结束或学习告一段落而结束。创新创业学习是将创新转变为能力构成的一部分,将创新创业转变成生活方式的历练。这样的学习是常态化的、持续的、不断创新的。只有坚持这样的理念,才能将创新创业平台资源整合与创新创业学习紧密相连,共同为创新创业教育不断深化发展服务。

第九章 基于"用户创业"的创新创业教育实践案例

"用户创业"视域下的创新创业教育并不是纸上谈兵式的概念创造,而是可以应用到创新创业教育实践中的新模式。基于"用户创业"的创新创业教育实践本身也是一种"教育产品",需要在教师、学生等"用户"体验中不断修正、完善,发挥对创新型人才培养的形塑作用。分析"用户创业"理念指引下的创新创业教育实践案例,可以不断总结创新创业教育高质量发展的经验与启示,激发创新创业教育中的创新活力。

一、实现载体案例:创新创业课堂-创新创业平台-创新创业学习社区

(一)"用户创业"视域下的创新创业教育案例一:创新创业课堂

1. 案例一内容

罗贝贝(化名)是某地方性师范类高校商务英语专业学生。罗贝贝虽然就读于外国语学院,但对传统手绘艺术情有独钟,业余时间几乎都在关注手绘相关物品。手绘产品制作耗时长、产能低,且具有浓厚的个性化色彩。罗贝贝多次网购手绘产品,却始终无法购买到心仪的手绘产品。网购不顺利的主要原因在于:网购的手绘产品经常出现机器绘制的情况,并非纯手工产品;手绘产品的材质比较粗劣,图样绘制较为简单,邮寄过程中容易损坏;手绘产品虽接收来样定制,但往往只是对图样进行简单复制,没有创新,也缺乏足够的设计感。在有了多次失败购物体验后,罗贝贝决定自己制作手绘作品。

罗贝贝从小没有接受过专业的艺术训练，缺乏手绘基础，但她非常愿意从零开始学习并投入了大量的精力。随着时间的推移，罗贝贝制作的手绘作品越来越精致，也极具个性化色彩。周围的同学、朋友看到她的作品都非常喜欢，从最初的直接索要变成愿意花钱购买。看到自己的努力得到大家的认可，罗贝贝希望把手绘变成自己的职业，并想要放弃原来所修读的商务英语专业。但罗贝贝的想法遭到了父母的强烈反对，他们认为手绘只是个人爱好，不能充当谋生技能。罗贝贝非常苦恼，她觉得自己并不喜欢商务英语专业，父母对自己的爱好不理解、不支持，让她备受挫折。在父母的阻力及学业压力下，她暂时搁置了手绘创作。

机缘巧合下，罗贝贝修读了本校工商管理专业第二学位。"创新创业基础"课上，L老师在讲解"资源整合"模块时，罗贝贝觉得自己的"手绘事业"遇挫主要是因为没办法有效整合资源。她主动参与了分组学习，并将自己的故事分享给同学们一起讨论，向老师、同学们倾诉了自己的苦恼，还展示了原创的手绘作品。大家通过激烈讨论认为罗贝贝的"手绘事业"遇挫并不仅仅是资源整合的问题，还包含了缺乏创业团队共同研发、销售渠道不明晰等多方面的问题。

L老师询问了罗贝贝对手绘产品的看法，了解了其之前向同学出售其手绘作品的情况，认为手绘完全可以成为罗贝贝的用户创业实践项目。在L老师的鼓励下，罗贝贝从各种渠道对目前的手绘产品进行了分析，寻找手绘产品无法满足顾客需求的原因。同时，她对周围喜欢手绘的同学开展了访谈，了解他们对手绘产品的要求。经过比较，罗贝贝发现自己原创的手绘产品在产品材质上解决了手绘工艺着色后容易氧化的问题，在手绘颜料选择上加入了油画颜料以防止手绘图案晕染，在产品设计上对图案进行二次创作，加入网络流行元素，这些创新是其他手绘产品所不具备的。于是罗贝贝决定重拾手绘爱好，并希望能将手绘变成自己的职业。

罗贝贝将原来的手绘作品进行了整理，根据收集到的"顾客"需求信息确定了手绘作品的主打特色，调整了不受顾客欢迎的元素。通过开办免费手绘学习兴趣小组形式，她招募了身边愿意从事手绘制作的同学充当兼职画手，整合大家的优势以充实手绘"研发力量"。同时，她从共同学习"创新创业基础"课的同学中寻找合作伙伴,弥补自己缺乏营销、财务管理知识的不足。在募集创新创业团队成员的同时,罗贝贝经常与L老师交流沟通,请L老师帮忙诊断用户创业过程中出现的问题,比如手绘产品的商业模式如何构建、"手绘产品产能"如何提升、校园内外的销售渠道如何打通等。

由于对手绘艺术极其执着热爱,在后续的"创新创业基础"课上,罗贝贝主动将自己用户创新过程中遇到的困难与大家分享,并与老师和同学深入探讨解决问题的策略与办法。不仅如此,她还主动找了《设计思维》《精益创业》《创新创业的36条军规》等书籍进行阅读,弥补自己创新创业知识的不足。经过几个月的努力,罗贝贝的手绘"事业"取得较好的成果:手绘设计团队组建完成;手绘作品的创新之处得到周围同学的广泛认可,有些图样还被同学发到了朋友圈;手绘作品产量有了大幅提高;越来越多的同学愿意购买他们出品的手绘产品。

罗贝贝觉得通过用户创业实践,她的手绘"事业"起死回生了。下一步,罗贝贝希望把手绘变成自己的职业。她与父母进行了深入交谈,父母认为手绘产品虽然可以产生收益,但是收入不稳定,而且她缺乏足够的风险抵御能力,生活质量也没有保障。父母的担忧不无道理,罗贝贝开始思考如何将手绘从用户创新转变为用户创业的问题。

罗贝贝自己网购了《创业管理》书籍,对照书上的创业流程进行自我诊断,并请L老师帮忙评测手绘作品商业化的情况。经过梳理,罗贝贝发现,手绘作品创新元素已得到部分顾客的认可,具备了一定的市场基础。但顾客群体并不稳定,营销渠道比较单一,难以形成稳定的收入来源。目前,影响手绘作品走向市场的最主要因素在于如何将手绘作品从个人兴趣爱好产品发展成能产生稳定收益的商品。罗贝贝与团队成员讨论了解决方案:寻找合适的场地,将手绘作品固定展示,增强顾客信心的同时实现定点销售;定期出新品,将不定期的、兴趣爱好式的生产模式转变为定时定量生产;落实资金来源,保证手绘产品原材料购买顺畅、人员工资正常发放。

由于正处于求学阶段,没有工作收入,罗贝贝找L老师寻求资金解决路径。

L老师告诉罗贝贝，学校有大学生创新创业孵化基地，可以申请创新创业孵化资金，并介绍了所在市、校的创新创业扶持政策。罗贝贝的手绘项目完全可以向学校申请场地及资金支持。在咨询了校外场地租赁费用、评估了校内创新创业孵化基地的人流情况后，罗贝贝决定申请学校的孵化基地及资金。在L老师的推荐下，"贝贝手绘艺术馆"在校内创新创业孵化基地正式营业。学校提供了20多平方米的经营场地及2万元启动资金。罗贝贝简单装修后，在孵化基地定期举办手绘艺术兴趣班，以此招揽顾客。同时，店铺橱窗采取全透明设计，方便经过的同学了解手绘作品及店铺特色。她还经常向孵化基地的老师请教创新创业知识。在罗贝贝的认真经营下，"贝贝手绘艺术馆"得到了学校师生的认可，顺利度过了创业生存期。

在"创新创业基础"最后一次课堂授课中，罗贝贝向老师和同学复盘了自己用户创业的经历，并重点谈了将创新创业知识融入用户创业过程的体会。其分享的"贝贝版"创新创业知识应用脑图得到了很多同学的认可。L老师组织同学们对罗贝贝的创业故事进行了反思，启发大家为"贝贝手绘艺术馆"做创业诊断，寻找手绘馆存在的潜在创业风险。

经过近一年的创新创业孵化后，"贝贝手绘艺术馆"实现收支平衡并略有盈利。但在经营过程中，罗贝贝发现了新的问题：受制于学校寒暑假影响，"贝贝手绘艺术馆"每年有四分之一的时间闭门歇业，营业收益受到严重影响；在度过产品新鲜期后，单纯的手绘作品对顾客的吸引力下降，销售情况出现滑坡；手绘制品的产能存在上限，限制了产品规模经济的产生；手绘作品形式单一，以饰品为主，定价上无法突破。

随着孵化基地优惠政策使用期结束，"贝贝手绘艺术馆"面临新的生存难题。一旦场地租金产生、孵化资金使用完毕，"贝贝手绘艺术馆"就会产生巨大的资金缺口。单纯靠出售以装饰品为主的手绘作品，"贝贝手绘艺术馆"难以为继。即便"贝贝手绘艺术馆"前期已产生盈利，但所得收益并不足以说服父母。由于在创新创业过程中耗费极大的精力，罗贝贝也开始反思创业收益与就业收益是否能相抵，创业是否能比就业带来更好的生活品质。

利用假期时间，罗贝贝走出校门，开始思考在场地使用期结束后将"贝贝手绘艺术馆"搬迁至其他场地。鉴于之前经营过程中积累的顾客以学生为主，她重点考察了学校周边市场的人流情况，并带着手绘作品随机进行展示，了解手绘作品在市场中的受欢迎程度。经过一段时间的市场调研，她发现了另一个商机：学生顾客对学校周边市场中出售的服装满意度较低，主要原因在于极其容易"撞衫"，个性化特征不明显。即便是通过网购扩大了选择的范围，受制于学生群体有限的收入，大致相同的价格区间内"撞衫"的概率并未降低。不同的学生因气质、身材等存在差异，"撞衫"带来的实际穿着效果差异成为学生顾客在购物中重点考量的因素。

罗贝贝认为，将手绘与成品衣物相结合，在现有衣物版型基础上突出个性化特征，是手绘艺术商品化的另一个出路。在这一思路的启发下，罗贝贝对于"贝贝手绘艺术馆"的选址有了新的想法。她专门考察了学校附近服装类购物集中的区域，对已有店铺进行了分类比较，甚至蹲点在目标场地数每天来往的人员数量。经过与 L 老师的讨论，罗贝贝决定将顾客群体定位于以女大学生为主的年轻女性。为了节约成本，她选择了一间经营不善准备转让的服装店。

在转租谈判过程中，罗贝贝用创新创业课上学到的成本核算、风险防控知识对店铺运营状况进行分析，以数据说话，成功让服装店老板认识到一旦其在转租费用上不肯让步，店铺持续亏损带来的损失将远远大于转租费用上获得的收益。不仅如此，罗贝贝还对周围店铺情况进行摸底，做好谈判失败的应急预案，以保证在"贝贝手绘艺术馆"原有场地使用期限到来前解决搬迁问题。通过坚持不懈的努力，罗贝贝将转租金额减至较低价格，并获赠了店铺原有的展架、衣架等物料，极大地降低了资金成本，减小了运营压力。"贝贝手绘艺术馆"成功从校内创新创业孵化基地转移至校外大学城商区，并改名为"贝贝衣橱"。

基于在校内创新创业孵化基地运营期间积累的经验，罗贝贝对"贝贝衣橱"的管理模式进行了改革。其一，优化产品线。将手绘运用于服饰改造，在成衣基础上将顾客个性化需求转变为专属定制。手绘产品从装饰品单一品类拓展至衣物、鞋帽等多种品类。其二，根据销售时段不同，着力推出不同特色产品。如开学季主推萌新系列，毕业季力荐情怀主题，寒暑假等大学城商区常规淡季则着力加强网络运营业务。其三，以手绘为突破口拉动全店销售。突破过去单体手绘局限，将手绘用于全套衣物甚至鞋帽类整体搭配，为顾客提供服装鞋帽搭配设计、整体形象设计打造业务。经过改革，罗贝贝的手绘"事业"获得了巨大的发展，不仅将手绘变成了职业，而且在"贝贝衣橱"的基础上，接连开设了"贝贝鞋店""贝贝饰品店"。"贝贝"成为以手绘带动造型设计、服装搭配的小有知名度且吸引力较强的优质品牌。

2. 案例一启示

（1）学生的个人兴趣爱好是开展创新创业教育最好的切入点。案例当中，罗贝贝最初对手绘的热爱是支撑她不断克服困难、坚持用户创新并最终实现用户创业的原动力。基于学生个人兴趣爱好所选择的用户创业项目，对学生的吸引力远远大于教师所选案例。由于入学前对所学专业不熟悉或存在误解，部分学生进入大学之后会出现厌学情绪。在目前的教育体制下，转专业或转校极为不易。接受创新创业教育，寻找自己喜欢并且适合自己的用户创业项目进行创新创业实践，可以帮助学生走出专业困境，挖掘自身潜能，为将来更好地就业/创业打下良好的基础。创新创业教育给学生提供了专业之外的另一种生活选择。基于"用户创业"的创新创业教育能帮助学生摆脱职业发展迷茫状态，清晰地了解自己的兴趣与爱好，并将这种个人需求与未来发展结合起来，进而从深层次激发学生的创新创业潜力。

（2）数智时代背景下，个体通过改进现有产品/服务满足自我需求的难度降低，创新创业的成本也在不断下降。作为消费者，学生对身边的产品/服务的体验较生产厂商更为敏锐。学生自带的创新活力、创业激情也可以帮助其实现成功的用户创业。数智经济发展模式对个性化需求的尊崇，是创新创业教育发展的时代使命。同样地，学生个体依托基于"用户创业"的创新创业教育，主动回应数

第九章 基于"用户创业"的创新创业教育实践案例

智时代的期冀。"用户创业"视域下的创新创业教育不仅仅培养学生创新创业能力，也激励学生顺势而为、增加其主动创新的勇气。

（3）作为新生事物，基于"用户创业"的创新创业教育在国内尚无法搜索到公开的实践案例。罗贝贝的案例带有一定的偶发性，而这也是用户创业的特点之一。学生作为创新创业教育的"用户"，同样可以参与到教育产品用户创业过程中。罗贝贝主动将自己的案例与创新创业教育课堂教学过程相结合，加速了其用户创新的商业化转变过程。她也从单纯的创新创业教育产品的"消费者"，转变为"用户创新者"，并在兴趣爱好的指引下，逐步向"用户创业"靠近。这里的"用户创业"，并非将教育产品商业化，而是指罗贝贝作为学生，完全可以通过"用户"的角色与身份参与创新创业教育产品的用户创新。创新创业教育产品用户创业更多的是在创新的指引下实现现有教育的完善与提升。

（4）罗贝贝在参加"创新创业基础"课程之初，其角色一直是单纯的学生，被动地吸收创新创业知识。在带着自己的兴趣爱好开始用户创新后，罗贝贝在创新创业教育课堂上所呈现的角色明显变得多样化。她不再满足于L老师所讲授的常规课程内容，而是以自身经历为案例，对创新创业知识进行了遴选、优化，并查找了相关的书籍，丰富创业所缺的部分，完善创新创业知识框架。在用户创新的指引下，她最终将创新创业知识与兴趣爱好相结合，实现了用户创业。整个教育学习过程中，罗贝贝已变成了创新创业教育的主体，主动吸收知识、主动寻找解决问题的方案、主动在实践中验证方案、主动优化用户创业方案。用户创新向用户创业转变，实现创新的商业化、市场化时，罗贝贝一直处于创新创业教育的主体地位。

（5）罗贝贝在用户创业的过程中，将个人兴趣爱好与用户创新相结合，不断改进、优化创新，并最终将创新与创业有效融合。在整个创新创业过程中，创新指引着罗贝贝不断提升产品设计水平、拓展产品线外延。在创新创业课堂向创新创业平台转变、创新创业平台向市场延伸的过程中，这种创新已不再停留于产品创新的层面，而是拓展到了商业模式创新领域。罗贝贝虽然选择的是传统的服装销售行业，但由于创新，其走出了与普通服装售卖不同的个性化服装定制发展之路，并最终在市场中确立了自己的位置。即便这个创新创业过程相对短暂，但其带来的启发在于我们可以更深入地思考基于"用户创业"的创新创业教育如何在帮助初创企业度过最艰难的生存期过程中发挥更好的支持作用。基于"用户创业"的创新创业教育中自带的创新基因，无疑可以在其中起重要的推动作用。

（6）仅仅依靠学生个体努力，即便其产生了较好的用户创新理念，也很难将这种创新成果化、商业化并满足更多消费者的需求。开展基于"用户创业"的创新创业教育的意义，在于通过外力挖掘、保护、提升学生用户创新的能力，以用户创业的形式将用户创新转向市场化。只有能满足更多人需求、推动经济社会发展的用户创新，才是真正的创新，才是有价值的创新，也才是创新创业教育追求的创新。"用户创业"模式，有利于将用户创新从学生个体感受、体验中剥离出来，发挥其自身的意义与价值，适应更多的消费者需求。开展基于"用户创业"的创新创业教育，是对学生创新能力的探寻与培育，也是对学生知识结构、能力体系的构建与优化。

（7）就业与创业一直是困扰大学生职业选择的两大难题。成功创业所带来的财富自由，对学生极具吸引力。但创业的高失败率、创业的艰辛程度又让学生闻之色变、望而却步。无论是老师、家长还是学生本人，对于就业还是创业，都存在迷茫与疑惑。部分学生在面对毕业之后的职业发展时，由于对自身的兴趣爱好、能力体系认识不清，往往容易做出不理性的选择。基于"用户创业"的创新创业教育可以让学生在校期间对自己的未来发展进行体验式实践，减少了就业之后再择业的风险。学生在用户创业过程中，发现自己不具备创新创业能力，也不愿意接受创新创业挑战的情况是客观存在的。开展基于"用户创业"的创新创业教育的初衷，并非让每个学生都将创新想法变成创业实践，而是让学生在用户创业的历练过程中，不断强化自身的创新创业能力，也对自身有更清晰的认知，找到适合自己的职业发展道路。罗贝贝的案例只是一个个案，并不代表鼓励学生通过"用户创业"放弃所学专业，改变原来的发展路径而固执地将兴趣爱好变为未来的职业。每个学生的未来选择都应根据其具体的情况进行个性化分析，在尊重学生自主选择权的前提下由其本身做决策。罗贝贝的模式并不代表一种就业或创业导向，但她的经历可以让我们看到"用户创业"视域下的创新创业教育带来了职业选择的更多可能性。

（8）创新创业理论知识的系统性与创新创业实践的独特性之间存在不对称性。传统的创新创业教育很难通过课堂协调这种不对称性，并将知识以学生需要的方式进行个性化教学。基于"用户创业"的创新创业教育可以通过深刻发掘学生自身需求的特点与偏好，有意识地对创新创业理论知识进行梳理、整合，最终形成学生独特的知识体系。普适性知识与个人知识之间需要"实践"这一中介变量进行调节。"用户创业"视域下的创新创业教育正是通过用户创新的形式将实践融入创新创业教育，打通了知识转变的关键通道。罗贝贝开启用户创业的契机，在于对"资源整合"知识模块存在自身的理解。这种理解来源于其潜在的用户创新理念与之前零星的手绘产品交易过程。而正是"不成形也不成熟"的创新创业实践，让她自主地筛选知识，建构有利于后续用户创业的知识体系。只有将理论与实践相联系、相结合，传统的知识体系才能与个体需求融合、互促，形成新的内容框架。

（9）开展基于"用户创业"的创新创业教育，未必能指导学生成功创业，但可以缩短学生创新创业的摸索过程。从罗贝贝的用户创业案例可以发现，其前进的每一步，除了自身努力之外，也得到了老师和学生的诸多助力。尤其是在某些创新创业决策过程中，L老师的创新创业知识、同学们的行动支持，都对罗贝贝顺利转型发挥了积极的作用。"用户创业"视域下的创新创业教育，将这种帮助与扶持，从针对性不强的创新创业知识输入、缺乏指向性的加油鼓励，具象为与学生创新创业实践联系紧密的决策参考、资源互助。用户创业自带的实践属性，弥补了学生从其他教育体验中无法获得的思路与行动指引。

（10）罗贝贝从普通学生向用户创业者转变的过程中，L老师发挥了积极的促进作用。首先，L老师敏锐地发现了罗贝贝的"消费体验"非常具有创新价值，于是鼓励她进行勇敢尝试。其次，在创新创业课堂上，L老师一直将罗贝贝的经历作为课堂教学的线索之一，启发罗贝贝及其他同学思考创新创业知识与创新创业实践、创新与创业、用户创新与用户创业之间的关系，并帮助罗贝贝梳理并逐渐构建自己的知识体系。再次，L老师帮助罗贝贝将用户创新从创新创业课堂延伸至大学生创新创业孵化基地，为用户创新的商业化提供了重要助推力。之后，L老师再次鼓励罗贝贝勇敢从学校走向市场，经受真正的创业实践的历练。这也是基于"用户创业"的创新创业教育中教师地位、作用相异于传统创新创业教育之处。"用户创业"视域下的创新创业教育情境中，教师更多的是鼓励、陪伴、引导者，而非单一的知识传输者。创新创业教师发挥作用的场域也并不局限于创新创业课堂，而是多载体、多平台延伸的。教师在引导学生用户创业的过程中，自身同样可以积累更多的案例、经验与用户创业体验。

（11）罗贝贝能够从用户创新走向用户创业，非常重要的因素在于其不断优化自身的创新创意、改进手绘产品，并结合市场需求完善产品线、优化运营模式。实践是连接理论与市场的桥梁，也是把创新具体化为创业的关键因素。缺乏实践支撑，罗贝贝的用户创新更多带有理想主义色彩，不仅无法真正落地，也很难得到周围家人、朋友、顾客的理解与认同。回顾罗贝贝的用户创业经历可以发现，其真正实践并成功运营的用户创业模式与最初设想并不一致。正是在实践的指引与锻造下，罗贝贝一步一步完善用户创新，最终实现用户创业。实践性是基于"用户创业"的创新创业教育的核心与亮点，也是创新创业教育相较于传统教育模式的创新所在。

（12）罗贝贝用户创业成功，是创新创业教育多重载体共同作用的结果。罗贝贝用户创业项目最初在创新创业课堂中讨论，后来从大学生创新创业孵化基地真正进入市场——校外的大学城商区。不同的教育载体在罗贝贝创新创业过程中所发挥的作用并不相同。创新创业课堂是罗贝贝用户创新的起点，她从课堂上找到勇气、获得激励，并将最原始的创新创业思路作为课堂讨论的案例不断进行剖解、分析，并确定了用户创业的想法。大学生创新创业孵化基地作为创新创业平台，承载了罗贝贝从用户创新向用户创业的转变。平台给予的场地、资金支持，减小了罗贝贝用户创业的阻力，也为她培育了初始顾客圈。校外的大学城商区则是罗贝贝实现用户创业的终极目的地。只有市场才能真正验证用户创新的意义，确认用户创业的价值。经受住市场考验的用户创业，才能帮助学生从就业转向创业，为人生增加更多的选择。

（二）"用户创业"视域下的创新创业教育案例二：创新创业平台

1. 案例二内容

卢小宇（化名）是某校经济学专业大二学生，平时喜欢和朋友喝咖啡、聊天、外出旅游。出于爱好及兴趣，卢小宇与几个志同道合的同学在学校大学生创新创业孵化基地申请了场地开展创新创业实践。卢小宇虽然有较好的经济管理专业基础，但其创业过程并不顺利。最初，他选择的创业项目是旅游咨询服务，为同学们提供假期出游建议，并充当旅游中介者。卢小宇所在G城市拥有较好的旅游资源，初到大学的学生对G城市充满好奇，比较喜欢利用闲暇时间外出游玩。卢小宇凭借在校生的身份优势，顺利开展了几次旅游咨询服务，介绍新生参加旅行社设计的游玩线路。

G城市本身较为发达的旅游服务，让卢小宇逐渐陷入创业困境。其主要原因在于：一方面，卢小宇所能介绍的业务数量有限，因此他无法从旅行社处获得较好的折扣，给学生客户提供的优惠空间有限，自己的盈利区间也受到诸多限制；另一方面，学生客户自己通过网络等渠道可获得的优惠信息、咨询介绍较多，并不依赖卢小宇所提供的服务。卢小宇及创业团队能力、资源有限，无法为学生客户设计、提供有特色的个性化旅游线路。由于创业团队经济能力有限，其提供的服务内容大多来自网络，并非根据自身体验所做的真实攻略，也无法外出逐个踩点。因此，除了创业初期凭借之前积累的良好同学关系做成的几笔业务外，卢小宇的旅游咨询创业实践并没有特别亮眼之处，一直处于不温不火且逐渐衰败的状态且盈利困难。随着大学生创新创业孵化基地场地免费使用快要到期，卢小宇越来越焦虑。他虽然希望继续创业，又感觉前景不明，若草率收场，则心有不甘。毕竟他创业一年多，产生的装修费、宣传费、人员工资等创业费用较多。若他此时结束创业实践，意味着创业失败。卢小宇认为自己是经济管理类专业出身，做一个简单的旅游咨询项目都遭遇失败，非常没面子。

卢小宇也采取过积极的自救措施，比如实地去听创新创业课、参加成功创业者的经验介绍讲座、上网购买创新创业课程资料等。经过学习，他的创新创业知识储备有所增加，但面对现实的创业难题，他还是没法找到合适的解决办法，总感觉道理都懂，却无法理论联系实际，有效解决创业实践过程中遇到的障碍，使创业项目继续进行下去。

在一次师生座谈活动中，卢小宇听到有一个班开展的创新创业课程改革使用的是基于"用户创业"的创新创业教育模式，鼓励学生将自己感兴趣的爱好变成用户创新，并最终转变为用户创业。他很希望能把自己的困惑告诉老师和同学们，并请他们帮忙诊断诊断，便联系了授课老师 L 老师，表达了自己希望能参与这门创新创业课的想法。L 老师非常乐意有同学带着案例参与创新创业课，觉得这是非常好的理论与实践碰撞的机会，于是邀请卢小宇选修她所讲授的"创新创业管理"课程，并给他提供了课程大纲、参考资料及案例访谈提纲，希望卢小宇在上课之前能有所准备。

经过梳理、思考及准备，在第一次课上，卢小宇便将自己的创业的经历做成 PPT 向老师和全班同学展示，以寻求大家的帮助。经过课堂讨论及 L 老师点评，卢小宇发现自己的创新创业项目存在巨大的漏洞。该创新创业项目主要问题有：缺乏核心竞争力，同质化产品较多；创新点匮乏，对顾客没有吸引力；未经过市场调研，个人主观想象成分多于市场实际需求；运营过程中，创业者思路比较混乱，随机性较强等。带着这些问题，卢小宇和同学们开展了就近调研，结果发现周围几所高校所处的大学城商圈中，旅游产品及咨询服务已趋于饱和，学生创新创业者由于个人阅历有限、时间有限、资金有限、资源有限等实际问题，很难在激烈的竞争中杀出重围。

卢小宇的旅游服务公司尚未倒闭的重要原因，在于学校大学生创新创业孵化基地为其提供了场地资源支持，为其节约了大笔租金成本。一旦免费使用的场地到期，外出租赁场地带来的资金压力极有可能成为压垮卢小宇的旅游服务公司的最后一根稻草。经过审慎思考，卢小宇决定重新寻找合适的创新创业项目，力争在免费场地使用到期限之前实现企业转型。

L老师为卢小宇做了创业诊断。在分析其拥有的资源状况后，建议其将用户创业理念融入创业项目寻找过程，从个人的兴趣爱好入手挖掘可操作性较强的用户创新内容，着力打造有创新点的、可持续发展的用户创业项目。卢小宇在L老师的建议下，对照创新创业课程教材进行了自我诊断，同时邀请好友对他进行测评，寻找创业"燃点"。卢小宇认为自己比较热爱生活，对吃喝玩乐兴趣度高，也了解很多相关的信息。之前选择的旅游咨询项目，虽然也是个人兴趣爱好的一部分，但和同业竞争对手相比，卢小宇并不具备创业优势。卢小宇所拥有的个人优势在于学生的身份使他可以很方便了解学生的需求与偏好，同理心较强。卢小宇向同学推荐的出游或玩乐内容，受欢迎程度较高。

好友们反馈，年轻人都喜欢到处走走看看、吃吃喝喝，但是大家从网络上查找的吃喝玩乐信息与学生的关联度不强。一是因为学生预算有限，很难实现网络攻略所建议的内容。二是很多吃喝玩乐的信息是商家的营销内容，出发点是商家的需求而非从学生的角度进行考量。三是网络上的信息并没有很好地满足学生的消费偏好，对学生的吸引力极其有限。

同学们都喜欢咨询卢小宇的建议，因为他考虑了成本因素，推荐的内容都是学生消费能力可以承受的；推荐的内容都比较新颖、有趣，对大家很有吸引力；推荐的内容经常更新，对时下流行的趋势把握较为准确。卢小宇的资讯优势如何转变为用户创新，是一个值得深入思考的问题。

L老师建议卢小宇查阅设计思维、文化创业、商业模式创新等方面的书籍和资料，寻找用户创新的灵感，同时可以考虑借助互联网的力量，从网络上借鉴别人的创新模式。卢小宇和修读"创新创业管理"的同学组成了用户创新探寻小组，研讨用户创新的载体和方式，以及将资讯辐射更广的区域的方法，发展固定的顾客群体等。大家在查阅资料后发现，同学们需要的是一种类似于"管家"的服务模式，可以设身处地地、代入式地提供消遣休闲娱乐信息。

在考察了大家的信息来源渠道及阅读习惯后，卢小宇决定开发一个微信小程序，专门向周围的同学推荐方便、实用的最新生活资讯。他为这款小程序想了一个贴切的名字"××学校管家"。在进行产品构建的过程中，卢小宇围绕××学校进行了专项调研，根据调研到的信息设计了"××学校管家"小程序的内容模块，并在"创新创业管理"课上进行了最小可行性产品测试。大家认为，"××学校管家"应聚焦某一所学校，为这所学校的学生提供定制化的咨询服务，而不是泛泛而谈，随意拓展服务外延。经过研讨，卢小宇最终确定了"吃播小组""饮品速递""休闲游游游"等模块，并重点打造××学校的"吃货地图"。

在老师和同学们的帮助下，"××学校管家"上线之后在××学校迅速卷起了一阵热潮，大家惊喜地发现，自己身边竟然隐藏了这么多好吃好玩的快乐地方，消费过程中也不再陷入"选择困难综合征"了，可以尝试"××学校管家"推荐的热门款产品。"××学校管家"甚至加入校车时间表、考研教室热门程度排行榜等内容，为××学校学生提供了极大便利。

随着"××学校管家"受众数量的迅速增加，卢小宇开始与学校周围的商家建立联系，并逐步在小程序中推出店铺优惠信息。由于"××学校管家"顾客群体极为聚集，顾客转化率较高，商家们经过测算，发现依托卢小宇进行线上推广的成本远远低于自己亲自开展推广促销活动的成本，于是纷纷加盟，提供给卢小宇较好的优惠，并附送了很多赠品。卢小宇组建了探店寻访兼职团队，组织有同样爱好的同学参与进来并设置了双重激励措施：一方面将商家赠品用于日常激励，另一方面鼓励探店寻访兼职团队撰写推广文案，根据点击率发放文案酬劳，作为团队成员的兼职收入。

经过一段时间的试运营，"××学校管家"建立了较为稳定的现金流，开始具备造血功能。卢小宇将自己熟悉、了解的生活休闲资讯创新性地整合成一款微信小程序，并通过高度聚集××高校学生顾客群体的模式实现了用户创新向用户创业的转变。

凭借新的用户创业项目，卢小宇再次向学校大学生创新创业孵化基地申请了场地及资金支持并获得了许可。他在创新创业孵化基地设立了"××学校管家"俱乐部，定期开展线下会员活动，分享休闲娱乐体验，派送商家赠品并进行顾客需求调研及使用体验回访。线下商铺设置上随处可见"××学校管家"的特色模块，并定期更新优惠信息。学校创新创业平台的支持为卢小宇的用户创业项目减少了场地租金这一项占比较大的开支，使"××学校管家"运营过程中获得了更多的流动资金。

此外，卢小宇自学了创业财务管理相关知识，对资金进行了分类管理，在预留了一部分资金作为运营风险防控专项资金之后，同步开发了另一所学校的管家微信小程序。经过一年的努力，卢小宇的用户创业项目共开发了3个学校的管家微信小程序，基本实现收支平衡，且最早开发的"××学校管家"小程序盈利状况良好。

卢小宇正在规划在场地免费使用到期后将业务全部转成线上，并借助当地的虚拟创新创业社区持续进行业务推荐。线下转线上的主要原因在于他已通过线下渠道积累了相对稳定的客户群体，继续线下经营增加的运营成本远远大于开发新客户带来的收益；线上运营模式与小程序运营模式相匹配，减少运营渠道有助于重点打造线上模式，提供更好的用户体验；学校的商圈相对固定，仅仅针对本校学生，无法产生持续的吸引力，由此造成管家系列的产品核心竞争力下降，虚拟创新创业社区可弥补以学校为单一主体的客户群体狭窄的不足，将受众进一步扩大，吸纳学校周边的学生前来消费。"××学校管家"已成为以指定学校为主体，辐射周围消费群体的具有一定知名度的资讯服务品牌。

2. 案例二启示

（1）卢小宇的案例是创新创业平台的创业项目回归创新创业课堂，重新寻找用户创新并最终实现用户创业的故事。他最初在创新创业平台——学校大学生创新创业孵化基地中实践的创业项目来自个人爱好,但因为缺乏创新,难以在激烈的市场竞争中生存。卢小宇带着疑问回归创新创业课堂,从课堂中寻找答案。在实践用户创业理念的过程中,他仍然从自己的兴趣爱好出发寻找用户创业实践项目,并在市场调研的基础上创新性地将个人特长以"××学校管家"微信小程序的形式进行转化,最终成功实现用户创业。创新在卢小宇的用户创业过程中占据重要地位,也是扭转创业败局的关键点。在卢小宇的努力下,基于在校生生活休闲需求的用户创新成功转变为微信小程序用户创业。

(2)生存型创业是大学生普遍选择的创业类型。生存型创新创业因创业条件要求不高、较易落地受到学生的欢迎,但创新性不足的致命弱点使其存活周期较短,创业失败案例较多。卢小宇最初的创业便是典型的生存型创业,其开展的业务仅仅是普通的旅游咨询服务。生存型创业对创业者素质要求不高,创业门槛较低。大学生开展生存型创业时,无法将所接受教育资源进行有效转化,更多的是对市场需求的浅层次满足。卢小宇开展的旅游咨询业务并没有核心竞争力,可替代性极强。创新创业教育开展之初,很多大学生开展的便是生存型创业。这与大学生创新创业教育本质是背道而驰的,也是创新创业教育受到质疑的重要原因。以大学生为教育主体的创新创业教育应更多地培育创新型创业,而不仅仅是开办创新性不足的生存型企业。基于"用户创业"的创新创业教育将创新植入创业全过程,鼓励用户带着创新去创业。卢小宇二次创业选择的用户创业项目仍然是从个人兴趣爱好出发,但由于其服务产品的设计带有创新性,具有较强的市场竞争力,最终将用户创新转化为用户创业。用户创业可减少大学生创业中的生存型创业。

(3)卢小宇修读"创新创业管理"带有强烈的动机性,寄希望于通过课程解决现实的创业难题并寻找到继续创业的机会。因此,他在创新创业课堂上没有被传统的创新创业知识体系所牵引,被动地掌握相关的内容,搭建千篇一律的知识框架,而是主动地搜索、寻找相关知识,整合成自己需要的、个人特色明显的创新创业知识体系。在这个过程中,他主动取舍相关创新创业知识,通

第九章　基于"用户创业"的创新创业教育实践案例

过多种渠道不断完善自身知识体系，在创新创业课堂上一直占据主导地位。经过用户创新的激发及向用户创业转变的历练，卢小宇最终在创新创业课堂上找到了自己的用户创新项目，并学会整合资源，将这种创新逐步商业化，最终实现用户创业。通过创新创业教育课堂强化学生主体地位，需要合适的载体具体落实。基于"用户创业"的创新创业教育从学生个性化需求出发，鼓励学生挖掘自身兴趣爱好，寻找适合自己的用户创新项目。带着用户创新参与创新创业课堂的过程中，学生受项目驱动，参与学习、研究、讨论的主动性更强。为了使用户创新顺利向用户创业转化，他们需要有针对性地遴选适用的创新创业知识，搭建自己的知识框架并形成用户创业行动策略。在开展基于"用户创业"的创新创业教育的过程中，学生的主体地位成为一大亮点与特色，引领创新创业教育向高质量方向发展。

（4）卢小宇在创新创业过程中，面对创业难题，曾经选择旁听线下创新创业课程、参加成功创业者的经验介绍讲座、上网购买创新创业课程等方式。由于其自身阅历、学习能力限制，他在这些创新创业学习过程中只是被动地吸收知识与经验，并不懂得如何进行转化，使创新创业知识转变为创新创业能力，并用于创业实践中解决实际创业问题。卢小宇在参加"创新创业管理"课程时，L老师对其创新创业项目进行诊断、帮助他梳理创业思路、引导他挖掘用户创新内容、提供创新创业建议等，为卢小宇二次创业成功提供了较好的助力。创新创业教育中引入用户创业理念，就是将创新创业教师的地位与作用进行重新设计，从过去知识传输者的单一角色转向引导者、帮助者的多重身份。教师身份的转变，意味着其在学生用户创业过程中发挥越来越重要的引领作用。开展基于"用户创业"的创新创业教育时，教师的作用极其重要，并不因为学生作为教育主体的主导性地位强化而式微。

（5）大学生创新创业孵化基地等创新创业平台虽然可以为学生创业提供物质载体及资金支持，但由于育人功能不强，对创新创业项目的孵化作用受到严重的局限。卢小宇的创新创业项目即便已在平台落地，由于缺乏有效指导，创业过程并不顺畅。创新创业教育仍然以创新创业课堂为主要阵地。卢小宇从平台回归创新创业课堂后，获得了老师及同学的大力支持。他在创新创业课堂上完成了用户创新，并将用户创新从创新创业课堂延伸至创新创业平台，在课堂与平台双重载体的扶持下最终实现用户创业。可见，基于"用户创业"的创新创业教育需要将创新创业课堂、创新创业平台，甚至创新创业学习社区等多重载体进行整合，为用户创新的市场化提供助力。课堂在这个过程中主要提供智力支持，平台则有助于用户创业者降低运营成本，度过最初的生存期，获得良好的发展机遇。

（6）以大学生创新创业孵化基地为代表的校园创新创业平台如何完善自身功能以更好助力学生创业实践，值得深入思考。卢小宇第一次创业直接选择在创新创业平台中开展，由于缺乏有效指导，创业实践濒临失败。第二次创业时，卢小宇选择了"创新创业课堂＋创新创业平台"的模式，用课堂智力支持的优势弥补平台功能上的不足。可见，当创新创业平台功能完善存在实际困难或需要较长建设周期时，可以尝试将平台建设与创新创业课堂联动起来，共同支撑基于"用户创业"的创新创业教育。二者功能上的互补，可以实现创新创业外部资源的有效整合，形成1+1>2的效果。创新创业平台提供的场地支持，可以极大减少创业过程中的成本支出，帮助创新创业项目度过最初的资金短缺周期。开展基于"用户创业"的创新创业教育，学生在用户创新向用户创业转变的过程中，同样面临资金难题。将平台融入创新创业教育环节，将课堂与平台相联结，可以减小用户创业过程中用户创新商业化的阻力，加快用户创业过程。

（7）同样是基于个人兴趣爱好的创业内容，卢小宇两次创业经历却是不同的结果。可见，创新创业项目能否有效转化为创业成果，实践是检验创新创业内容可行性、合理性、市场受欢迎程度的唯一标准。卢小宇最初的创业项目，经过创业实践检验，暴露了其存在的深层次问题，最终难以持续。他参加"创新创业管理"课程后，基于用户创业理念所选择的二次创业项目，同样需要经过创新创业实践检验才能确认已将用户创新转化为用户创业。开展基于"用户创业"的创新创业教育，需要以实践为指引，将用户创新市场化。离开了实践性的用户创新，很难真正商业化为用户创业。实践性是确保基于"用户创业"的创新创业教育成效的重要属性。

（8）卢小宇两次创业实践均基于个人兴趣爱好。第一次是直接将自己的旅游经验转变为旅游咨询服务，但遭遇激烈的市场竞争后，创业结果并不理想。第二次同样是将自己感兴趣的休闲娱乐资讯变为用户创业内容，与第一次创业相异的是，卢小宇对资讯向产品转化的形式进行了创新，以微信小程序为载体进行产品呈现。其用户创新的体现正是资讯产品的形式创新。开展基于"用户创业"的创新创业教育过程中，对学生用户创新的引导，除了激发学生从自身爱好出发寻找用户创业项目外，还应该将学生的用户创新项目与市场需求相结合，基于市场进行用户创新，使用户创新能够满足更多人的需求，提高向用户创业转化的成功率。

（9）开展基于"用户创业"的创新创业教育，项目的选择对于用户创业的结果具有重要影响。卢小宇两次创业均从个人兴趣爱好出发，具有一定的典型性。即对于大学生群体而言，他们缺乏足够的社会阅历及社会生活经验，从个体生活或周围人群中挖掘的用户创业项目具有较高的可行性。一方面，他们自身对创业内容比较熟悉，有切身的体验与感受，容易产生用户创新；另一方面，基于自身兴趣爱好需求开发的用户创新，降低了创新创业难度，可以减少创业过程中因经验不足、信息不对称造成的创业失败。"用户创业"视域下的创新创业教育能够通过挖掘学生群体的实际需求，引导学生进行创新创业思考、创新创业学习，最终将个人用户创新转化为能满足更多人需求的用户创业。

（10）卢小宇在将用户创新向用户创业转化的过程中，并没有按照传统模式对顾客群体进行大规模、无针对性的拓展，而是仅仅盯住××学校这一相对集中的市场，着力开发校内学生客户。由于顾客所处区域高度聚集，产生了对周围商家的强大吸引力，因此"××学校管家"能在创业初期获得商家的支持，解决资金上的困顿与不足，也为用户创新向用户创业的转变提供了重要的资源保障。

在用户创业过程中，商业模式的建构与运行也是困扰用户创业者的重要问题。卢小宇的案例拓展了关于用户创业顾客群体开发的多样性可能。即用户创业过程中，用户创新的受众未必需要极大的范围，与其漫无目的、缺乏针对性地"广撒网"，不如有意识地进行聚积，寻找最容易获得需求满足的顾客群体，以稳定的客源撬动商业模式的转化，最终使用户创新在特定的范畴中实现用户创业。无论顾客群体范围大小，只要能帮助用户创新市场化，就已是体量足够的用户创新受众。用户创业的顾客群体特征对用户创业的效果也会产生重要的影响。

（11）开展基于"用户创业"的创新创业教育过程中，资金问题始终是影响用户创新商业化的重要因素。卢小宇两次借助学校大学生创新创业孵化基地的场地资源支持，减少了租金的巨大支出。但学校创新创业平台的助力毕竟存在一定限制，场地免费所产生的资金红利很难持续存在于整个用户创业过程。因此，卢小宇在管家系列微信小程序运营步入发展轨道后，开始布局线上运营模式。虚拟创新创业社区可以帮助用户创业克服场地租金的困囿，并在线下顾客群体消费趋于饱和的时候进一步拓展顾客来源，因而是未来开展创新创业教育的重要载体之一。虚拟创新创业社区应如何与创新创业教育相结合，在资源整合、信息互促、成本控制等方面助力用户创新向用户创业方向转变，是开展基于"用户创业"的创新创业教育需要持续关注的重要问题。

（12）卢小宇的用户创业产品——"××学校管家"系列最初的试运营选择的是其所在的学校，这与产品本身固定的顾客群体属性有关。实际上，学生开发出用户创业最小可行性产品后，未必只能置于学生个体周围的环境进行市场试运行。零工市场的出现可以为基于"用户创业"的创新创业教育提供更多的实践选择。因此，随着卢小宇所开发的管家系列微信小程序产品线的逐渐丰富，他可以摆脱现有小范围试运营模式，将用户创业产品投放到零工市场进行市场测试。零工市场是基于"用户创业"的创新创业教育未来发展的重要场域，可以为用户创新提供较创新创业课堂、创新创业平台更为宽广的实践区域，助力用户创新实现商业化转变。

(三)"用户创业"视域下的创新创业教育案例三：创新创业学习社区

1. 案例三内容

根据国务院印发的《关于加快发展现代职业教育的决定》《关于推行终身职业技能培训制度的意见》和教育部等九部门印发的《职业教育提质培优行动计划（2020—2023年）》《关于进一步推进社区教育发展的意见》等文件精神，L市通过市场化招投标方式成立了"L市全民终身学习平台"（以下简称"终学平台"）。终学平台与L市Z学院合作，按照Z学院"双高计划"目标，提出终身学习平台的建设方案。

终学平台作为网络学习社区的形式之一，充分运用互联网、云计算、大数据等先进技术手段，围绕"一体四院"的核心理念进行建设。终学平台的定位为充分利用互联网技术，统筹L市各高校教师资源、课程资源及职业培训资源，建立创新创业教育、技术技能培训、研学教育等子体系；通过线上和线下相结合的市场运作与经营模式，开展多渠道、多维度、多学科、多年龄跨度的综合教育服务；打造面向全市、全社会的线上"教育超市"平台，让全市机关、企事业单位、大中小学生、在职员工等可通过终学平台获得一站式服务，实现终身教育。

作为L市社会服务功能较齐全的信息化服务管理平台，终学平台着力搭建综合服务与数据分析体系，以工匠学院、社区教育学院、研学体验学院、师资培训学院4个网络学院为主。L市终学平台功能架构如表1所示。

表1 L市终学平台功能架构

类　型	内　容	功　能
业务子系统	工匠子系统	资讯管理、技能服务、技能竞赛、技能培训、技能鉴定
	社区教育子系统	社区学习、社区竞技、社区互动、家风传承
	研学体验子系统	基地管理、研学课程、劳动教育、定制课程、研学风采、研学话题
	师资培训子系统	教师培训内容、培训形式、订制课程、网络课程

续表

类型	内容	功能
核心支撑系统	核心支撑平台	知识结构分类管理、题库管理、卷库管理、线上课程管理、线下课程管理、学习监管、班级管理、证书管理、用户管理、组织架构管理、权限管理、报名缴费管理
	大数据展示平台	数据统计分析、行为档案库 内容栏目管理、分类标签管理、文章内容管理
第三方云服务	云服务	视频直播服务、视频点播服务、人脸核验服务、视频存储服务、视频转码服务、短信服务
	Z学院其他系统	收费系统与结算系统、数据分析管理系统、服务保障（投诉建议管理）系统

常规的终学平台主要依托学校局域网进行建设，其运营模式如图9-1所示。

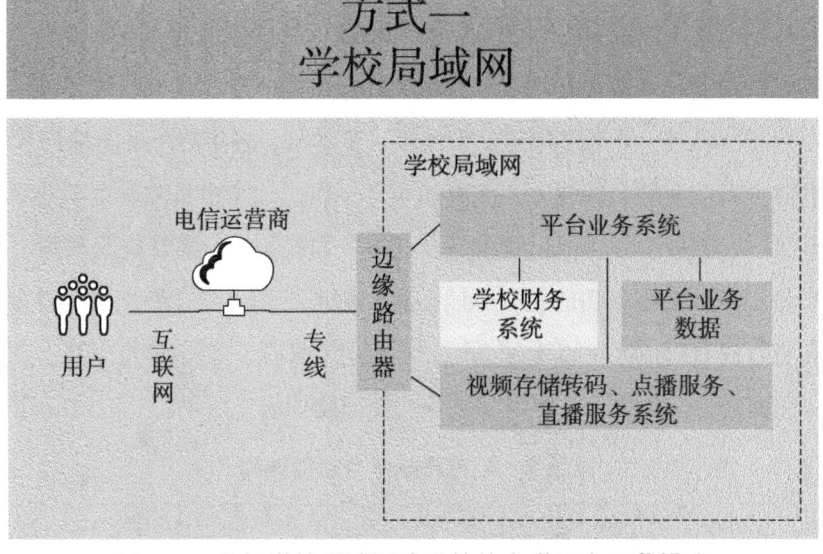

图9-1　依托学校局域网建设的终身学平台运营模式

（来源：根据作者实践案例资料整理。）

这一运营模式下，平台业务系统、平台业务数据、视频存储、转码、点播、直播服务系统全部设置在学校局域网内；平台业务系统通过学校局域网与学校财务系统相连；用户通过互联网专线访问平台业务服务。为了实现平台流程化管理，校内机房需要增加相关硬件服务器，需要搭建视频 VOD 服务器；校方需保障所有服务器安全、数据安全、网络安全，承担相关责任；同时，平台业务服务与视频点播服务共用专线出口，带宽和视频流处理能力有限，无法为互联网用户提供可靠流畅的视频类服务。因此，这一方案只适用于学校内部用户通过校园内部局域网进行在线学习的狭小场景，而无法满足面向社会公众的在线学习需求。

部分高校为了扩大学习平台的运营能力，采取了"学校局域网+云服务"模式，依然强调学校局域网在学习平台构建中的核心地位的同时，整合社会资源共同建设平台。其运营模式如图 9-2 所示。

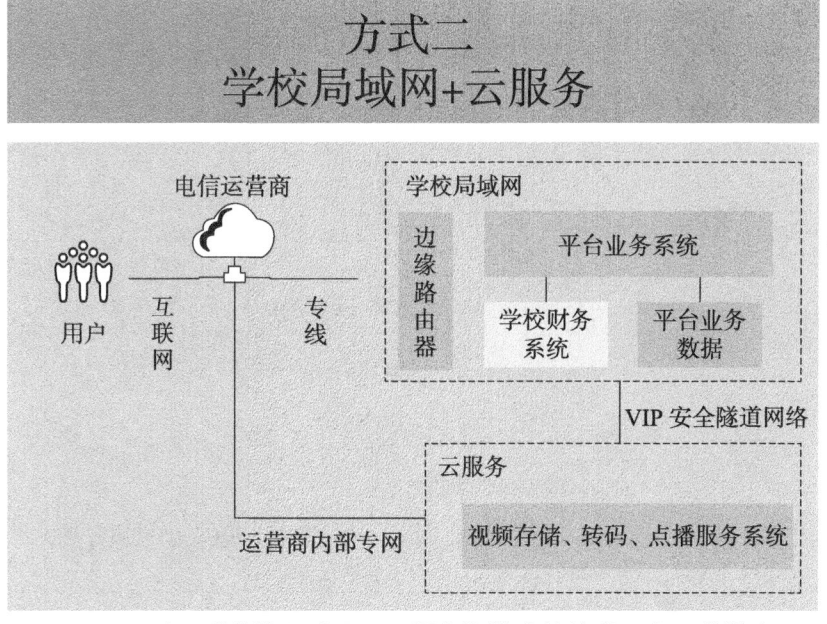

图 9-2 采用"学校局域网＋云服务"模式的终学平台运营模式

（来源：根据作者实践案例资料整理。）

这一运营模式下，平台业务系统、平台业务数据依然部署在学校局域网内。视频存储、转码、点播、直播服务则采用云服务。平台业务系统通过学校局域网与学校财务系统相连；平台操作系统通过 VPN 安全隧道网络访问云服务接口；用户通过互联网专线访问平台业务服务,也可直接访问视频点播、直播服务。"学校局域网+云服务"模式,要求校内机房增加相关硬件服务器,同时需要购买相关云服务。一方面,校方自行解决业务涉及的服务器安全、数据安全、网络安全问题。另一方面,专线主要为互联网用户提供业务服务。此种模式主要应用于互联网用户并发量并不大的情形。由于视频类服务由云服务商提供,因此,校内局域网勉强可以支撑平台建设运营,满足业务服务要求。

L市的终学平台虽然依托Z学院进行建设,但采取的是"云服务器+云服务"模式,其运营模式如图9-3所示。

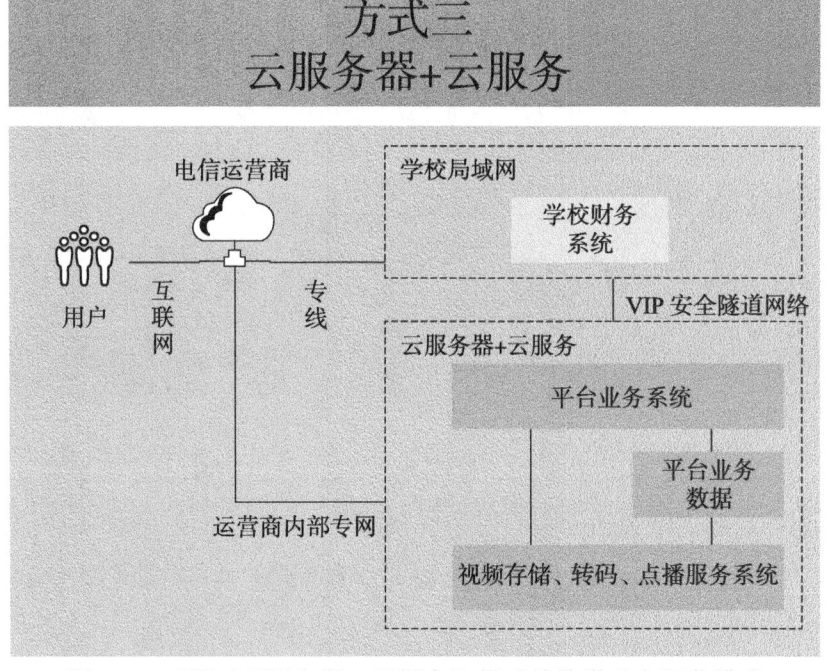

图9-3　采用"云服务器+云服务"模式的终学平台运营模式

（来源：根据作者实践案例资料整理。）

这一模式将平台业务系统、平台业务数据部署在云服务器,视频存储、转码、点播、直播服务采用云服务;平台业务系统通过VPN安全隧道网络与学校财务系统相连;用户通过互联网直接访问云服务。由于运营过程中终学平台摆脱了对学校局域网的依赖，因此校内机房无须增加硬件服务器，只需购买相关云服务器和云服务即可。采用这一模式，不仅将服务器安全、数据安全、网络安全交由云服务提供商保障，而且可为各种数量级互联网用户提供可靠流畅的业务服务和视频类服务，安全及业务质量有保障，运营维护也比较方便。通过增减云服务器可满足任何数量级用户的开发需求。但是这种模式每年的运营费用开支较大，这对终学平台自身的造血功能提出了巨大的挑战。

与国内常规的创新创业学习社区功能比较单一相异的是，L市的终学平台并非以创新创业教育社区学习为唯一模式，而是将学习社区放置在终学平台中进行构建。一方面，创新创业学习社区的建设在国内属于新生事物，其运营管理缺乏成熟的经验；另一方面，仅仅依靠创新创业学习社区，无法解决平台造血功能缺失的难题，平台运营难以为继。终学平台以常态化培训（如干部培训、技术技能培训等）为支撑力及驱动力，完成创新创业学习社区的"用户"引流，同时开展社区学习，将创新创业内容与其他培训内容融为一体，以创新为内驱力激发创新创业学习社区活力。同时，借助体系架构时的社会资源，使平台运营摆脱了校内局域网的限制，可以在更大范围之内为更多受众提供网络学习服务。

"云服务器+云服务"的模式，使终学平台破解网络社区学习所需的强大物理条件支撑的难题，也从技术层面保障了社区学习的"用户"来源，是社区学习获得其他子系统的强劲支撑，不再困囿于运营初期的"造血功能"缺乏的问题。终学平台的运营机制如下所述。

第一，以技能服务带动创新。以Z学院为支点，整合职业教育教师、技能大师、技术能手、广西工匠、L市工匠以及技能大师工作室等资源优势，为社会企业提供创新引导、技术合作、联合攻关服务，实现培训资源和高技能人才资源共享共创及技术创新、技能转化（如图9-4）。平台的技能服务等相关内容拓展了创新创业社区学习的外延，丰富了社区学习的内涵。

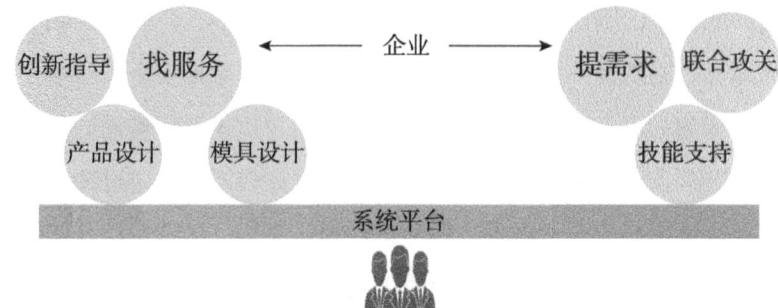

图 9-4　Z 学院"以技能服务带动创新"平台模式

（来源：根据作者实践案例资料整理。）

第二，以平台建设拉动创新。终学平台通过 Z 学院开展理论研究，依托职能部门资源、职教机构优势，针对职业培训创新开发相应的培训体系、课程体系、培训视频、资源课件、题库等特色教育资源。通过创设各类课程，结合线上（教学）线下（实训）教学方式，全面提升学员职业技能，为企业育人才、为个人谋发展，实现教育产品创新。

第三，以学习社区引领创新。以创新创业学习为核心的社区学院依托 L 市大学生群体，着力构建创新型学习社区，并在此基础上打通各年龄、各层面群体，根据个性化需求创新性提供相应的教育、培训及生活技能训练（如图 9-5），为企业、社区、社会缓解人力资源供需矛盾，提供多层次人才供给。创新型社区学院是终学平台重点打造的模块，也是终学平台未来发展的活力源泉。

图 9-5　Z 学院"以学习社区引领创新"平台模式

（来源：根据作者实践案例资料整理。）

目前，终学平台的学习社区尚处于初始运营阶段，其开展基于"用户创业"的创新创业教育的特征在于"学校创新创业课堂－终学平台"一体化模式。终学平台所依托的Z学院以职业教育为主，该学院所开展的创新创业教育主要围绕技术、技能的转化与开发进行。针对Z学院特点所进行的基于"用户创业"的创新创业教育，通过创新创业教育与职业教育相结合，将职业技能进行升级创新并市场化，最终实现用户创业。Z学院拥有民族文化传承创新职业教育基地、教育部"FANUC数控系统应用中心"、智能制造产业学院、L市云计算服务工程技术研究中心等多层面创新机构，具备极佳的用户创新基础。

终学平台将Z学院优势资源进行整合，在专创融合的过程中促进学生将技术技能创新化、市场化，并在终学平台进行孵化。终学平台中的各类培训资源、课程资源及其所拥有的庞大用户群体，为用户创新向用户创业的转化提供了便利条件。终学平台的优势在于从物理、设备层面解决了社区学习的技术困囿，摆脱了单纯依靠学校设备条件造成的社区用户量较少、社区用户结构单一、社区学习活跃度不足等问题，将用户创新从学校的范畴引向社会层面，使用户创新的商业化过程获得更多资源的支撑。同时，用户创新依托终学平台，可与企业、零工市场等不同的社会层面对接，加快了创新的转化速度及向用户创业转化的可能性。

终学平台基于"用户创业"的创新创业教育，实行的是特殊的"逆向支持"模式。在"云服务器＋云服务"的物理构建模式创新中，终学平台可以开发、运营各种社区学习之外的综合功能并实现盈利，这从根本上保证了学习社区的生存及发展问题。借由各子系统强大的资源整合能力，创新成为终学平台运营的自发需求，即资源在终学平台碰撞后所产生的吸引力，促使学习社区的用户持续创新并逐步商业化。社区学习推进过程中最难解的困阻——生存机制问题在终学平台的"逆向支持"模式下可以得到有效解决。

终学平台的用户以大学生为主，但又不局限于大学生，而是涵盖了社会各层面人士。基于Z学院强大的技术转化与技术创新能力，终学平台构建了贯通学校与社会的技术资源库。学生的注意力从创新创业课堂迁移至终学平台，学生可以通过终学平台的资讯整合功能发现所学知识的真实应用场景,并将所学与社会需求相结合,在社区学习过程中将用户创新转化为用户创业。创新创业课堂"个人需求"向"社会需求"转变的模式,在终学平台的资源加持下,变成了"个人创新"与"社会需求"几乎同步的新模式。

终学平台在基于"用户创业"的创新创业教育过程中,更多发挥了创新创业教育外延扩大及市场创新刺激的作用。学生在终学平台中不仅仅将个体"用户创新"进行市场化,也思考"市场需求"的"用户创新化"。终学平台的运营模式为"用户创业"视域下的创新创业教育如何从创新创业课堂向创新创业学习社区,再向社会发展提供了有益的借鉴思路。

2. 案例三启示

(1)创新创业学习社区建设是创新创业教育社区化拓展过程中无法回避的难题之一。创新创业学习社区的自我运营直接影响创新创业教育的效果。终学平台的运营模式为创新创业教育向社区化发展,尤其是向虚拟社区发展提供了有益的借鉴。终学平台摆脱了创新创业学习社区仅仅聚焦创新创业教育或创新创业学习的单一运营模式,而是以综合培训、资源整合平台、信息分享平台等多元化发展实现平台运营的自给自足,也为创新创业教育的社区化发展提供了前期的资源及资金支撑。同样,多元化运营模式也能促进用户创新向用户创业的转化,打开用户思路,启发用户往更广阔的社会需求方向发力,从而有利于创新的产生与发展。终学平台对用户创新具有极强的刺激作用,也有利于用户创新向用户创业转化。

(2)作为网络学习载体,终学平台的多元化发展必须依托技术、设备的强大支撑,解决服务器、局域网、带宽、多用户同时访问等诸多现实问题。单纯从学校局域网层面,很难为终学平台的建设和发展提供助力。学校有限的资金无法为终学平台架构强大的技术系统。"云服务器+云服务"模式的创设及运用本身就是平台的商业模式创新之处。这一模式顺利解决了平台依托 Z 学院建设过程中容易被困囿的局域网问题,也进一步拓宽了社区学习的用户范围,为用户创新提供了更多的可能性及可行性。

（3）终学平台利用"云服务器＋云服务"的模式，有利于摆脱学校局域网的限制，使网络虚拟社区更具备社会学习的属性，但这也给终学平台的运营带来极大的挑战。终学平台运营模式的选择，是刺激其最终选择市场化运作模式的重要原因，也有利于构建者深入思考如何处理学习社区与学校之间的物理联系问题。借助于学校资源，可以减少平台运营费用，有利于实现平台运营初期的软着陆，度过艰难的生存期。但与学校深度捆绑容易使平台运营受到学校制度的影响，不利于市场化运作的深入开展，对平台未来发展也并非利好之选。终学平台选择市场化运营模式，摆脱对Z学院的物理依赖，可以从一开始即构建有利于平台长远发展的运营模式。

（4）终学平台的特点之一是与职业教育高度关联，这是创新创业教育过程中容易忽略的部分。终学平台因为对接企业、零工市场等，对创新的需求更为具象，也更有针对性。职业教育在创新创业教育中具有独特的价值与意义，其对技术、技能的转化率明显高于普通本科教育，也更适应终学平台等虚拟社区的发展需求。L市的终学平台与Z学院紧密合作，共同将技术、技能创新与市场转化结合起来，使基于"用户创业"的创新创业教育有了更好的载体，也有利于创新创业教育从课堂走入社区、从学校走向市场。终学平台促进了用户创新向用户创业的转化，也引领了这种转化。

（5）终学平台不仅仅是网上虚拟学习社区，其多元化功能设置使其成为资源整合平台、信息反馈平台、市场需求展示平台，这对于如何借由学习社区开展基于"用户创业"的创新创业教育具有极佳的启发意义。学习社区，尤其是网络虚拟学习社区对于创新创业教育而言，并非仅仅是载体的延伸，而应充分利用互联网技术及本身资源优势，成为创新创业课堂的有益补充，弥补课堂的不足。终学平台不仅可为学生用户创新提供思路与借鉴，也有利于创新创业教师拓宽视野、为学生提供更有针对性的指导。终学平台可以成为基于"用户创业"的创新创业教育的教师与学生扩展知识边界、整合创新创业资讯、实现用户创业的重要载体。

（6）终学平台成功融入基于"用户创业"的创新创业教育，成为创新创业教育的学习社区，主要原因在于其与Z学院进行了深度合作，整合了学院职业教育方面的优势与资源。可见，学习社区并非脱离学校而单独存在的创新创业教育载体，而应该与学校资源整合优化，发挥互相补充、互相助益的作用。终学平台与Z学院的合作模式，如社区学院建设、研学平台建设、师培资源共享等，为学校资源与网络虚拟平台资源共建提供了较好的参考案例。一方面，学校可以借助平台资源拓展课堂，连接理论与实践，帮助学生解决学习的"最后一公里"问题；另一方面，以终学平台为代表的网络虚拟平台可通过学校更好地整合用户，激发平台的创新动力，在教育产品用户创业、培训产品用户创业、技能技术用户创新等方面实现新的突破。

（7）终学平台采用市场化运营模式，摆脱了网络虚拟学习社区运营方面的困囿，激发了平台创新的活力。一方面，终学平台以常规培训作为创新创业教育等社区学院发展的基石及初期支撑力，实现了自我运营的"造血功能"。市场化运营模式使终学平台在考虑公益性的过程中兼顾合理化的商业利益。终学平台常态化的培训、研学等服务也在客观上起到"吸客""引客"的作用，使平台在运营初期就获得较多的关注。另一方面，仅仅依靠培训等常规业务，终学平台发展缺乏活力及创新性，极易进入"僵尸期"。激发平台创新动力与兼顾平台日常发展相辅相成，共同助力终学平台的运营与建设。

（8）终学平台建设过程中，社区学院、社区学习虽然只是模块之一，但其代表的是网络虚拟平台未来运营的重要趋势，也是网络虚拟平台需要开发与拓展的重中之重。基于"用户创业"的创新创业教育并非只关注职业教育中的技术转化、技能创新，同样也关注教育产品的用户创新与创新创业。终学平台是教育产品用户创新的最佳实验平台，也是市场反馈的信息平台。无论是创新创业教育产品，还是职业教育、培训/竞赛等教育产品，均可通过终学平台这一载体实现用户创新，并最终转化为用户创业。教育产品用户创新与用户创业，同样也是基于"用户创业"的创新创业教育的内容之一。

（9）依托终学平台开展基于"用户创业"的创新创业教育，不能仅仅依靠创新创业教师，而应该整合社会各方力量，共同推进用户创新的产生及商业化。教育产品的购买者是教育产品用户创业的最佳推动者，关注终学平台的用户、平台运营者等都可参与基于"用户创业"的创新创业教育过程中来，推动创新创业教育与专业教育、市场需求、平台运营需求相融合，并形成合力，帮助学生更好地将创新创业教育转变为个体的创新创业能力，解决生活中存在的各种问题，在终学平台中获得成长。

（10）终学平台的多资源属性，可以成为基于"用户创业"的创新创业教育中创新的驱动力与向导。"用户创业"视域下的创新创业教育并非让学生只关注个体这一狭义范畴，而是鼓励学生从自身出发，寻找合适的切入创新创业教育的载体。基于身份的限制，很多学生的社会生活圈子较为狭窄，借助终学平台的资源，学生可以从个体向更广阔的角度延伸，激发创新的活力与动力。终学平台多资源的属性对于拓宽学生视野，使学生从更广阔的层面思考创新的意义与价值具有良好的助力作用。创新创业教师因势利导，可将创新创业课堂与网络虚拟学习社区相结合，引领学生在更深层面开展用户创新并借助平台资源实现用户创业。

（11）技能创新、技能比赛等同样可以借由终学平台建设促进创新的产生。终学平台的运营，尤其重视以技能服务带动创新、以技能比赛拉动创新，二者看起来与用户创新、用户创业关联度不大，但实际上对创新的产生与推广，以至于对基于"用户创业"的创新创业教育在学习社区的落地都起了积极的推动作用。技能创新、技能比赛等可以刺激学生更关注创新的重要性，能指引学生创新的路向，也能给学生用户创新带来良好的示范。终学平台通过技能创新、技能比赛营造浓厚的创新氛围，吸引更多用户（不仅仅是大学生）投入创新过程。

（12）终学平台是一个创新创业的综合体，与创新创业生态系统有相同之处。平台的诸多环节都与教育息息相关，且极有可能成为激发创新创业的温床。以终学平台为代表的网络虚拟学习社区，可以弥补创新创业课堂、线下学习社区的不足，整合社会力量与各类资源，为用户创新向用户创业转化提供强劲动力。创新是终学平台发展的动力，也是终学平台不断与创新创业教育融合的切入点。如何激发平台的创新活力、如何将基于"用户创业"的创新创业教育中的创新活力与平台建设深层次互促、如何使用户创业成果更为显性化，是终学平台等网络虚拟学习社区／平台未来需要考量的重要内容。

（13）终学平台在基于"用户创业"的创新创业教育中并非仅仅发挥载体作用，还是连接创新创业课堂与社会、创新创业理论与实践的重要桥梁。创新创业课堂更多承载的是理论教育的功能，为学生提供学习的内容、营造学习的氛围。终学平台在学生成长成才过程中应更多发挥实践教育的功能，如帮助学生从学校走向社会，利用自身优势将市场与学校连接，使学生在离开学校前可以在小范围社会之内参与创新创业实践，在真正走入职场、步入社会前做好充分准备。

二、特殊群体案例：盲人创新创业教育

基于"用户创业"的创新创业教育主要开展场域在以大学为核心的高等教育圈层，但作为"用户创业"视域下的创新创业教育本身———种特殊的教育产品，其适用面不仅仅停留在单一的某类主体，创新创业教育的受惠面可扩散至社会各层面的人群。本案例的主体为大学创新创业教师及有意向进行社会创业的大学生。本案例的核心在于如何通过师生共建，以用户创业思维构建满足特殊群体需求的创新创业教育产品：盲人创新创业教育的建构与探新。案例本身的意义已超出创新创业教育的基本内涵，而是从社会创业、帮扶社会弱势群体实现共同富裕的角度，引领学生重新思考创新创业教育的价值。

（一）盲人创新创业教育的必要性和可能性

1. 盲人创新创业具有显著市场优势与发展前景

信息社会加剧了人们的亚健康状态。互联网环境下，手机广泛使用使人们的

颈椎、腰椎等部位承受了前所未有的压力与考验。发展健康产业是我国提高经济发展质量和效益的现实选择[①]。以针灸推拿为重要治疗方式的中医与西医相比较，在应对亚健康状态方面更有优势。广义的大健康产业既包括医药产业，也包括健康产业[②]。作为新兴领域，我国大健康产业正处于由单一救治模式向"防治养"模式转变的初级阶段，并呈现出巨大的发展潜力[③]。推拿按摩是中国盲人独有的创新创业选择，具有浓厚的中国特色。盲人创业者开办推拿按摩机构这一创业形式契合大健康产业发展趋势，具有广阔的市场需求及发展前景。由于创业规模小、创业投入少、对硬件条件要求不高，盲人推拿按摩机构可扎根社区、街道、生活区等，为附近居民提供便捷服务，满足人们的健康保健需要，因而具有显著的商业价值与市场优势。

2. 盲人创新创业可同步提升社会效益与经济效益

由于客观原因，盲人群体进入各领域就业存在现实阻碍。由盲人创业者创办、经营盲人推拿按摩机构可"以盲带盲"，吸纳盲人从业者定向就业，缓解盲人生存压力并增强其群体稳定性。一家盲人推拿按摩机构可提供几个甚至几十个盲人就业岗位，安置盲人就业的人数比例远高于其他行业。创办盲人推拿按摩店是解决数量庞大的盲人群体就业创业问题的重要形式与具体路向，具有良好的社会效益。由于国家对残疾人工作的高度重视，盲人创业享受创业补贴、全过程免税等一系列政策扶持，创业门槛较低、创业难度不高。盲人从普通从业人员向创业者角色转变后收入增加明显，并可规避职业发展路径单一导致的职业倦怠，以及因年龄增长、体力衰退造成的诸如职业周期缩短后收入锐减、老无所依等问题。盲人创新创业既可解决更多盲人的就业难题，又给盲人创业者带来了更好的生活质量与职业前景，同步提升了社会效益与经济效益。

[①] 张车伟，赵文，程杰.中国大健康产业：属性、范围与规模测算[J].中国人口科学,2018(05):17-29+126.

[②] 唐钧.大健康与大健康产业的概念、现状和前瞻：基于健康社会学的理论分析[J].山东社会科学,2020(09):81-87.

[③] 张家彬，张亮，纪志敏.大健康产业的发展桎梏与纾困路径[J].江淮论坛,2022(02):59-64.

3. 盲人创新创业教育对盲人创新创业具有独特价值

视力因素阻滞了盲人的学习与创新创业之路，其通过学校学习方式获取知识、提升创新创业技能存在重重障碍。目前，针对盲人的成人学习以推拿按摩技能培训为主，学习内容单一。仅凭专业技术，盲人群体无法有效参与社会生活，获得个人全面发展。盲人创新创业教育针对盲人群体开展，提升其以创新创业能力为核心的综合能力，是对盲人创新创业行为的实践反思与反哺，也是解决盲人当前学习与创新创业困境的现实、有效选择。提供有针对性、阶段性、综合性的学习课程，弥合盲人创业过程中知识技能缺失，提升其创新创业胜任力，增加盲人创新创业可能性，提高盲人创业成功率，是盲人创新创业教育应为与何为所在。由于超越了同一性，盲人创新创业教育是常规创新创业教育中的"专精特新"部分，也是国家通过教育推动弱势群体实现共同富裕的重要举措。作为对标盲人群体现实需要的精准策略，盲人创新创业教育源于创新创业实践又多重助益实践，于盲人群体具有较大吸引力，是盲人创新创业效能提升的重要突破点，对实现盲人可持续发展具有不可或缺的独特价值与重要意义。

（二）盲人创新创业教育的现实困阻

盲人创新创业教育植根、生发于盲人创新创业实践，其教育主体、所采用的教育内容与教育形式因盲人群体异质性而迥异于常规创新创业教育，并在"教育主体特征识别－教育体系内容建构－教育过程形式优化"中推向前进。践行盲人创新创业教育，无可镜鉴、承继的成熟经验，需依据"在地实践"，不断寻绎"知行智能"。作为新生事物，目前全国仅湖南、广西等几个省区成功开展了盲人创新创业教育。造成盲人创新创业教育现实困阻的实然表征如下所述。

1. 教育主体受困：创新创业学习能力不足

创新创业能力是个体自我发展能力的集中展现，也是一种实践能力。创新创业能力不仅包括创新创业技能，也与应对创新创业不确定性的主体学习能力高度相关。科学研究发现，人的大脑接收外部信息来源于味觉、触觉、嗅觉、听觉及视觉五大感官。视觉是人类与外部沟通的最重要途径，接收了来自外部83%的信息[1]。视力障碍堵塞了盲人接收外界信息的重要通道,客观上增大了盲人参与学习的难度，严重影响了其学习能力生成与知识基础形成。

根据第六次全国人口普查及第二次全国残疾人抽样调查，按我国残疾人占全国总人口的比例和各类残疾人占残疾人总人数的比例推算，截至2010年年末，8502万的残疾人中，视力残疾者有1263万人[2]。而《2021年残疾人事业发展统计公报》(以下简称《公报》)显示，2021年，残疾人普通高中在校生11847人，其中盲生1761人，残疾人中等职业在校生17934人，另有14559人被普通高等院校录取，2302人进入高等特殊教育学院学习(《公报》对接受中职教育、高等教育的残疾人类别及数量未做细分)[3]。盲人群体人口数量庞大、受教育人数偏少、受教育水平偏低。

盲人处于"教育洼地"之中，其所拥有的能力结构无法适应社会飞速发展的需要，因而成为各类残疾人中就业创新创业极为困难的群体，是残疾人"困难户"中的"困难户"。相当数量的盲人行动范围受限，日常生活中需要他人协助，生活圈子狭小封闭，社会交往极其有限。由于难以从身边获得足量的朋辈榜样、成功案例激励，盲人较难意识、体验到学习的多重价值意蕴，缺乏学习内源力，也不易找到合适的学习路径。

信息社会中，智能手机借由读屏软件普及到盲人群体，但以读者搜索偏好为推送依据的信息输入方式无法为盲人建立应对工作、生活所需的知识框架。盲人的学习能力并未因此而有效提升，反而加剧了学习认知的碎片化。盲人成长过程中，学习能力与学习动力欠缺造成个体学习养成不足，适龄后直接进入工作场域的情况极为普遍。未经足量学习获得社会性成长的"原生态"盲人创新创业者，自我发展能力欠缺，在创新创业过程中极易出现自体知识供给少、创新创业技能

---

[1] 焦阳.面向盲人触觉认知的触觉显示与体验研究[M].北京:清华大学出版社,2019.
[2] 中国残疾人联合会.2010年末全国残疾人总数及各类、不同残疾等级人数[EB/OL].2021-02-20/2022-06-06.
[3] 中国残疾人联合会.2021年残疾人事业发展统计公报[EB/OL].2022-04-06/2022-06-06.

弱、创业失败率高，及创新创业成效不稳定、不显著、不持久等一系列连锁反应。

成人学习是一种"自我指导的学习"，有明确的需求、独立自我的概念，以解决问题为目的，并重视自身已有经验[1]。绝大多数盲人创业者由从业者转变而来，其创新创业行为带有偶发性。创新创业的"随意性"及过往学习经验匮乏使盲人创业者创新创业自我效能感匮乏，很难意识到通过学习提升创新创业技能的重要性，参与创新创业学习的意愿并不强烈。学习内源力缺失造成盲人创业者在参与创新创业教育过程中学习需求模糊，学习投入不足。学习能力所包含的重要组成部分，如注意力、记忆力、思维能力等也因盲人视力障碍、信息接收渠道狭窄、知识基础薄弱而严重受限。盲人创新创业教育主体受困于主观能力缺陷与客观环境影响，创新创业能力中极为重要的先决性核心素养——学习能力严重不足。

2. 教育内容受限：主要围绕推拿按摩店经营

因创新创业学习能力不足，盲人群体普遍存在就业层次低、就业创业渠道狭窄等困难。国家鼓励和扶持盲人开办推拿按摩机构，为盲人提供创新创业教育，加大对盲人创业指导、创业扶持等孵化服务力度。根据上述《公报》数据可知，2021年，全国拥有医疗按摩机构1105个，保健按摩机构17128个。针对盲人群体的职业教育也主要集中在推拿按摩专业技术领域，2021年共培训盲人保健按摩人员13483人。推拿按摩业是盲人最主要的创新创业领域。开办推拿按摩机构是盲人群体最主要的创业选择。针对盲人群体开展的创新创业教育，其内容受到严重限制。

常规创新创业教育以教育主体的创新、创业能力培养为核心，通过"创新思维""创业团队""创业资源"等模块将创新创业关键要素与创业过程紧密结合[2]。创新创业教育过程围绕机会开发和实施，从新企业创意挖掘、可行性分析、行业分析，到整合创业机会、创办企业等，着重解决新企业从"0"到"1"的自我突

---

[1] 程豪. 弗莱雷与诺尔斯成人教育思想之比较研究 [J]. 成人教育,2018,38(02):5-8.
[2] 张玉利，薛红志，陈寒松，等. 创新创业管理：第五版 [M]. 北京：机械工业出版社,2020.

破问题[1]。基于盲人创新创业现状及创业可能性，盲人创新创业教育的创业项目选择存在单一性及唯一性，教育内容以盲人推拿按摩店的开办、运营为轴线。常规创新创业教育中"创业机会识别""创业项目遴选""创业计划书撰写"等内容在盲人创新创业教育中缺乏运用场域及实施条件。

根据中国残疾人联合会《关于扶持残疾人自主就业创业的意见》（2018）等文件，盲人创新创业教育采取政府购买服务形式[2]，使用的教材是人力资源和社会保障部职业能力建设司、中国就业培训技术指导中心组织编写的《创办你的企业（SIYB）》（以下简称 SIYB 课程）。由于 SIYB 课程内容并非为残疾人专属设计，教学要求超出了盲人能力范围，比如课程总学时过长、知识密度过大、部分教学内容及教育形式无法适用于盲人群体等。在教学实践中，销售与成本计划表、现金流量计划表等也让无法书写、计算的盲人学习者难以掌握。

盲人推拿按摩店属于健康管理领域中极其细小的分支，其创业状况虽涉及数量庞大的盲人群体，但无论是理论上还是实践中，均缺乏足够的教育教学资料及研究成果。各类媒介上可搜索获得的关于盲人推拿按摩的内容多为新闻性质的盲人创业事迹及创业经验介绍，偏向于区域性单个创业案例。这些材料既不涉及盲人创业者创新创业能力培养问题，也未对盲人创新创业实践中的规律性知识进行梳理整合，无法直接应用于实际教育教学过程。

盲人创新创业教育聚焦盲人推拿按摩这一细分领域，目前理论界无成熟的可研析的理论与教学成果。实践中，绝大部分盲人推拿按摩店运营者为盲人，他们因视力状况、受教育程度等因素限制，内心敏感脆弱，与人沟通成本较高，很难仅凭个人能力将创业经验、创业技能进行理论抽象、场景位移，提升为普适程度更高且具有较好推广性与价值意蕴的创新创业教育内容。开展盲人创新创业教育，需要聚焦推拿按摩行业，教育内容主要围绕推拿按摩店经营。然而，

---

[1] Barringer B R, Ireland R D. Entrepreneurship: Successfully Launching New Ventures, 5th Edition[M]. New York: Pearson Education, Inc, 2016.
[2] 玛格里特·博登. 皮亚杰[M]. 北京：昆仑出版社, 1999.

教育实践过程中"无米之炊"难为，盲人创新创业教育亟待理论知识支撑与实践智慧供给。

3. 教育形式受制：以教师语言讲授为主

除了教育内容，盲人创新创业教育教学模式及教学方法同样缺乏有针对性、可借鉴探析的样本与经验。SIYB课程的教学特点是模拟性与实操性，通过高度参与的教学方法，实现盲人学习者与创新创业教师的全面互动。盲人缺乏教育环境中情境适应、自我表达、与人交流沟通等方面的训练，参与课堂存在现实困难。SIYB课程依托的互动性极强的教学方法，在盲人创新创业课堂上极难开展。SIYB课程的另一重要特色——多种视觉教具，也因为盲人视力功能缺失而无法发挥作用。创新创业教师缺乏特殊教育经验，在无法使用板书、多媒体等教学辅助方式的前提下，只能将语音讲授作为课堂教学的主要形式。盲人创新创业教育课堂中知识接收渠道阻滞、学习内容单向输入。这极大地降低了盲人的知识习得率、实践转化率。

单一且严重受限的教育形式给盲人创新创业教育带来艰巨挑战。一方面，基于明眼人学习能力与学习习惯设计的创新创业教育课程学时给盲人带来巨大的时间压力，他们很难在授课过程中仅凭听觉保持良好的课堂注意力。完整的创新创业学科框架下，创新创业教育知识密度对于可借助多样化教学形式、辅之以各类感官记忆刺激的明眼人而言，熟识、理解、掌握并不困难。但同样的内容却让严重依赖听觉进行学习的盲人极难消化吸收，知识超载现象突出。创新创业教育课堂上，盲人只能利用大脑"死记硬背"，却无法通过记笔记、多媒体等教学手段辅助学习、强化效果。大脑在单位时间内记忆知识数量有限，盲人能吸收消化的知识体量远低于明眼人。囫囵吞枣、不求甚解、学到后续忘记前端的情况极为普遍。

另一方面，知识基础薄弱的盲人存在巨大的创新创业知识认知缺口。他们无法理解常规创新创业课程中的部分概念、术语及理论知识，听不懂许多创新创业基础词汇，难以适应明眼人习以为常的思维模式及话语习惯，也无法在短时间内完成大量的知识吸收与应用。以语音输出为主的教育方式，使盲人在学习过程中只知其音、难解其意，知识被覆盖、信息缺失与遗忘较为明显。如何讲清楚、让盲人听明白并完成记忆，如何在课堂上成功地留住学生等对创新创业教师的核心素养、知识储备、表达能力提出较高要求。

而普遍存在于盲人心中的隐性心理壁垒较难消除。许多盲人对教师等他者存在防范心理，与其他盲人也缺乏交流意愿。创新创业课堂上，盲人学习者整体受教育程度普遍较低（能认识并使用盲文的盲人极少）、知识储量不足、沟通能力较弱、情绪容易波动。学习过程中，盲人参与课堂讨论、分享的积极性不高，课堂互动较少，因此极易出现课堂活跃度低、兴奋点低，创新创业教师唱"独角戏"等情况。与之相对应的，盲人学习者更像是"疏离且沉默的观众"。教学形式单调、教学互动薄弱等"硬伤"增加了盲人将创新创业教育知识转化为创新创业技能的难度。在教育主体存在能力缺陷、教育内容面临"无米之炊"难题且教育形式渠道单一的特殊情境下，盲人创新创业教育只能依据实际情况自主建构。

（三）盲人创新创业教育的双元创新建构

盲人创业路径一般可概括为：普通盲人按摩技师→盲人按摩技术骨干→盲人推拿按摩创业者。与盲人创业实践高度相关的创新创业教育需从这一群体的独特性出发，围绕盲人创新创业需求，借鉴建构主义"同化、顺应、平衡"等理念，通过"互动"完成盲人创新创业教育的"生成"与"发展"。同时，调动盲人教育主体的积极性、主动性及参与性，拓展运用双元创新理论，从创新创业者个体中挖掘实践"质料"、建构"利用性"与"探索性"兼具的双元创新盲人创新创业能力培养课程体系，促进盲人创新创业行为发生与发展，盲人创新创业教育构建逻辑如图9-6所示。

"用户创业"视域下的创新创业教育研究

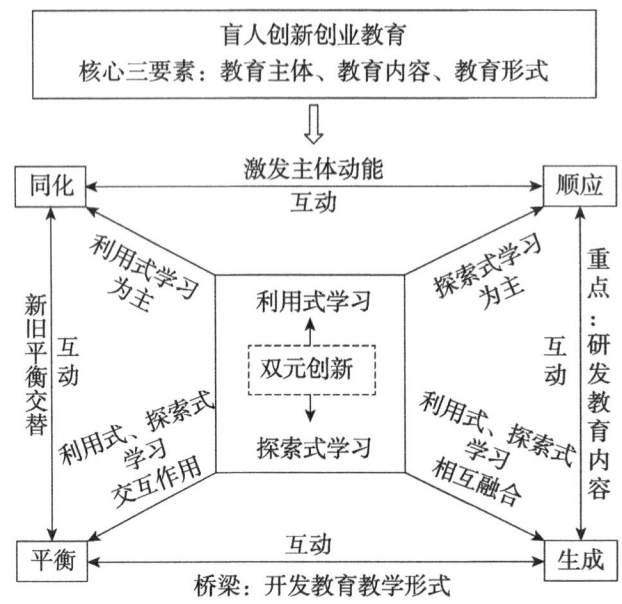

图 9-6 盲人创新创业教育构建逻辑

（来源：根据作者实践案例资料整理。）

1. 在"同化"中"顺应"

创新创业教育的主要目标在于提升个体的创新创业能力，帮助其更好地应对、解决创新创业实践、开创事业过程中遇到的问题。双元创新旨在整合内外部资源，通过利用式与探索式学习活动建构独特的能力体系[1]。即在利用式学习过程中进行价值转化——通过探索式学习实现创新意义的价值发现[2]。盲人创新创业教育通过政府购买社会服务形式，为盲人群体免费提供创新创业教育内容，帮助盲人提高创新创业能力，促使盲人积极且持续地开展创新创业行动。

建构主义认为，知识总是在某一情境中被创造与习得[3]。"同化"将外部现实

---

[1] 董保宝, 程松松, 张兰. 双元创新研究述评及开展中国情境化研究的建议 [J]. 管理学报, 2022, 19(02):308-316.

[2] 曲冠楠, 陈劲, 梅亮. 有意义的创新：基于复杂系统视角的交互耦合框架 [J]. 科学学研究, 2020,38(11):2058-2067.

[3] Young M F D. Bringing Knowledge Back In: From Social Constructivism to Social Realism in The Sociology of Education [M]. Paris: Routledge, 2008.

纳入由主体活动创造的教育情境中[①]。其过程是用自身当前的感受将不连贯的信息碎片整合，在提取信息的同时对记忆进行建构[②]。"同化"本身也是利用式学习的过程。盲人在创新创业课堂上感受到创新创业知识、创新创业技能的刺激，潜移默化地将这些信息纳入头脑原有图式，在无意识状态下过滤、改变并同化了自身原有认知，从而拓展了知识视域，避免了过往随机性极强的模仿式创业。

得益于知识的效用，盲人学习者逐渐认识到学习的重要性及必要性，获知了合适的学习路向，并在实践中将课堂上所学的创新创业知识转化为创新创业能力，最终获得主体性发展。指导创新创业实践仅是盲人创新创业教育的直接目标之一。"同化"并非创新创业教育的终点，而是将盲人学习者碎片化的个人知识基础进行分层递进式整合，开发基于盲人个体实践的"利用性"知识。

建构盲人创新创业教育更重要的意旨在于"顺应"，即把新因素纳入之前的盲人创新创业教育图式时，不断改变之前的图式来形成新的图式以适应新的教育情境。建构主义认为，知识正是在"同化"与"顺应"的辩证发展过程中能动建构起来的。"同化"偏向于利用式学习，而"顺应"则是利用式学习的价值创新，即探索式学习。两种学习模式共存于同一教育情境下并互相促进，是双元创新理论在盲人创新创业教育建构环节的实践应用。

"顺应"不是波澜起伏、大步流星的激烈改革，而是春风化雨、润物无声的小步前进。通过不断探新教育主体参与的维度，拓宽主体功能实现路径，渐进式优化盲人教育层次、知识结构，创新创业教育帮助盲人学习者走出认知偏倚、实践误区，获得教育引导、能力开发。盲人创新创业教育基于盲人创业经验的整合与利用，不断增强教育的针对性与指向性，又将这些局部实践智慧挖掘出更具普适意义的价值，形成专门的创新创业教育体系。"同化"与"顺应"的结合，推动盲人创新创业教育"量"的增长与"质"的发展。

盲人创新创业教育建构过程中的"顺应"，以盲人学习者为中心，由创新创

---

① 白文倩. 冯·格拉斯费尔德的激进建构主义教育思想研究[M]. 北京：清华大学出版社，2020.
② Myers D G. Social Psychology,11th Edition[M]. New York:McGraw-Hill Education, 2013.

业教师引导，在整合盲人创业实践经验、强化盲人与创新创业教育情境的互动中不断调整、完善，优化盲人自身知识结构，培养其创新创业能力。盲人创新创业教育从知识、能力、认知等维度为盲人量身打造针对性、适切性强的课程，并在教学过程中突出并不断强化盲人的教育主体地位，激发其个体动能，提升其创新创业能力；通过利用式学习与探索式学习的开发，不仅助力盲人自主创新创业，也帮助盲人养成自主学习习惯，生成与提升创新创业学习能力。当盲人学习者难以凭自身力量用原有图式同化新的知识刺激时，盲人创新创业教育便通过教师讲授、朋辈互助等方式助力其修改或重建原有创新创业知识图式，以走出封闭视界，适应不断变化的创新创业情境需求。

"顺应"的过程充分尊重盲人的个体需求，平等关切，因材施教，在共情中融入激励，实现赋能。以学习能力为核心的创新创业能力建构是盲人创业者成功创业的重要保障，也是盲人创新创业教育的创新内容设计。盲人群体创新创业学习能力的提升，可增加其对创新创业教育的认可与悦纳，也能带动盲人创业者用知识武装自己，摆脱"野蛮生长"的创业状态，进入主动开展创新创业管理新阶段，最终促进创新创业实践意蕴不断丰富升华。

2. 以"互动"促"生成"

在未来相当长一段时间内，开办、运营盲人推拿按摩店仍然是盲人创业的首选。盲人创新创业教育的内容也应持续围绕这一细分领域展开，挖掘其相异于常规创新创业教育的"专精特新"之处。盲人推拿按摩行业创业主体范围狭窄，使很多明眼人无法完整获知开办、运营推拿按摩店的相关创新创业内容；盲人创业者也因个体局限性难以主动呈现、归纳创新创业知识与技能。建构盲人创新创业教育的难点，体现在以常规思路及操作模式，无法完成教育内容的梳理与整合。要破解这一困局，只能依托盲人的教育主体力量，通过打通盲人推拿按摩店实践与理论之间的壁垒，将创新创业知识、技能融入盲人推拿按摩这一创业载体中，并形成可向盲人输出的简单、清晰、易懂的内容与语言体系。

建构主义知识观中，知识结构都是主观的建构，其作为有生存力的模式起作用，是通过对"世界"阻力的适应和社会与主体、主体与主体间的互动协商而形成的[1]。建构、生成盲人创新创业教育的内容体系离不开教育主体的同力同行，即需要创新创业教师与盲人学习者进行充分、深入、常态化互动。当言语和实践活动这两条发展线汇合，便产生了实践智力和抽象智力[2]。

盲人创新创业教育正是在盲人原有的创新创业知识、创业经验基础上生成意义，建构理解，凝练出针对性强、适用度高且具有明确实践指向的创新创业知识与技能体系。互动是建构的基础，也是建构得以生成的重要促进因素。在建构主义课堂中，创新创业教师寻求盲人学习者对创新创业知识、概念的理解，创设机会，通过提出问题、剖解矛盾、呈现新信息，使盲人学习者将自身代入教育情境，参与到挑战当前概念的调查活动中，令其学会思考、修正理解[3]。

盲人创新创业教育的内容建构，不是宽泛、抽象的宏大叙事，而是创新创业教师与盲人学习者针对特定领域、特定人群的小而精深的、融合利用式学习与探索式学习的价值生成。新旧领域知识耦合，是双元创新战略下实现创新的关键[4]。将创新创业知识、技能投射到盲人创新创业教育情境中，发挥教育主体的主动性，建构、生成盲人推拿按摩创新创业知识、技能具象形式，最终以盲人群体能接受、理解、掌握、运用的方式反馈至创新创业课堂。只有提供实操性强、拓宽视野、有创造性的内容输出，才能增加盲人创新创业课堂的吸引力，持续激发盲人学习者的学习意愿，提升其学习能力。盲人创新创业教育的内容不是一次性生成并保持静态不变的，而是在不断互动的过程中精挖细掘、嬗变升级。

基于盲人创新创业教育的主体特殊性，带动盲人参与教育内容建构成为应然之选。一方面将盲人学习者、创业者反馈的信息进行筛选、整理、提炼，形成利

---

[1] 恩斯特·冯·格拉塞斯费尔德. 激进建构主义[M]. 李其龙, 译. 北京:北京师范大学出版社, 2017.
[2] Vygotsky L S. Mind in Society: The Development of Higher Psychological Processes[M]. Cambridge: Harvard University Press, 1978.
[3] Brooks J G, Brooks M G. In Search of Understanding The Case for Constructivist Classrooms[M]. New York: the Association for Supervision and Curriculum Development (ASCD), 1999.
[4] 卢艳秋, 宋昶, 王向阳. 双元创新平衡战略下的企业知识耦合[J]. 图书情报工作, 2021, 65(15): 61-70.

用式学习的基础；另一方面结合创新创业管理、创新创业教育相关理论，对教育内容进行融合、论证、析出，生成探索式学习的创新知识成果。

通过双元创新建构，尤其是探索性生发，集成融合、统整建构以学习能力培养为核心的创新创业能力体系。盲人创业者需求调研、盲人创新创业情况收集、盲人推拿按摩行业政产学研合作等成为互动的主要形式。互动对象不仅包括盲人学习者、盲人创业者，还应扩大至与盲人群体接触较多的"残疾人联合会""盲人协会"等机构的工作人员，甚至包括盲人的家属、朋友、盲人推拿按摩店的顾客等。

盲人创新创业教育内容体系的建构，需关注利用式学习与探索式学习的平衡。利用式学习主要适用于盲人课程实施前段，着力满足盲人学习者在创业实践开拓阶段的需求；探索式学习是利用式学习的升华，主要围绕创新创业实践发展阶段的需求展开，侧重点在于将单纯的创新创业知识、技能输入转变为学习能力、创新创业能力等综合能力的培养。

3. 以"平衡"求"发展"

教学手段单一、盲人的主动参与程度不足等，极大地影响了创新创业课堂的授课质量。盲人创新创业教育课堂持续优化不仅需要提高教学内容的针对性，也依赖于教学手段的精微调整、大胆创新。盲人创新创业教育在"互动"中"生成"内容的同时，亟待多渠道开发满足盲人创新创业课堂需求的不同样态的教育形式，从"生成"向"平衡"阶段发展。

仅仅依靠语言讲授，无法在单位时间内提升盲人学习者可接收的知识容量，也不利于其感知、接纳与应用创新创业知识。盲人创新创业教育着眼于激发盲人学习动机，培养其学习能力，并将创新创业知识与技能"同化"于其原有知识结构、认知图式之中，开展利用式学习。在教育过程中，创新创业教师"顺应"盲人群体需求，通过有效"互动"持续帮助其完善、优化创新创业知识谱系，建构、生成具有较强适切性的盲人创新创业教育内容框架，实现"平衡"，即完成探索式学习的价值创新目标。

平衡是"辩证的结构主义",其辩证过程包含了对结构的主动建构[1],既是对之前教育内容的补充、修正与完善,也是教育形式的开发、拓展与应用。建构主义学习设计决定了"桥梁"是一个重要的、教师可利用的初始评估手段,创新创业教师可借由教育形式确定教学情节应该如何继续下去[2]。建构盲人创新创业教育,不仅需要强化育人理念,重点关注盲人群体认知差异与行为倾向,也应在教育内容、教育形式上系统审视、实践改进。

盲人创新创业教育学习的过程,包括将与正式主题相关的体验编织成更为宽大的"地毯"。"地毯"上铺设有成功、失败及期望的结果,焦虑,教师感觉到的参与情绪,学习者的反应,使用的教学方式,小组接受的行动风格等[3]。教育形式的多元化、动态优化,是实现学习目标、提升学习效果的策略性手段。每一次"平衡"的建立,都是"利用性"与"探索性"双元学习的交互作用。"平衡"与"发展"之间,并非时间、人员投入的简单叠加,而是不断打破"旧平衡"、建立"新平衡"的循环往复。"新平衡"从"旧平衡"重新回归主体图式中,开启新一轮的"同化-顺应-生成"过程,并在全链条式"阻抗与消解"中获得"发展"。"发展"产生于"平衡"之中,又超越"平衡"状态。

尽管多媒体等依赖视觉功能的教育形式在盲人创新创业课堂缺乏实施场域及使用条件,但案例教学、游戏教学、角色扮演等教学方法仍有发挥作用的可能性与空间。盲人创新创业教育可立足盲人学习者实际,根据盲人学习者心理特征、学习偏好、信息获取方式修改常规教育模式的场景设置、前提假设。在开展创新创业教育过程中,教师以实践为导向,根据教育内容选择合适的教育形式。盲人创新创业教育课堂的效果,直接取决于盲人学习者的注意力聚焦程度。而要在课堂上持续吸引盲人学习者的注意力,摆脱盲人学习者的随意性,将其成功留在教室,需要在教学方式上改变语言讲授的单一模式,开发多元化教学手段,并用盲

---

[1] 皮亚杰. 结构主义 [M]. 北京:商务印书馆,2006.
[2] 加侬,柯蕾. 建构主义学习设计:标准化教学的关键问题 [M]. 北京:中国轻工业出版社,2008.
[3] 莱斯利·P·斯特弗,杰里·盖尔. 教育中的建构主义 [M]. 高文,徐斌艳,程可拉,等译. 上海:华东师范大学出版社,2002.

人学习者可以听懂学会的方式实现知识输出。

拓展盲人创新创业课堂教育形式，可鼓励创新创业教师改革传统课堂教学模式，主动体察、感知与换位思考，建立盲人学习者互动、创新创业知识不断循环强化的创新创业知识传输体系。同时，开展盲人创新创业教育教师技能专题培训，帮助教师掌握特殊群体创新创业教育的相关知识与技巧。培训学习的内容包括掌握盲人创新创业教育特殊内容，了解盲人按摩推拿店运作情况，熟识盲人的群体性特征、接收信息方式、知识习得机制等特殊教育技能。

盲人创新创业教育教学手段的开发，需以盲人学习者个体经验为切入点，关注盲人学习者的心理需求、表达偏好、社会交往习惯，将课堂互动作为教学方式开发的重点，采取多感官、融合式创新创业教育。以盲人学习者为中心，开发适切性强的盲人创新创业教育内容，多路径拓展、丰富、优化教育形式，才能完成盲人创新创业教育的整体建构。

（四）盲人创新创业教育的实践路向

盲人创新创业教育的旨趣及亮点在于发挥盲人在创新创业教育过程中的意义建构、价值生成作用，提升创新创业教育适切性及有效性。作为破解盲人群体就业创业难题的教育应对策略，盲人创新创业教育积极回应了盲人创新创业时代需求，展现出极强的生命张力，并将获得更大的发展机遇及拓展空间。探寻盲人创新创业教育图式可从如下几方面入手。

1. 针对性激发盲人创新创业教育主体动能

开展盲人创新创业教育，需要不断强化盲人学习者在教育过程中的主体地位，进一步挖掘、整合盲人学习者作为创新创业教育主体的潜在资源，激发其主动参与创新创业学习的内生动力，多渠道、针对性地激发盲人教育主体动能。盲人创新创业教育应在"同化"与"顺应"中融合利用式学习与探索式学习，增强盲人学习者的学习能力、创新创业能力以促进盲人创新创业实践的开展与优化。

在整合盲人个体资源的基础上，可为盲人群体绘制专属的创新创业教育知识图谱。即，将常规创新创业教育相关知识与盲人学习者个体实践进行比较、筛选、融合，择拣出适宜内容，帮助盲人学习者完成学习认知诊断、知识结构及图式的梳理与"同化"。落实到创新创业教学过程中，盲人创新创业教育与常规创新创业教育应有所不同。即为了更好地连接盲人个体、创业实践与创新创业课堂学习，盲人创新创业教育应基于盲人学习者实际情况设置先导课程，拓展盲人创新创业教育利用式学习的外延。

创新创业先导课程的设置，旨在对盲人学习者进行心理疏导，尽可能减少盲人学习者接受创新创业教育的实际障碍，激发盲人学习者主动学习的内生动力，提升创新创业教育效果。创新创业先导课程内容无须使用统一模式，可根据盲人学习者具体情况遴选合适教学模块。创新创业先导课程内容主要包括：盲人心理调适、盲人社会融入、盲人学习动机激发、盲人学习能力观测、盲人学习需求分析等。创新创业先导课程在盲人创新创业教育体系中发挥着调研教育主体知识背景、指导课程设计、优化教育形式的作用。

在正式授课之前，创新创业教师通过先导课程对盲人学习者进行心理疏导、学习能力测试及需求调研等。与正式授课相比，先导课程教育形式更为灵活，如举行盲人创新创业座谈会、开展小组谈话、小组学习、体验创新创业游戏等。创新创业教师将先导课程中收集到的"盲人创业者信息""盲人创新创业学习需求"等融入创新创业教育教学过程，确定教学侧重点、完善教学内容、选择恰当的教育形式。无论是知识图谱还是先导课程，其目的均在于整合盲人学习者现有图式，缓解其学习过程中产生的与社会融合的压力，为进入以提升创新创业能力为核心目标的"顺应"阶段打下坚实基础。

完成盲人创新创业教育的自我创新，在"同化"中逐渐"顺应"，离不开盲人个体的支持和协同。无论是盲人学习者还是盲人创业者，都可以为创新创业教育体系建构提供助力。作为教育主体的盲人，其参与创新创业教育的主动程度，直接影响盲人创新创业教育"顺应"的效果。

"顺应"的过程，着重于"智志双扶"[①]，激发盲人创新创业教育主体动能，即以盲人个体经验为切入点，帮助其找到融入社会、参与社会经济建设的自信心，建立正确的自我认知，增强社会融入能力；同时强化盲人主动学习创新创业知识的意愿，帮助他们利用网络养成自主学习习惯，将所学知识应用于创新创业实践以提高知识转化率，在体验－模仿－创新中提升学习能力；不断唤醒盲人在创新创业课堂上、日常沟通交流中的主动性，鼓励其自主学习并分享学习经验，锻炼其思维能力及口头表达能力，手把手带领盲人学习者精进顾客管理、员工沟通、推拿按摩新业务开发等创新创业技能。

盲人创新创业教育的"顺应"，是在课堂教学与创新创业实践中完成盲人学习者图式的创新。"顺应"阶段所开展的探索式学习，还在于借助访谈、微信群、空中教室的数据采集，将盲人创新创业教育从单纯满足盲人学习者需求的1.0初级状态升级为引导需求、前瞻性引领盲人学习方向的2.0阶段。不仅如此，盲人创新创业教育主体动能的激发可通过整合盲人创业者的实践智慧，再将这些内容反作用于创新创业教育全过程，为创新创业教育的改进、优化提供经验支持。

2. 探索性研发盲人创新创业教育内容体系

于盲人创新创业教育而言，盲人学习者的学习目的、学习内容直接影响创新创业教育效果。主体功能刺激、个人创新创业能力提升需要在创新创业课程总体架构中做好顶层设计，提高盲人创新创业教育成果的实操性及转化率。应在总结已开展的盲人创新创业教育实践经验的基础上，加大科研力度，在体系的逐渐完善中延展课程的结构维度。盲人创新创业教育内容优化，具体可落实在以下方面。

第一，建构多点循环信息/知识传输体系。以创新创业结果（创新创业实践）为导向，在 SIYB 课程教材基础上融入《创新创业基础》《创业管理》等课程精华，根据盲人群体特征进一步强化针对盲人推拿按摩行业的创新创业知识与技能，打

[①] 王学男，吴霓. 教育是阻断贫困代际传递的治本之策：习近平总书记关于教育的重要论述学习研究之二 [J]. 教育研究，2022,43(02):4-12.

通盲人创新创业教育理论与实践的阻隔，关注推拿按摩行业发展与盲人实际经营状况，尽可能呈现盲人创新创业过程中所遇到或可能遇到的实际问题并探索解决方案，使盲人创新创业教育理论与实践高度关联并具备一定前瞻性及预见性。

盲人创新创业教育的课程内容体系主要围绕创新创业者素质培养、管理技能提升展开，从知识、技能、认知、态度四个维度进行补充、完善，增加盲人创新创业者自我认知与心理重建、创业失败与风险管理、推拿按摩职业伦理、盲人推拿按摩店运营策略、顾客管理等内容，挖掘有别于常规创新创业教育的亮点、优势。授课过程中，针对盲人学习者只能靠大脑"死记硬背"的短板，创新创业老师在教授创新创业知识时，可采取提取关键词、与盲人日常生活相结合、将授课案例转化为幽默小故事等方式，通过课前引导、课中提问、课后小组活动等环节多次重复、多重循环，帮助盲人学习者理解、掌握知识，弥补其无法使用文字、多媒体手段辅助学习的缺陷。

第二，建设课程内容模块包。将创新创业能力、学习能力、社会融入能力等综合能力体系分解至创新创业教育课程体系中并逐项提升。根据盲人的社交、尊重、自我实现等需求精心设计课程内容，在教育过程中帮助盲人更好地融入社会，提升创新创业心智。结合盲人创新创业教育实践经验，逐步建设课程内容模块包。模块包内容涵盖：创新创业者学习能力提升、新员工入职培训、个人信息化管理、倾听与表达、时间与精力管理、领导力提升、人际关系融通、团队建设发展、员工激励、职业道德、个人卫生管理、安全及健康常识、市场营销、大众心理、财务管理等。针对每个班级盲人学习者的具体情况有的放矢，菜单式选择合适课程模块包，实现授课内容定制化、个性化及盲人个体知识结构自我生成。

通过将教育目标与盲人学习者期待结果相联系，激发盲人学习者主体动能。创新创业教育课程应不断吸纳最新盲人创新创业实践经验与成果，实现教育内容的动态更新。同时，进一步开发盲人创新创业案例，帮助盲人学习者通过案例素材的共情，尽快进入教学情境，降低创新创业知识抽象程度，加速知识吸收与应用；将案例内容与盲人社会融入能力提升相结合，共享明眼人所开设的健康养生会所创新创业实践，让盲人学习者通过生动的案例，更好地了解同行、开阔眼界，形成走向智慧的创新创业新实践。

第三，完善授课语言等级表。根据盲人学习者知识积累程度，结合盲人语言表达能力及表达习惯，选择合适用词解释创新创业知识，不断完善授课语言等级表。在授课过程中，尝试让有一定学习基础的盲人学习者用盲人熟悉的语言来解释创新创业知识，请其他盲人学习者进行修正、补充，可增强授课语言等级表的针对性及完备性。

授课语言等级表依据不同类型的盲人学习者进行不同分类。如针对未创业的盲人、有一定创业基础的盲人分别设置初阶型、进阶型语言等级表。同时，根据盲人学习者具体情况，剔除教育内容体系中他们无法理解的抽象因素，结合其生活情境具象化，如使用盲人推拿按摩具体内容解释"创业认知""创业资源""创业渠道""商业模式"等抽象概念。用盲人听得懂的语言进行授课，强化沟通效果，完成盲人创新创业教育课程特定话语体系建构。

3. 多样性开发盲人创新创业教育教学形式

对应独特的教育内容体系，盲人创新创业教学形式应突破窠臼困囿，寻求多样性泛在形态。开发盲人创新创业多元化教学方式，可尝试打组合拳。

第一，融入嗅觉、触觉等感官，优化听觉利用方式。在盲人创新创业课堂上，可尝试将知觉系统中听觉之外的嗅觉、触觉体验融入教学过程，避免单纯讲授造成课堂效率低下，盲人学习者注意力涣散、知识消化吸收困难等问题。如在课堂教学中大胆创新，利用提神醒脑的薄荷、柠檬、迷迭香等气味引导盲人进入静思状态。同时利用盲人听觉优势，将课堂教学与盲人喜闻乐见的音乐相结合，帮助盲人学习者提升课堂注意力聚焦程度，活跃课堂氛围。如通过课前歌曲联唱形式帮助盲人增进熟识程度；在课中互动环节中评选"课堂音乐家"，帮助回答问题困难学生利用演唱方式摆脱尴尬局面，增强互动信心等。

第二，开辟盲人"最近发展区"。将人格重塑融入教学，通过提问、分享等方式请盲人学习者描述自己生活世界中的优秀盲人创业者形象，并帮助其从描述性语言中提炼出关键点，建构具象的、可参照的、可对标的学习榜样。通过带领盲人学习者分析自身与榜样之间的差距，开辟盲人个体创新创业能力提升"最近发展区"，将盲人学习者前进路径清晰化，增强其不断优化自身创新创业能力的信心。也可在课堂设置前后测对比"图像"，即学习之初建构"理想的学习榜样画像"，阶段性学习结束后修改画像，将自身进步与最近发展区缩小情况结合起来，激励盲人学习者不断修改"最近发展区"，激发其学习动力，引领其参与课堂教学及盲人创新创业教育内容、教育形式的建构。

第三，建构"支架式教学方式"，开展"剧本式"教学。"支架式教学方式"主要目的在于激发盲人学习者建构知识体系的主动性与积极性，即在盲人创新创业教育课堂上利用多点循环信息/知识传输体系的关键词搭建一个基础支架，引导盲人学习者结合自身实践启示及创新创业认知，将支架内容逐步补充完善；也可在课堂上将盲人学习者分成不同小组，每个小组各自搭建本组的学习支架，再将不同组别的学习支架进行对比、融合，建构整体知识学习支架，引导盲人在"支架式学习"中学会建构个性化知识体系。"剧本式"教学则着力于开发盲人创新创业教育小游戏。将自我介绍、顾客引流等沟通交流训练内容融入游戏设计，强化剧本的"课前设计"内容，在完成课前彩排，再在课堂上进行小组学习，提高盲人参与度，使盲人创新创业教育内容层次更丰富。如模拟创业过程中顾客沟通环节，帮助盲人学习者在游戏中学会共情、了解顾客心理、提升沟通与营销技能等。

第四，创新"串联式"头脑风暴法，进行"抛锚式"教学。传统头脑风暴法依赖学习者主动参与，而这正是盲人群体的短板与弱项。"串联式"头脑风暴创新原有模式，通过实名制话语传递的自然情境使盲人学习者加入行动学习，在单一个体训练中不断提升语言表达能力，打破盲人课堂学习冰封状态。在盲人创新创业课堂上开展"抛锚式"教学，即，使用"点将式"方法定向要求盲人学习者提供教学锚点——盲人学习者身边的个体案例。在此基础上，进行案例讨论，逐渐形成盲人创新创业本土案例库。创新创业教师通过课前融冰环节搜集盲人生成性、探索性案例，指定案例提供者作为分享者进行发言并回答其他盲人的提问，或由分享者指定其他盲人进行提问并针对本土案例开展现场讨论，提升盲人创新创业教育的针对性与实效性。

第五，开展社区学习、社会学习等，增加实训环节。盲人创新创业教育并非课堂上的纸上谈兵，而应带领盲人更多融入社区、社群、社会，开展社区学习、社会学习，进一步拓展盲人创新创业教学的形式外延。通过带领盲人进行现场训练、实地参观优秀盲人推拿按摩店等行动学习方式，疏通盲人创新创业知识转化与创业实践灵活运用之间的障碍，帮助盲人学习者体验创新创业教育知识的实践内涵，提升盲人创新创业理论向实践转化的效率和效果。同时，应充分认识到盲人学习者学习、生活环境与创新创业教育成效的高度相关性及对盲人学习者主体动能的影响程度，有意识地改善盲人的学习、生活条件，不断优化盲人创新创业教育学习环境。

（五）案例展望

盲人创新创业具有显著市场前景与发展优势。通过开办推拿按摩机构进行创新创业，不仅可有效促进盲人劳动力增收，极大改善盲人群体生活质量，实现个人全面发展，还能为更多的盲人提供就业岗位，带动盲人步入共同富裕道路，同步提升社会效益与经济效益。盲人创新创业"以盲带盲"，是解决人数众多、规模巨大的盲人群体就业创业实际困难的重要方式。作为常规创新创业教育中的"专精特新"部分，盲人创新创业教育对盲人创新创业具有独特价值，是解决盲人当前学习与创业困境、提升其创新创业胜任力、增加盲人创业可能性及提高创新创业成功率的现实、有效选择，也是盲人创新创业效能提升的关键突破点。

开展盲人创新创业教育是国家教育扶贫的重要体现，扩大了创新创业教育的意义空间，是创新创业教育深化发展的应然路向。以盲人创新创业教育为切入点，"急用急办"，探索对标残疾人等特殊群体的具有中国特色的双创政策落实路径，扩大政策普惠范围，帮助盲人应对疫情冲击影响。这一积极尝试不仅是对社会弱势群体的现实关怀，为更多盲人创造了致富机会，也有利于发挥创新创业教育辐射作用，帮助残疾人缩小收入差距，步入小康队列，融入国家发展大局，真正从权利平等、机会平等向发展平等迈进。

盲人群体创新创业学习能力有所提升，盲人创新创业教育立足于盲人创业情境有所突破，将建构主义与双元创新理论应用其中，激发盲人主体学习动能。同时，通过盲人学习者与创新创业教师高效互动，生成基于"利用式""探索式"双元创新的具有前瞻性的盲人创新创业教育内容体系，多路并进实现教育教学形式多样化。盲人创新创业教育实践缺乏可镜鉴的成功模式，其建构融合"同化""顺应"环节以实现盲人创新创业教育"质料""生成"，并在动态"平衡"中不断迭代"发展"。

展望盲人创新创业教育的前景，需不断总结前期实践经验，在主体综合能力、教育内容体系、教育教学方式等方面持续发力，以实现盲人创新创业教育规范化、规模化、品牌化发展，吸引更多人关注盲人群体并促进盲人创新创业教育发展。

第十章　总结与展望：从"教育"向"学习"转变

创新创业教育除了"创新创业"这一实践要素之外，其隐含的意蕴包括了"教"与"育"两个部分。无论是知识传授的"教"，还是人才培养的"育"，均是以创新创业教师为引领者并发挥主体作用。在此教育情境下，学生更像相似性多于相异性的"流水线作品"。创新创业教育不断深化发展，需融通创新创业理论与实践，以创新创业能力培养为旨归，激发学生创新活力。

其未来发展进路之一，是从教师的"教"与"育"向学生的"学"与"习"转变，构建以用户创业为核心，突破"传承"，把创新作为确定主体位置的依据，使"创新"成为变更学生主体地位的内驱力；剖解"重复"，尊重差异并从根本上优化学生知识获取方式，令"差异"成为创新创业教育向创新创业学习转变的分割点；跨越"熟识"，将创新与创业有机结合且转化为创新创业行动学习，使"践行"成为知识获取向能力培养演进的加速器。

一、传承与创新：教师主体向学生主体变更的内驱力

（一）用户创业推动创新创业教育突破"传承"，走向"创新"

创新创业教育的传承使命，使个体在面对数智时代的激烈挑战时缺乏活力与动力，处于被动位置。在知识输出过程中，为了保证信息流动渠道通畅及信息流转效率较高，教师需要掌控并驾驭课堂，随时根据教学进度调整授课状态，尽可能使学生处于高效吸收状态。最大限度的"空杯"，才能最大限度地实现对知识的"满载"。"传承"与"创新"之间存在本质矛盾。创新所占用的"空间"会挤

压"传承"的"有效容量"。以教师为主体的传统教育模式使"创新"缺乏制度环境与课堂情境。教师主体向学生主体变更的内驱力,在于对"传承"进行"破坏式创新"。

构建以用户创业为核心的创新创业学习,需要在"知识获取－实践运用"过程中转变主体位置,将学生置于学习中心,并通过用户创业这一载体融合创新与创业,激发学生个体的创新潜力。创新创业学习中,学生主体地位的重要体现,在于学习的重点已不是知识的传承,并非如过往般力求将统一的知识体系从一个个体完美复刻到另一个体,以最大限度地保留知识的结构性与完整性。

知识更重要的作用在于激发,即通过实践对个体产生强刺激,实现知识的裂变与扩展。课堂上的创新创业知识因其普适性与规律性,为学生理解创新创业行为提供了思路与借鉴,有利于学生在实践中把握创新创业的实质与要义。但创新创业情境千变万化,学生在知识运用过程中必须融入自己的思考,寻求解决创新创业问题的个性化方案,实现用户创新与知识创新。基于此,框架式、体系化的创新创业知识更像是撬动学生创新性解决问题的楔子,帮助学生找到解决问题的思路和切入点。

(二)构建多元主体的创新创业教育新模式

随着构建在实践基础上的个性化创新创业知识不断累积,学生的创新创业学习体系无形中在不断扩大并更具个性化特征。"用户创业"视域下创新创业教育情境中的知识,更多地带有个性化色彩,是学生基于用户身份,以某种产品／服务为切入点,实现对知识重新的排列组合。创新创业知识的裂变产生于规律性知识体系与个性化知识结构的碰撞与并存。在个体的积极参与及努力下,创新不仅仅是时代需求的折射,也是创新创业学习情境下个体对知识迭代的反馈与贡献。

创新是基于"用户创业"的创新创业教育的起点,也是创新创业教育贯穿始终的本质与灵魂。创新不仅瓦解了知识"顽固"的外壳,使其裂变并焕发勃勃生机,也在创新创业学习、实践中扩展了知识的外延,使知识在普世传递与个性满足之间获得平衡、协调前进。而传承,只是知识创新过程中一个简短的片段,是融合个体经验、激发个体创新创业能力的"药引"。

源于创新、内置创新、激发创新的"用户创业"式创新创业教育,使创新创业学习更为开放与自由,更契合个体能力培养的潜在需求。教师从繁重的知识传承重任中解脱出来,不再被知识体量所困囿,而是带着知识工具与学生个体针对具体产品/服务进行实践探索。教师本身也变成了学习者的一部分,与学生共同精进、共获成长。创新创业课堂中没有教育者,是不同身份学习者的组合。知识不再成为隔阂教师与学生的"无形的墙",而成为引领师生共创的有力工具。

基于"用户创业"的创新创业教育课堂,更多的是对现有产品/服务的完善、对知识的解构运用及对个性化方案的形塑。在这个教育场域中,创新被发现、激活、释放并最终内化为学生的能力品质。用户创业能力并非狭义理解的学生在未来以用户身份创办企业的能力,而应成为帮助学生沟通"想做"与"能做"之间的桥梁,其本质是一种创新创业能力。

构建以用户创业为核心的创新创业学习新模式,需要在创新创业课堂与创新创业实践中,将教育主体由教师转变为学生个体,甚至将教师也转变为用户创业者。课堂是各类角色学习者、用户创业者基于实践激发创新创业能力,共同完善、优化产品/服务的知识创造载体。因此,应在传承中创新,以创新为引擎及内驱力,带动创新创业教育向创新创业学习转型。

二、重复与差异:创新创业"教育"向创新创业"学习"转变的分割点

(一)用户创业推动创新创业教育剖解"重复",寻找"差异"

基于"用户创业"的创新创业教育从用户(学生个体)的需求出发,发现差异、寻找差异、优化差异、商业化差异,并最终完成用户创业。在这个过程中,"教育"过程被重塑,创新创业课堂与个体需求、创业实践合而为一,变成创新创业"学"

与"习"的场域。创新创业"教育"向创新创业"学习"转变的分割点，是从重视"重复"蜕变为寻求"差异"。其背后的逻辑依据是对以创新创业能力为核心的综合能力的迫切盼望。

构建以用户创业为核心的创新创业学习，首要之责便是强化创新创业能力的激活、养成在创新创业学习中的核心地位，以创新引领用户（学生个体）开启创造、创业之旅。教育理念向学习理念转变，是创新创业知识体系从书本走向现实、从理论走向实践、从僵化走向灵活的关键一步。以"差异"取代"重复"的创新创业学习，破解了创新创业教育传统模式束缚，是以创新创业能力培养为核心要义的创新创业"教育"升级版。

（二）构建以差异化为特征的用户创业教育新模式

创新创业"教育"注重知识的传递，即重复过往的历史与规律，在代际传承中完成知识更新。知识更新是面向时代优化知识结构，而非针对个体开发多元化智力工具。人在"教育"过程中充当的是接载角色，只需"接受"后不断"重复"即可，由此而成为知识的"搬运工"及知识更新流水线上的"螺丝钉"。工业时代社会经济的发展，需要通过规模经济提升社会生产力。因此，个体在"教育"过程中无须个性甚至需要牺牲个性，以保证知识传递过程中的纯粹与规整，使知识和人一道完全服务于劳动生产需要。"重复"是工业时代社会发展的内在需求，以牺牲个体多样性实现机器化大生产的高效率。

进入数智时代后，人们的物质生活状态从匮乏走向丰盈，同质化的产品/服务在激烈的竞争中逐渐没落，代表多样性的个体创新创业活动兴起与盛行。"重复"已无力承担推动社会进步的重任，取而代之的是社会成员对差异化的推崇，对用户体验的情有独钟。创新创业过程中，异质性是创业机会的重要来源，也是创业取得成功的关键要素。这也是创新创业"教育"面临困阻与冲击的重要经济因素与底层逻辑。注重知识普适性、强调知识吸收同一性的创新创业"教育"需要向尊重个体差异、鼓励创新、发展多元化个体知识框架的创新创业"学习"转变。

构建以用户创业为核心的创新创业学习，应不断激活学生创新创业能力，提升创新创业教育品级。一方面，"学习"适合于直面问题的客体性所采取的一系列主观行动，而"教育"则仅仅是对知识的一般占有。创新性是用户创业学习自带的"天然基因"。不同的知识在个体属性差异下会以"异象"形式呈现，而以问题解决为导向的用户创业学习有助于将"异象"变为个性化创新方案，将用户创新发展为用户创业，实现创新与创业的互相支撑、相互助力。

另一方面，创新思维有助于挖掘个体差异及潜力，帮助学生在学习过程中对既有知识保持批判的继承态度，加快知识的消化、吸收、迭代与更新。创新思维是创新的重要源泉，也是创新创业能力的重要构成，其对知识的"挑剔"态度有利于学生根据自身实际情况对知识进行筛选并搭建极具个人特色、符合个体发展需求的知识框架。在面对真实创业情境时，个性化特征明显的知识框架显然比"大一统"的知识体系更具适应性，创新型认知所带来的思维活力也更能帮助学生对自身知识进行动态调整。

三、熟识与践行：知识获取向能力培养演进的加速器

（一）用户创业推动创新创业教育跨越"熟识"，加速"践行"

传统的创新创业教育过程中，知识以教材的形式实现时间固化、内容固化及应用场景固化。教育的过程是以识记、分析、理解为主要特征的知识获取过程，并以教材中信息的完整传递为终结点。考试不仅意味着对知识吸收率的验证，也是知识停滞的外在显像。创新创业教育知识获取机制使学生个体能力培养结构过于单一，更多的是复制、分析、理解能力。过于注重学生对知识的获取与消化，以"熟识"作为知识掌握的重要评价指标，本质上是对知识不加挑剔的膜拜与敬仰。同一时代的单个个体之间，对规律性知识的过度追求容易造成学习停滞不前：不仅会使知识体系缺乏活力，也会使课堂与社会发展、创新创业实践渐行渐远。

数智时代对个体创新创业的激励、对多元化人才的需求，使创新创业教育必

第十章　总结与展望：从"教育"向"学习"转变

须适时做出调整与改变。用户创业，正是应对经济结构、社会转型发展的微观机制之一。用户创业对主体的要求，不再是系统掌握专业的知识，而在于发现现有产品/服务的不足，以新的方式做出创新性的改变，使产品/服务能更好反映、满足更多用户需求。个体从理论识记到践行运用，加速了创新创业学习由知识获取向能力培养转变、由虚向实的过程。创新创业能力培养正是借由行动学习建构了高实践性的个体创新创业知识体系。

（二）构建重视实践的创新创业教育新模式

以用户创业为核心的创新创业教育，需要在知识停滞之前通过用户创业载体推动其继续向前并为之注入更多创新活力；需要打破对现有知识体系的无条件认可，找寻其对标实际问题的意义与价值；更需要在行动中不断优化知识体系，使个体与创新创业知识本身通过批判性创新获得成长与发展。学生个体在这个过程中从被灌输、被填实的被动者转变为能力获得提升、可以解决实际问题并将知识进行解构创新的主动者。

创新创业"学习"的核心是创新创业能力的培养，其带动的是创新创业教育模式的转变。学生创新创业能力体系是以个体现实需求为起点，与学生自身情况、创新创业实践高度相关的极其复杂的体系。熟识只是能力培养的前序步骤，创新创业能力并非只由单一的记忆力构成。创新创业"学习"打破"教育"的局限性，将知识不断创新，对学生个体从知识识记转向能力培养，从而推动创新创业知识从简单传承走向流程再造、模式创新。能力培养才是创新创业课堂的重要目标，也是创新创业"学习"的意义所在。

基于"用户创业"的创新创业教育需要在行动中将教育转变为用户创业学习，将行动学习的模式完整、常态化运用到"学习"过程中，引领学生主动运用创新思维，避免知识停滞，加速知识迭代，同时不断完善行动学习及自身能力培养模式，从单纯的知识熟识向能力培养转变。

创新创业"学习"的构建过程，围绕理念的转变，着眼于转换主体地位并带来能力培养模式的变化。用户创业为在创新创业"学习"过程中强化学生主体性、激活学生创新性并推动学生行动性提供了可借鉴路径。用户创业学习利用学生用户创新来源的小切口属性，融通理论与实践，破解了创新创业知识与实践脱钩的难题，使创新成为学习主体变更的内驱力；厘清了个体的同一性与相异性，为创新创业"教育"向创新创业"学习"转变提供了可操作、可借鉴的实践"质料"，拓展了能力培养的半径与外延，加速了学生个体从知识获取向创新创业能力培养演进。

创新驱动发展战略的不断深化，使创新创业教育进入高质量发展阶段。审思教育发展进程中的阻滞，有助于创新创业教育自身裂变式创新。用户创业关注个体，从个体需求出发，源于创新、内置创新、持续激发创新，是融合个体创新与创新创业能力构建的天然载体。基于"用户创业"的创新创业教育强化学生主体地位，帮助学生融通理论与实践，使创新与创业获得内在的统一，在行动学习过程中建构符合个体需求、创新创业实践的知识框架与能力模型，为创新创业教育深入发展提供了有价值、可借鉴的视角。

用户创业所引领的创新创业教育模式的转变，是从主体地位上强化学生在课堂中的意义与价值、教学理念上追求个体创新创业能力养成、学习方式上挖掘行动学习精髓，从而将创新创业"教育"跃升为以用户创业为核心的创新创业"学习"。开展基于"用户创业"的创新创业教育，解构"教"与"育"向建构"学"与"习"的过程中，需注重突破"传承"，走向"创新"，剖解"重复"，寻找"差异"，跨越"熟识"，不断"践行"，最终稳健前进。

创新创业"教育"向创新创业"学习"的转变、传统创新创业教育模式向用户创业学习的精进，回应了数智时代对个体创新、知识迭代、教育优化的现实需求。以学生为中心，注重以创新创业能力为核心的综合能力素质养成，激发学生对知识的"批判""传扬""再造"意识，赋予了大学教育新的使命与价值。从"教"和"育"向"学"与"习"转变，在行动中承继、在实践中习得，将推动创新创业获得更高质量发展。

后　记

拙作是我有幸成为周劲波教授弟子后，一直想做并最终完成的。本书能顺利出版，特别感谢我的老师、家人及朋友们。

首先感谢我的博士生导师周劲波教授。我和导师的师生缘颇具戏剧色彩。导师的慧眼改变了我的人生轨迹，也让我发现了另一个"自己"。进入师门，我有种使命感与荣誉感，总觉得自己能做的太少，唯有认真学习方能回报师恩。导师是很有生活智慧的人，于烦琐俗务间自然超脱，高度专注于关键之事并卓有成效。每次给导师发邮件，我总能得到超高效率的反馈。在我遇到困难时，导师的爱与关怀如春风化雨，滋润我心。我时常庆幸，遇到了一位懂我并一直鼓励我做自己的好老师。

师母古翠凤教授娴雅聪慧，让我倍感亲切。每次和导师、师母交流，我均收获满满。

贺祖斌教授、高金岭教授、马焕灵教授、李红惠教授、李广海教授面对我这个跨学科的学生，经常给予指点、包容，让我感动、感恩。在广西师范大学教育学部读博期间，我有幸当面聆听孙杰远教授、王枬教授、杨茂庆教授、王彦教授、侯莉敏教授、陈宗波教授、付健教授等大师名家的课程，受益良多。

感谢南开大学张玉利教授，浙江大学王重鸣教授，厦门大学王洪才教授，广西师范大学何云教授、陆奇岸教授、蒋团标教授、阳芳教授、熊西蓓博士对我读博的支持与佑护。感谢我的老师暨飞老师、阳明义老师的帮助与指点。感谢我的博士同学段文星与我同甘共苦，感谢我的多年好友杨婷、何舒颖经常抚慰鼓励我。

我的先生，与我结婚二十年来一路陪伴，默默做了很多事，付出了很多却从不言语。无论我有什么需求，他的回答永远是"Yes"。我能随时做自己喜欢的事，得益于他强大的经济支持与精神鼓励。我的父母、婆婆、女儿和先生一起，为我遮风挡雨，给我信心与勇气。

拙作献给所有关心、爱护我的人！

2023 年 11 月于广西桂林